Harald Kreuzberg
Julian v. Károlyi
Richard Skowronnek
Feb. 1955
Alberto Spinelli
Peter v. Siemens
mit Frau und Sohn
"Frau Margarethe, geb. Pfeil"
Lilli Doreck
4. Juli 1950
Prinzessin Biron von Curland
Prinzessin von Preussen
is hjartligast
Kerrs Miberg
Bernhard Prinz zu Lippe
Ernst-Johann Prinz Biron v. Curland
Februar-März 1929
Julia Meltzer
Mittelsohn
Bertrand Dorn
(Werner) Reichhold
Kate Dorsch
(Käthe Dorsch)
Mira
k. Kammersängerin
Prinzessin von Preussen
Medeleine Lebeyer
Ignatio Tibone
6.I.58
Raul Lange
1931
1953
Helge Rosvaenge
mit Familie
31. VII 56
Prinz v. Preussen
1928
25/28.I.59
Paul und Gertrud Hindemith
28.I.57
Thomas Schippers
Direktor der Bundesbahn
mit Familie
Prinzessin von Preussen
25/28.I.59
Grosspoppen
1-3.V.195
Prinz Biron von Curland
Prinzessin
Gisela Weidlinger
Louis Ferdinand
7.12.1960
Prinz von Preussen 27.1.1958
Glenn Gould
May 26 [?] '57
Michael
Prinz Biron v. Curland
Arthur Vogler
Helen J. Lossy
Prinz Harald
von Dänemark
Linda
10/11 1938

Ilse Eliza Zellermayer
mit Heinz Zellermayer

Prinzessinnensuite

Mein Jahrhundert im Hotel

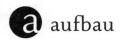

Mitarbeit: Christian Försch

Mit 34 Fotos aus dem Privatarchiv der Autorin

ISBN 978-3-351-02720-9

Aufbau ist eine Marke der Aufbau Verlag GmbH & Co. KG

1. Auflage 2010
© Aufbau Verlag GmbH & Co. KG, Berlin 2010
Vorsatz, Faksimilie einer Collage mit Autogrammen der Hotelgäste,
Originalvorlage aus dem Privatbesitz der Autorin
Einbandgestaltung hißmann, heilmann, hamburg
Druck und Binden CPI – Clausen & Bosse, Leck
Printed in Germany

www.aufbau-verlag.de

Ich widme dieses Buch in liebevollem Andenken
meinen Eltern Erna und Max Zellermayer.

Inhalt

Gründerjahre 9
Hotel Steinplatz: Die Welt bei uns zu Hause 23
Unsere jungen Jahre 51
Diskret – indiskret I 68
Fliegeralarm 77
Stunde Null 95
Diskret – indiskret II 111
Der Herr der Sperrstunde 128
»Volle Pulle« 147
Mein Weg in die Opernwelt 162
Diskret – indiskret III 186
West-Berlin und die Welt 203
Schicksals-Symphonie 214

Literatur 223
Personenregister 225

Gründerjahre

Fast alle Menschen stellen sich irgendwann die Frage, ob es eine höhere Macht gibt, die ihr Leben lenkt, ob ihre Partnerwahl, das Milieu, in das sie hineingeboren wurden, der Beruf, den sie erlernten, aus ihrer freien Wahl oder vielleicht doch einem vorgezeichneten Schicksal resultieren. Ich bin heute, da ich auf fast neun Jahrzehnte Leben zurückblicken kann, überzeugt, dass Letzteres zutrifft, denn die Wechselfälle, die mein Leben beeinflussen sollten, hätte ich mir in meinen kühnsten Träumen nicht ausdenken können.

Alles geschah mehr oder weniger ohne meinen Einfluss, ich ließ es wohl geschehen und danke dem Herrgott für dieses vielseitige, dieses mit Glück und Erfolg so überreich beschenkte Dasein.

Meine Geburt im Jahre 1920, ich war das dritte Kind und die erste Tochter, fiel auf den 18. Juni, einen Freitag, den Tag der Venus (venerdì, wie die Italiener sagen, um 3.30 Uhr morgens). »Venus« bedeutet im Lateinischen »Liebreiz« und »sinnliches Begehren«, als Göttin wurde die Venus der griechischen »Aphrodite« gleichgesetzt. Unter diesem Stern also sollte mein Leben stehen.

Ich war das erste Kind meiner Mutter, das nicht zu Hause auf die Welt kam, sondern in der Klinik, denn zwischen den Geburten meiner beiden Brüder war eine gewichtige Veränderung im Dasein unserer Familie eingetreten: Sie hatte die Privatwohnung am Berliner Kaiserdamm aufgegeben und war ins Hotel gezogen, ins »Hotel am Steinplatz«. Unser Hotel.

Und da meine Mutter den ebenso besorgten wie neugierigen Gästen, die für uns eher Freunde als Klienten waren, nicht stündlich Auskunft über die Fortschritte bei der Niederkunft geben wollte, zog sie es vor, sich einen abgeschiedenen Ort für die Entbindung zu suchen. So kam ich in der damals besten Klinik, der Hygea Klinik in der Fuggerstraße, zur Welt.

Wenn ich heute vor dem Steinplatz Nummer 4 in Berlin-Charlottenburg stehe und die denkmalgeschützte Fassade betrachte, muss ich an die Stunde Null denken, als sich mein Bruder Heinz in der zerbombten Ruine einquartierte, inmitten einer Trümmerlandschaft gezackter Häuserfassaden, verbogener Straßenbahnschienen und zerlumpter Berliner, die in Kellern und Baracken hausten und mit Bollerwagen durch die Schuttberge zogen, auf der Suche nach brauchbarem Hausrat und Nahrungsmitteln.

Heinz bezog das halb zerstörte Gebäude mit der fixen Idee, das Hotel unserer Familie so schnell wie möglich wieder aufzubauen, eine Idee, die vermessen und absurd wirkte. Die Berliner wussten nicht, wie sie den nächsten Winter überstehen sollten. Ihre Stadt gab es nicht mehr. Die Fabriken, Theater, Museen, Bürogebäude und Kinos – alles war zerstört. Wer sollte diese Stadt besuchen und in einem Hotel absteigen wollen? Unsere Familie hatte ihr ganzes Vermögen verloren, und es gab kein Baumaterial. Doch Heinz schaffte das Wunder: Nur wenige Jahre nach Kriegsende zogen wieder Dirigenten und Bildhauer, Schriftsteller und Komödianten, Professoren und Politiker in das Haus am Steinplatz, und mit ihnen der alte Geist. Der Geist, der sich in den zwanziger Jahren, unter der Ägide meiner Eltern, zu einmaliger Blüte entfaltet hatte.

Der kleine Yehudi Menuhin, der auf seiner Geige übt, die Prinzessinnen am Pingpong-Tisch, die sonore Stimme meines Vaters, der seine Honneurs im Speisesaal macht. Ich rieche die gestärkte Wäsche, die zum Trocknen auf die Terrasse getragen wird, den Puder, mit dem die Spreewald-Anna uns Kinder nach dem Baden einreibt. Der ganze Kosmos aus

Gerüchen, Geräuschen und rätselhaften Geschichten steigt in meinem Innern auf, und mit ihm erwacht ein tiefes Glücksgefühl, ein Gefühl von Dankbarkeit und Lebenslust, und auch ein bisschen Stolz. Stolz, dass dieses Haus, in dem wichtige Verträge geschlossen, Auftritte geprobt, Filmstoffe erdacht und Schicksale besiegelt wurden, dass dieses Haus mein Elternhaus war.

Doch diese Familiengeschichte beginnt, wie viele Berliner Geschichten, nicht in Berlin, sondern in der Provinz, im vorletzten Jahrhundert, in der Stadt Czernowitz, die damals zur k.u.k-Monarchie gehörte und heute in der Ukraine liegt.

Und sie beginnt mit einem Geheimnis. Nur selten hat unser Vater Max Zellermayer in vertrautestem Kreise darüber gesprochen. Seine Großeltern unterhielten in Czernowitz eine Thurn und Taxis'sche Poststelle. Ihre Tochter, meine Großmutter, war von atemberaubender Schönheit und erregte die Aufmerksamkeit des durchfahrenden Fürsten von Thurn und Taxis. Als neun Monate später, im Jahr 1863, Max Zellermayer das Licht der Welt erblickte, spekulierte man hinter vorgehaltener Hand über einen möglichen Zusammenhang zwischen dieser Geburt und der näheren Bekanntschaft der ledigen jungen Mutter mit dem Fürsten. Auch dass der Junge auf einer höheren Schule ausgebildet und später in das Kadettenkorps übernommen wurde, sind wohl Hinweise darauf, dass jemand im Verborgenen zumindest seinen Lebensweg kontrollierte. So stammte Max Zellermayer zwar nicht offiziell aus einem alten Adelsgeschlecht, aber es ist wohl nicht vermessen zu sagen, dass er eine eigene Dynastie begründete.

Czernowitz war die Haupstadt des Kronlands Bukowina, ein wichtiges Handelszentrum zwischen deutschsprachigen Staaten auf der einen und Rumänien und Russland auf der anderen Seite und seit 1875 sogar Universitätsstadt. Doch unser Vater, ein ehrgeiziger Geschäftsmann mit hochfliegenden Plänen, fühlte sich in dieser beschaulichen Provinzstadt der österreichisch-ungarischen Doppelmonarchie mit ihren 50 000 Einwohnern in seinem Tatendrang zu sehr beschränkt. So zog er gegen Ende des 19. Jahrhunderts nach Berlin und brachte es innerhalb weniger Jahre zu Erfolg und Ansehen.

Sein Lebensmittelgeschäft am Alexanderplatz war der Vorläufer eines großen Supermarktes. Außerdem betrieb er ein Engros-Geschäft mit russischem Kaviar, das im Bahnhof Alexanderplatz, Eingang Gontardstraße lag. Da Papa an der Grenze Österreichs aufgewachsen war, beherrschte er die östlichen Sprachen, auch Russisch, sehr gut. Das half ihm bei seinen geschäftlichen Kontakten zu diesen Ländern. An der Wolga und am Kaspischen Meer hatte er ganze Fischereien gepachtet, von wo aus er die 65-Kilo-Fässer Kaviar direkt nach Berlin transportieren ließ. Mein Vater war ein Geschäftsmann, der in großem Stil operierte und, bei aller Kühnheit, stets das Risiko genau einzuschätzen wusste. So kaufte er einmal gemeinsam mit seinem Bruder die gesamte Tabakernte des damaligen Mazedoniens auf. Der Ertrag von fünf Millionen Goldmark legte nicht nur den Grundstein für den Aufbau der Zigarettenfirma Reemtsma (durch den Halbbruder meines Vaters), sondern auch für den Großhandel mit der Russischen Kaviar Kompagnie. Später reizten unseren Vater eher Börsengeschäfte, so dass er in seinen reiferen Jahren eine Privatbank gründete, die er bis zu seinem Tode führte.

Für unsere Familiengeschichte am bedeutungsvollsten war aber die Gründung des Hotels Steinplatz. Es wurde zum Mittelpunkt unseres Lebens und unserer Entwicklung, denn wir Zellermayer-Kinder wuchsen in diesem Hotel auf. Die Fürsten, Kronprinzen, Gelehrten und Künstler, die darin verkehrten, bildeten unseren täglichen Umgang, ihr Ton war unser Ton, ihr Geist unser Geist.

Das Hotel am Steinplatz hatte einen ganz besonderen Rang in der Hotellerie Berlins. Es konnte sich zwar nicht mit dem Prunk des Hotels Adlon messen, auch nicht mit den gewaltigen Dimensionen des Esplanade, aber es hatte einen ganz besonderen Charme, eine »Seele«, wie es ein junger Malergeselle nannte, der mir vor einiger Zeit seine Aufzeichnungen zum Hotel Steinplatz überließ. Und diese Seele war die Seele meines Vaters Max und meiner Mutter Erna Zellermayer, die dem Hotel in der Nachkriegszeit wieder zu alter Blüte verhalf.

Die Geschichte der Hotellerie in Berlin ist jung. Anfang des 18. Jahrhunderts wurden für die Stadt ganze vierzehn Gasthöfe verzeichnet, primitive Kaschemmen, wo die Gäste tafeln und auf einem Strohlager nächtigen konnten. Gastwirte wurden damals noch mit Hausierern, Gauklern und fahrendem Volk gleichgesetzt. Adelige Gäste wurden von der preußischen Königsfamilie direkt in den diversen Stadtpalais oder Nebengebäuden untergebracht.

Nach dem siegreichen Krieg 1870/71 war Berlin unter Wilhelm I. nicht mehr nur Preußens Hauptstadt, sondern die Hauptstadt des neu gegründeten Kaiserreiches. Die Vertreter des Landadels besuchten Berlin immer öfter und richteten sich ihre eigenen Residenzen ein. Aber es gab auch ein aufstrebendes Bürgertum, erfolgreiche Geschäftsleute, die viel auf Reisen waren und komfortable Unterkünfte benötigten. Es entstand ein Markt für Hotels in der pulsierenden Stadt mit ihrem etwas unmoralischen Ruf. Alle wollten in den Gründerjahren nach dem Krieg dabei sein, und in der zweiten Hälfte des 19. Jahrhunderts erlebte das Hotelgewerbe in Berlin einen sagenhaften Aufschwung. Die meisten Häuser entstanden um die Bahnhöfe herum, da die Bahn damals das wichtigste Transportmittel für die auswärtigen Besucher war und die Bahnhöfe mit ihren gewaltigen Stahl- und Glaskonstruktionen Höhepunkte großstädtisch-modernen Bauens darstellten.

Am damaligen Wilhelm- und Zietenplatz errichtete die mächtige Hotel AG zwischen 1873 und 1875 den »Kaiserhof«, eines der ersten Berliner Hotels mit mehr als hundert Zimmern, Treffpunkt der deutsch-aristokratischen Gesellschaft. Später wurde das monumentale Gebäude so etwas wie das Hauptquartier der Nationalsozialisten. Bekannt ist das Buch »Vom Kaiserhof zur Reichskanzlei«, in dem Joseph Goebbels 1934 Hitlers Aufstieg beschrieb. Innerhalb weniger Jahre folgten das »Centralhotel«, das »Continental« und das »Monopol«. Damit begannen Weltstadthotels wie in Paris und London auch in Berlin das Geschehen zu dominieren. Familienhotels schienen dem Untergang geweiht. Doch es gab auch Ausnahmen: Im Jahr 1907 schaffte Lorenz Adlon es, gegen die Intrigen der Hotel AG, wenn auch freilich mit Unterstützung Wilhelms II., sein »Hotel Adlon« zu eröffnen. Nach dem traditionsreichen »Grand Hotel de Rome« war damit an der Straße Unter den Linden ein weiteres luxuriöses Haus entstanden. Das Grand Hotel de Rome schien mit seiner Lage zwischen Friedrichstraße und Charlottenstraße und seinem Komfort unübertrefflich zu sein. Doch Adlon setzte noch eins drauf. Aus aller Welt hatte er die teuersten Materialien liefern lassen, Marmor aus Carrara, Teppiche aus Persien. Im Keller lagerten eine Million Flaschen Wein, die in den folgenden Jahrzehnten auf drei Millionen anwachsen sollten. Es gab eine autonome Warmwasser- und Elektrizitätsanlage, die jegliche Unannehmlichkeit durch etwaige Streiks oder Versorgungsengpässe von den Hotelgästen fernhalten sollte. Das Adlon war erster Anlaufpunkt für Diplomaten und Politiker. Seine Halle wurde zum Schauplatz ihrer gesellschaftlichen und geschäftlichen Aktivitäten. Man sagt, dass dort sogar die IG Farben, der seinerzeit größte Chemiekonzern der Welt, gegründet wurde.

Das eleganteste Berliner Hotel war das »Bristol« Unter den Linden. Hier verkehrten die Schwerindustrie und die Aristokratie. Das Restaurant des Bristol zählte zu den beliebtesten und besten Gaststätten Berlins. Weiter im Osten entstand gleichzeitig das größte Hotel des Kontinents: das 1908 eröffnete »Excelsior«. Dem Hotelbesitzer Kommerzienrat Elsner gelang es, einen direkten, unterirdischen Zugang zum stark frequentierten Anhalter Bahnhof zu bauen. Elsner war, auch wenn er seinen Titel durch eine hohe Geldspende »gekauft« hatte, ein Fachmann durch und durch. Alle Stationen des Hotelbetriebes, vom Lehrling bis zum Hotelbesitzer, hatte er erfolgreich durchlaufen. Das »Esplanade« am Bellevueplatz war als ein sehr vornehmes Hotel bekannt. Dort verkehrte hauptsächlich der Landadel Brandenburgs.

Im Westen der Stadt war das »Eden Hotel« gegenüber dem Zoologischen Garten das größte, mondänste und bekannteste Haus. Es war berühmt durch seinen Dachgarten, wo wie im Esplanade und im Adlon täglich Tanztees stattfanden. Der feurige Tango Argentino war in Mode, und eifersüchtige Ehemänner störten sich an den gut aussehenden Zigeunergeigern. Der bekannte Schlager »Schau doch nicht immer nach dem Tangogeiger hin, was ist schon dran an Argentinien« zeugt davon. Zwei weitere Hotels am Bahnhof Zoo waren das »Hotel am Zoo« und das »Savoy Hotel«. Der Hauptstrom der Reisenden kam über die Friedrichstraße und den Anhalter Bahnhof. Vor allem die Deutschen, die aus der Provinz kamen, strebten der Friedrichstraße und den dortigen Vergnügungspalästen zu.

Max Zellermayer, der am Kaiserdamm in Charlottenburg wohnte, hatte die Entwicklung der Stadt genau verfolgt. Er suchte seit längerer Zeit ein geeignetes Doppelgrundstück, um seine Pläne für ein Hotel zu verwirklichen. Die gehobenen Hotels hatten sich um die Bahnhöfe in den östlichen und zentralen Bezirken Berlins geschart, aber der aufstrebende Westen der Stadt war noch verwaist. Charlottenburg war damals noch eine eigenständige Gemeinde, aber Max Zellermayer sollte wieder einmal beweisen, dass er für wirtschaftliche Entwicklungen den richtigen Riecher hatte: Sieben Jahre später entstand Groß-Berlin, Charlottenburg war einer der eingegliederten Bezirke, und zwar der wohlhabendste.

Nach längerer Suche fand Max Zellermayer ein repräsentatives Gebäude, das seinen Wünschen entsprach. Es handelte sich um das ehemalige Kaiserliche Offizierskasino, das sich für seine Planungen als geradezu perfekt erwies.

Das Haus war von dem jungen Architekten August Endell errichtet worden, und sein Entwurf war so außergewöhnlich wie er selbst. Endell verfolgte ein besonderes architektonisches Konzept, in dem es weniger um die Gestaltung von Mauern, sondern von Räumen ging. Er wollte, dass Betrachter und Bewohner eines Gebäudes eine besondere Aura, einen besonderen sinnlichen Reiz durch die gestalteten Räume empfänden. Und offensichtlich ist ihm das mit dem Steinplatz gelungen. Schon die Fassade entfaltet einen besonderen Zauber, da maurische, gotische und klassizistische Elemente mit frei erfundenen gemischt werden und dem wuchtigen Bau eine spielerische Leichtigkeit geben.

Vom Steinplatz aus gelangte man in fünf Minuten zu Fuß zum eleganten Kurfürstendamm mit seinen Luxusgeschäften, die mit ihren herrlichen, verführerischen und sündhaft teuren Angeboten schon damals ein Anziehungspunkt der Reichshauptstadt waren. Der große Boulevard konnte sich durchaus mit den Champs-Elysées in Paris oder der Fifth Avenue in New York vergleichen. Etwas später wurde der Kurfürstendamm zum Inbegriff der sogenannten Goldenen Zwanziger mit seinen beliebten und attraktiven Geschäften, Tanzlokalen, Kinos, Theatern und Kabaretts. Ebenfalls nur fünf Minuten dauerte der Weg zum Bahnhof Zoo und zum Zoologischen Garten.

Nahe dem Steinplatz waren die Hochschule für bildende Künste und die Hochschule für Musik und darstellende

Kunst angesiedelt. Hinzu kam – fast um die Ecke – das renommierte Renaissance-Theater. Bei der Uhlandstraße handelte es sich um eine wenig befahrene Straße, die besinnliche Ruhe garantierte, und auch die Hardenbergstraße war damals noch recht still.

Diese Voraussetzungen waren erstklassig, und sie bewährten sich in den folgenden Jahrzehnten. Max Zellermayer fügte die neue Aufgabe als Hotelier dem Kreis seiner vielfältigen und erfolgreichen Tätigkeiten hinzu. Er konnte noch nicht ahnen, dass der Ausbruch des Ersten Weltkrieges die erforderlichen Umbauten schon bald verzögern würde.

Max Zellermayer hatte die zweite Hochzeit mit seiner zweiten Frau Erna im Hotel Adlon gefeiert. Dieses Niveau strebte er, wenn auch in kleinerem Maßstab, mit seinem eigenen Haus an. Besonders das Restaurant sollte Köstlichkeiten bieten, die mit denen des Adlon konkurrieren konnten. Bei der Ausstattung wurde daher später auch die berühmte Entenpresse angeschafft, um den Feinschmeckern unter den Gästen die hoch gepriesene Ente à la Presse anzubieten. Max Zellermayers Motto war »Das Teuerste ist das Billigste!«, und sein Ehrgeiz verlangte höchste Qualität. Die sorgfältig ausgewählten Architekten begannen 1913 mit den Planungen für den Umbau. In der unteren Etage waren die vorgesehenen Gesellschaftsräume bereits äußerst großzügig angelegt. Und so konnten im Herbst 1913, wie sogar die New York Times berichtete, hier erste Konzerte stattfinden. Eine wesentlich vergrößerte Küche musste entworfen werden, da das Hotel nur Gäste mit Vollverpflegung aufnehmen wollte. Meinem Vater schwebte ein Hotel vor, dass den Gästen nicht unbedingt den übertriebenen Prunk des Adlon bieten sollte, dafür aber eine Atmosphäre absoluter Geborgenheit und Intimität. Er wollte ein exklusives, aber treues Publikum, das nicht nur für ein, zwei Nächte – zu einer Konferenz oder einem wichtigen Geschäftstermin

– abstieg, sondern sich womöglich über Wochen und Monate häuslich einrichtete. Die Oktoberrevolution in Russland sollte uns früher als erwartet eine Flut derartiger Gäste bescheren.

1913 waren die Planungen für die Suiten und die Einrichtung der sanitären Anlagen abgeschlossen, und der Ausbau der oberen Etagen wurde in Angriff genommen. Doch dann kam der Erste Weltkrieg. Ein Jahr nach dem Beginn des Umbaus war schon ein Großteil der Handwerker eingezogen, übrig blieben minderjährige Lehrlinge oder Männer in vorgerücktem Alter.

Das Hotel sollte eigentlich verpachtet werden, denn unser Vater hatte in der Gastronomie nur als Gast Erfahrung und plante nicht, sich persönlich um die Leitung zu kümmern. Er suchte einen geeigneten Hotelier und fand ihn in Rudolf Sendig, der in der Branche einen hervorragenden Ruf genoss. Der gebürtige Breslauer hatte seine Karriere in Bad Schandau als Koch im »Forsthaus« und im »Deutschen Haus« begonnen und bereits 1891 den weltberühmten »Europäischen Hof« in Dresden geführt. Fürsten und Könige stiegen dort ab, und der kaiserliche Hof weilte in dem Hause zur Kur. Sendig war damals jedoch fast siebzig Jahre alt und zog es vor, das Hotel für seinen Sohn zu pachten. Mein Vater war einverstanden, der Vertrag unterschriftsreif. Dann geschah das Unglück, dass dieser Sohn an der Front fiel. Der verzweifelte Sendig bat um die Auflösung des Vertrages, da er sich selbst physisch nicht mehr in der Lage sah, ein zusätzliches Hotel in Berlin zu führen. Selbstverständlich entsprach unser Vater seiner Bitte, wenn auch mit großem Bedauern.

Was aber sollte nun geschehen? So schnell war kein vertrauenswürdiger und kompetenter Pächter zu finden. Hinzu kam ein zweites Problem: Max Zellermayer hatte die Wohnung am Kaiserdamm gekündigt und wollte mit seiner Familie in die Schweiz umsiedeln. Allerdings verzögerte sich dieser Umzug, denn zuvor waren langwierige Verhandlungen mit den Schweizer Behörden notwendig. Er wollte für sein beträchtliches Barvermögen einen besonderen Umtauschkurs, und die Schweizer ließen sich vorerst nicht erweichen. Nun war guter Rat teuer, und es musste eine neue Unterkunft in Berlin gefunden werden. »Weißt du«, sagte er zu unserer Mutter, »könnten wir nicht überlegen, natürlich nur vorübergehend, in das Hotel zu ziehen, bis wir den richtigen Pächter gefunden haben? So bräuchte ich nicht immer zwischen der Schweiz und Berlin hin und her zu pendeln und könnte hier alle Probleme mit Bedacht und in Ruhe lösen, ohne weit von meiner geliebten Familie entfernt zu sein. Berlin entwickelt sich so gut, vielleicht wäre es überhaupt besser, im Grunewald ein Haus zu kaufen oder zu bauen.« Mama war in Berlin aufgewachsen, sie liebte die Stadt und war über diese Entscheidung natürlich glücklich.

Nun wurde also neben den großzügigen Hotel-Gesellschaftsräumen eine größere, komfortable Wohnung für die Familie mit Kindermädchen eingebaut. Die Privatwohnung war bald bezugsfertig, während der weitere Ausbau parallel vorangetrieben wurde. Was als Provisorium begann, wurde zum glücklichen Dauerzustand: Familie Zellermayer blieb ein Leben lang im Hotel Steinplatz wohnen.

Die Rezeption musste ausgebaut werden, auch die Portiersloge mit den Brieffächern und Kästen für Zimmerschlüssel sowie die Telefonzentrale für die Zimmertelefone mit ihren unzähligen Kabeln und Stöpseln. Daran schlossen sich die Büro- und die Kassenräume mit dem großen Banksafe an, der so massiv war, dass er beide Kriege überstand. Er befindet sich noch heute im Gebäude, da man ihn nicht abtransportieren kann, ohne das Haus abzureißen. Er war mit vielen hoch versicherten Fächern versehen, in denen die Gäste ihre Kostbarkeiten aufbewahren konnten. Im Keller befanden sich die Vorratskammern und der große Weinkeller. Zusätzlich war dort die Heizung untergebracht, die damals noch mit Kohle befeuert wurde.

Das Wichtigste war die Einrichtung des Restaurants und der großen Hotelküche. Darüber befand sich die getrennte Kaffeeküche für die Vorbereitung des Frühstücks für die Gäste, der Backwaren und Desserts. Dies war das Reich der böhmischen Back-Anna. Um das Frühstück auf den Etagen servieren zu können, gab es einen eigenen kleinen Fahrstuhl, der mit Seilen hinauf und herunter gezogen werden musste. Im Parterre schlossen sich die repräsentativen Gesellschaftsräume für die prominenten Gäste an. 1916 wurde der Ausbau, etwa der erforderliche Umbau der Beletage, fortgesetzt. Dort befanden sich die Gästezimmer und Suiten mit ihren Bädern, für diese mussten neue Leitungen, Kabel und Rohre verlegt und die Räume von Grund auf neu gestaltet, gefliest, gestrichen und tapeziert werden. Jede Suite und auch die Hotelzimmer waren von Anfang an individuell eingerichtet.

Max Zellermayer wollte die Zimmernummer dreizehn nicht vergeben und begann daher auf allen vier Etagen mit Zimmernummer vierzehn. Auf der hinteren Hofseite im Parterre gab es die Räume für das Hotelpersonal zum Umkleiden, Essen und für den Aufenthalt. Ein längerer Korridor führte dann zu den diversen Küchenräumen und zur Vorküche.

Die oberen Hoteletagen wurden allmählich den benötigten Ansprüchen gerecht und verbreiteten ein edles Ambiente. Sie waren, wie gesagt, für wohlhabende Gäste vorgesehen, die monatelang oder vielleicht auch für Jahre ihr Domizil aufschlagen wollten und sich wie zu Hause fühlen sollten. Die Familien aus der russischen und polnischen Hocharistokratie mussten selbstverständlich auch ihre eigenen Bediensteten wie Zofen, Kammerdiener und Kindermädchen als Entourage mitbringen können.

Entscheidend für den Ruf unseres Hauses war die Hotelküche. Da alle Gäste volle Verpflegung bekommen sollten, mussten sie mit dem Restaurant und der Bedienung rundum zufriedengestellt werden. Mein Vater hatte einmal auf einer Kur in »Brenners Parkhotel« in Baden-Baden gewohnt, und der exklusive Stil und die gediegenen Delikatessen waren ihm unvergesslich. Also engagierte er kurzerhand den dortigen Küchenchef Exner, der sein eingearbeitetes Team mit nach Berlin brachte. Dies garantierte ein erstklassiges Restaurant, in der Qualität vergleichbar mit einem heutigen Drei-Sterne-Restaurant. Die Küchenabteilungen wurden nach allen Extrawünschen des Chefkochs ausgestattet. Damals gab es natürlich noch keine großen Kühlanlagen, aber es wurde ein Eiskeller eingerichtet, obwohl alle Speisen nur frisch hergestellt wurden. Es gab immer verschiedene Menüs zur Auswahl. Besondere Festessen konnten vorher angemeldet werden. Für Feierlichkeiten gab es mehrere Räume in unterschiedlichen Größen.

Nun musste dringend die Position des Hoteldirektors besetzt werden. Nach reiflicher Überlegung und unzähligen Prüfungen wurde der bewährte und kompetente Hoteldirektor Marhofer ausgewählt. In ihm hatte Max Zellermayer den Richtigen gefunden, denn er war vertrauenswürdig, charmant und gut aussehend (was auch für die weiblichen Gäste wichtig war). Er übernahm die Leitung des Hotels und begann mit seinen Vorbereitungen. Es fing ja alles buchstäblich bei Null an.

Die Generaldirektion des Hotels übernahm unser Vater höchstpersönlich, und er fand großen Gefallen an seiner Aufgabe. Max Zellermayer war von großer, stattlicher Figur und hatte eine charismatische Ausstrahlung sowohl durch seine galante Liebenswürdigkeit den Damen gegenüber, die ihn alle ein wenig anhimmelten, wie durch sein selbstsicheres Auftreten. Die dunkel timbrierte, sonore Stimme unterstrich seine prägnante Persönlichkeit.

Unsere Mama war ebenso schön wie elegant. Auf den großen Bällen, etwa dem Presseball, bekam sie mehrmals den Preis für die schönste Dame des Abends, der meist mit wertvollen Gaben verbunden war. Sie war auch wegen ihres außergewöhnlich guten Geschmacks häufig in der damals tonangebenden Zeitschrift »Die elegante Welt« abgebildet, zwei dieser Zeitschriften befinden sich noch in unserem Besitz.

1916 wurden die letzten Vorbereitungen für den Einzug der illustren Gäste getroffen. Das Personal war sorgfältig ausgewählt, wobei die wichtigsten Bedingungen waren: Höflichkeit, Sauberkeit, Fleiß und Ehrlichkeit.

An der Spitze stand Hoteldirektor Marhofer mit seinen Mitarbeitern im Sekretariat. Es folgten der Chefkoch und seine Küchenbrigade, Chefportier, Nachtportier, Pagen, Telefonistin, zwei Fahrstuhlführer, Zimmermädchen, Hoteldiener und Etagengouvernante, Oberkellner und Serviererinnen sowie die böhmische Mehlspeisenköchin, unsere Back-Anna mit ihrer Kaffeeküche. Alles war nun bereit!

Hotel Steinplatz: Die Welt bei uns zu Hause

Hatte der Erste Weltkrieg mit einer unvergleichlichen Begeisterung und Siegesgewissheit begonnen, so war 1916 im Deutschen Reich Ernüchterung eingekehrt. Und Hunger. 250 Gramm Brot, 25 Gramm Fett und $1/14$ Ei standen dem Berliner pro Tag zu. Die Vossische Zeitung schrieb: »Bei der Knappheit an Fett, Seife und Lichtern ist in diesem Jahre eine Einschränkung im Gebrauch von Weihnachtskerzen dringend geboten. Am schönsten wäre es, wenn jedem Weihnachtsbaume nur eine einzige Kerze aufgesteckt würde. Die Bedeutung und Feierlichkeit des Vorgangs würde dadurch in keiner Weise beeinträchtigt. Den Kindern aber, für die ja Weihnachtsbäume hauptsächlich bestimmt sind, wird es eine wertvolle Erinnerung für ihr ganzes Leben bleiben, dass im Kriegsjahr 1916 nur eine einzige Kerze an ihrem Baume brennen durfte.«

Mein Vater schaffte es, trotz aller Schwierigkeiten bei der Warenlieferung, das Hotel gediegen auszustatten. Durch seinen Lebensmittelgroßhandel verfügte er über besondere Kanäle. Schon vor der Eröffnung lagen viele Anfragen von Persönlichkeiten vor, die sich von den Schilderungen des geplanten Hauses begeistern ließen und sich entschlossen, sofort nach Fertigstellung einzuziehen. Papa durfte sie nicht enttäuschen, war aber gleichzeitig sehr wählerisch, was die zukünftigen Gäste betraf. Er sah voraus, dass die ausgewählten Herrschaften für längere Zeit den Charakter des Hauses wesentlich bestimmen würden. Heute würde man sagen: »Die Chemie musste stimmen.«

Die erste Etage war fest an den Großfürsten Trubezkoj vergeben, der sie mit seiner Familie und den Bediensteten vollständig belegte. In der anderen Etage wohnten Angehörige des polnischen Hochadels. Diese Familien verließen ihr Heimatland kurz vor der Russischen Revolution und fanden es ideal, in einem Hotel mit all seinen Bequemlichkeiten zu wohnen. Sie kamen als Flüchtlinge mit viel Geld, Schmuck und kostbaren Pelzen. Da sie mit den Annehmlichkeiten des Hotels Steinplatz höchst zufrieden waren, blieben sie oft über mehrere Jahre bei uns wohnen.

Politisch war alles in Unruhe. Den Schock über die Niederlage im Ersten Weltkrieg hatte das deutsche Volk noch nicht verwunden, denn bis zuletzt hatte man fest an einen Endsieg geglaubt, hatte Ludendorff doch noch im Sommer 1918 eine Großoffensive im Westen gestartet, und noch im Herbst, als man um einen Waffenstillstand nachsuchte, standen die Truppen überall in Feindesland.

Auf die Niederlage und den eigenmächtigen Befehl des Flottenkommandos, die Briten zur Entscheidungsschlacht auf See herauszufordern, war eine Meuterei gefolgt, die sich zur Revolution ausgewachsen hatte. Kaiser Wilhelm II. floh aus Deutschland und bezog im holländischen Doorn ein schönes Schloss, doch das stabilisierte die Lage zunächst nicht.

Auf die Revolution folgte die Gegenrevolution, die Arbeiter fühlten sich von ihren SPD-Führern Ebert und Noske verraten, die ihrerseits Freikorpstruppen brutal gegen die Arbeiter- und Soldatenräte vorgehen ließen, Rosa Luxemburg und Karl Liebknecht wurden aus dem Hotel Eden verschleppt und im Januar 1919 ermordet. Aus den Arbeitervierteln im Osten und Norden Berlins zogen Tausende aufgebrachte Kämpfer, aus dem Westen kamen immer neue Freikorpseinheiten in die Stadt. Es kam zu Kämpfen um die Reichskanzlei und Straßenschlachten. Im Sommer 1919 war in Berlin die Revolution endgültig besiegt, die Weimarer Republik schien sich etablieren zu können, doch im März 1920 kam der erste Putsch: Walther von Lüttwitz führte die

Brigade Ehrhardt in die Stadt, um alle Schaltzentralen der Macht zu besetzen und den »ostpreußischen Generallandschaftsdirektor« Wolfgang Kapp als neuen Reichskanzler einzusetzen. Und dies war nur der Auftakt zu einer Serie von versuchten Staatsstreichen und Anschlägen auf die junge Demokratie und ihre Führer.

In dieser allgemeinen Unsicherheit etablierte sich das Hotel Steinplatz dennoch außerordentlich erfolgreich. Es lag weit genug im Westen, fernab von den Tumulten in den Arbeiterbezirken und den strategisch wichtigen Behörden, so dass man vor bewaffneten Übergriffen sicher war. Das Garde-Kavallerie-Regiment hatte praktisch immer die Kontrolle über die bürgerlichen Bezirke im Westen. Und Versorgungsengpässe konnte mein Vater, wie gesagt, dank seiner gut funktionierenden Importkanäle vermeiden.

Merkwürdigerweise führte gerade die Unsicherheit der wirtschaftlichen und politischen Lage in Berlin zu einer fast hysterischen Lebenslust. Während der Hyperinflation 1923 verlor das Geld so schnell an Wert, dass viele Fabriken den täglich steigenden Lohn jeden Morgen am Werkstor auszahlten, wo die Arbeiterfrauen das Geld in Empfang nahmen, um es sofort wieder auszugeben, ehe es nur noch Makulatur war. Bekannt wurde die Geschichte von dem Mann, der sich im Café über die Rechnung beschwerte. Zwei Tassen Kaffee sollten 14 000 Mark kosten.

»Aber als ich Sie nach dem Preis für eine Tasse Kaffee fragte, sagten Sie ›5000 Mark‹«, beschwerte er sich beim Ober. »Das ist wahr«, antwortete dieser, »aber Sie haben die beiden Tassen nicht gleichzeitig bestellt, die zweite kostete schon 9 000.«

Charlottenburg war seit der Oktoberrevolution der bevorzugte Fluchtpunkt der osteuropäischen Aristokratie, aber auch vieler Künstler und Intellektueller, die sich unter dem Sowjetregime nicht sicher fühlten. Insgesamt gab es 350 000 Exilrussen in Berlin. Die meisten wollten weiter nach Paris oder in die USA, aber für viele wurde das Provisorium »Charlottengrad« zur zweiten Heimat.

Buchverlage, Zeitschriften und Zeitungen schossen wie Pilze aus dem Boden, 1924 zählte man 86 russische Verlage und Buchhandlungen in Berlin. Die russische künstlerische Avantgarde hatte sich in der Stadt versammelt, debattierte nächtelang in Mansardenzimmern und feuchten Kellern, in Teestuben und kleinen Buchhandlungen.

Wer sein Vermögen verloren – oder nie ein Vermögen besessen – hatte, musste sich als Aushilfskellner oder Schuhputzer verdingen, wer seine Schätze, zumindest zum Teil, gerettet hatte, konnte sich einen komfortablen Lebensstil erlauben.

Auch Familie Nabokov zählte zu den Gästen im Steinplatz: Nicolai Nabokov wurde nach dem Zweiten Weltkrieg der Leiter der Berliner Festspiele, sein Cousin Vladimir Nabokov verfasste den berühmten Roman »Lolita«, der von Stanley Kubrick verfilmt wurde. In Berlin schrieb er, noch unter dem Pseudonym »Sirnin«, unter anderem einen Berliner Stadtführer, in dem sich folgende Passage findet: »An einer Kreuzung ist das Straßenpflaster längs der Schienen aufgerissen; im Wechsel schlagen vier Arbeiter mit Vorschlaghämmern auf einen Eisenpfahl ein; der erste trifft, und schon senkt der zweite seinen Hammer mit weitem, akkuratem Schwung; der zweite Hammer saust nieder und erhebt sich gen Himmel, während der dritte und dann der vierte in rhythmischer Folge zuschlagen. Ich lausche ihrem geruhsamen Klang, wie vier sich wiederholenden Noten eines eisernen Glockenspiels.

Ein Bäckerjunge mit weißer Mütze kommt auf seinem Dreirad vorbeigeflitzt; ein mehlbestäubter Bursche hat etwas Engelhaftes. Ein Lieferwagen mit Kästen auf dem Dach rasselt vorüber, in denen Reihen smaragdgrüner, leerer, aus den Kneipen abgeholter Flaschen blinken. Auf einer Karre gleitet geheimnisvoll eine lange schwarze Lärche dahin.«

Nicolai dagegen schrieb in unser Gästebuch: »Von der Badewanne ins Familienhotel ... und träume in schönen Carminen.« (Carminas war mein Ehename, aber dazu später mehr.)

Die Nabokovs entstammten der russischen Aristokratie, Vladimirs Großvater war unter dem Zaren Justizminister gewesen, sein Vater dann, nach dem Sturz der Monarchie, an der Übergangsregierung unter Alexander Kerenski beteiligt. Aber die Bolschewiken stürzten diese gemäßigte Regierung bekanntlich, die Nabokovs fielen in Ungnade und mussten fliehen. Über Jalta und London gelangten sie nach Berlin, wo Vladimir trotz seiner jüdischen Abstammung bis 1937 blieb. Er arbeitete als Lehrer, Übersetzer, Schriftsteller und Gelegenheitsschauspieler. Sein Vater gründete den ersten russischen Verlag. 1922 wurde er in der Philharmonie getötet, als er versuchte, einen monarchistischen Attentäter zu entwaffnen. Wahrlich eine erstaunlich couragierte Familie!

Auch viele wohlhabende jüdische Witwen, die nach dem Tod ihres Mannes nicht länger ein großes Haus mit Personal führen wollten, zogen die Behaglichkeit und den zuvorkommenden Service des Hotels Steinplatz vor. Hier konnten sie Freundschaften untereinander schließen und ihre Bekannten und Verwandten zum Essen in das elegante Restaurant einladen, wo sie vorher ein besonderes Menü zusammenstellen ließen. Dies war ein sehr gebildeter und kultivierter Kreis, sie besuchten mit größtem Interesse die Opernhäuser, Theateraufführungen und Konzerte der Stadt.

Zu unseren Stammgästen gehörten bald schon auch prominente Schriftsteller, Sänger und Dirigenten sowie Professoren und Akademiker, die in Berlin ihre Vorlesungen hielten oder an den Theatern engagiert waren. Viele dieser Geistesgrößen trafen bei uns zusammen und bereicherten die Atmosphäre in unserem Hotel während der sogenannten Goldenen Zwanziger.

»Diese zehn großen Berliner Jahre waren nur und ausschließlich für folgende Leute zehn große Jahre: für Journalisten, Schriftsteller, Theaterdirektoren, Redakteure, Regisseure, Schauspieler und Schauspielerinnen jeglicher Art. Tänzerinnen und Tänzer, Kabarettisten, Maler, Bildhauer, Zeichner, Musiker – und für ihrer aller Anhang. Es war die Berliner Bohème, falls man sich erlaubt, überhaupt von einer Bohème zu sprechen. Und allein diese Menschen in ihren Zeitungen, Zeitschriften und Büchern, ihren Theatern, Buchhandlungen und Antiquariaten, ihren Varietés und Kabaretts, ihren Ateliers, ihren billigen und teuren Kneipen, Destillen, Restaurants und Cafés – diese allein und natürlich ihre Gäste, ihre Zuschauer und Zuhörer erlebten und genossen, schluckten, tranken, soffen und fraßen diese so viel zitierten ›zehn großen Berliner Jahre‹«, schreibt Fred Hildenbrandt, damals Feuilletonchef des Berliner Tageblatts unter dem legendären Theodor Wolff.

Doch zumindest zu den Zuhörern und Zuschauern der Stars und Sternchen gehörte damals alle Welt. Alles drängte nach Berlin, um über Nacht Karriere zu machen, Glücksritter aus den deutschsprachigen Ländern, aus Osteuropa, aus Skandinavien. Die Babelsberger Studios produzierten Filme am laufenden Meter und lockten die Massen in die Kinos, der Moloch Berlin zog Talente an wie das Licht die Motten. Tausende zerfleischten sich in der Hoffnung auf eine kleine Rolle, einen Auftritt, ein Zeilenhonorar. Und Berlin setzte internationale Maßstäbe, mit Alfred Kerr als dem brillantesten Kritiker, Max Reinhardt dem besten Theaterregisseur, Fritz Lang dem besten Filmemacher. Jeden Abend gab es irgendwo ein Atelierfest, eine Premiere, einen Presseempfang. Und alle wollten die Leinwandstars einmal aus der Nähe sehen: Heinrich George, das Monstrum, das nur nackt und meist sturzbetrunken durch die eigenen vier Wände marschierte, Hans Albers mit seinen stechend hellen Augen, die vermeintlich kühle Marlene Dietrich, ja selbst die in Berlin verkannte Greta Garbo. Für viele von ihnen wurde das Leben im Hotel zur Dauereinrichtung, weil sie von einem Engagement zum nächsten hetzten oder als Korrespondenten ständig auf Reisen waren. Schriftsteller wie Joseph Roth hatten praktisch nie eine eigene Wohnung, Anton Kuh war ein so brillanter Geschichtenerzähler und Schwadroneur, dass man ihn auf jeder Gesellschaft haben wollte, ja dass Lorenz Adlon ihn sogar jahrelang umsonst in seinem Hotel residieren ließ, denn der Journalist und Essayist hatte, trotz der astronomischen Vorschüsse, die er kassierte, nie Geld. Dass er dabei ein nur mittelmäßiger Autor war, kümmerte kaum jemanden, solange er nur eine Gesellschaft mit seinem Esprit in erhabene Stimmung versetzte. Als ihn seine Freunde schließlich doch einmal im Stich ließen und seine Zeche nicht übernehmen wollten, rief er zu seiner Begleiterin: »Maria, geh, sei so nett, gib dich dem Wirt hin, ich kann die Rechnung nicht bezahlen.«

Ein reges Treiben hatte begonnen, das Hotel war mit den Dauergästen restlos besetzt, und es fanden zunächst kaum Wechsel statt. Nur wenn ein Gast endgültig in ein anderes Land abreiste, ergab sich die Chance, ein Zimmer zu erhalten. Unser Vater überlegte jedes Mal gründlich, ob die neuen Gäste zu den bereits anwesenden passen könnten.

Er hätte eher einige Räume leerstehen lassen, als Gäste zu beherbergen, die seinen Vorstellungen nicht entsprachen. Denn gerade nach 1918 trieben sich viele zwielichtige Existenzen herum.

Die Einsegnung des Prinzen Bernhard zur Lippe-Biesterfeld, des späteren Gatten und Prinzgemahls der Königin Juliana der Niederlande, und seines Bruders Armin wurde im Steinplatz mit einem Festdiner gefeiert. Anwesend war der damalige Nuntius Eugenio Pacelli, der spätere Papst Pius XII., und ich kann mich heute noch erinnern, wie ich durch den Spalt der Flügeltüren in den großen Salon spähte und fasziniert das Treiben der hochdekorierten Gäste beobachtete.

Andere Gäste blieben uns wegen ihrer seltsamen oder komplizierten Angewohnheiten unvergesslich.

Zu den viele Jahre lang im Hotel lebenden Stammgästen gehörte zum Beispiel Else Reichsgräfin von Trampe, eine ältere Dame, die mit »Erlaucht« angesprochen werden musste.

Die Reichsgräfin hatte einen niedlichen, kleinen Pekinesen, der regelmäßig von einem Hotelpagen Gassi geführt werden musste. Das Hündchen hieß Chaplin – nach dem Schauspieler und Regisseur Charlie Chaplin. Zu seinem Geburtstag wurde eine kleine Feier mit einem Schönheitspreis für »Dame mit Hund« arrangiert, den natürlich die Reichsgräfin gewann. Sie war überglücklich und gab eine kleine Hundeparty mit Einladungen für die anderen Hundebesitzer im Hotel-Hofgarten. Da die Hunde nicht ins Restaurant durften, waren extra Tische auf der Terrasse gedeckt – zur großen Zufriedenheit ihrer Erlaucht und ihrer zwei- und vierbeinigen Gäste.

Die Reichsgräfin hatte überdies die Angewohnheit, sich so stark mit Moschus zu parfümieren, dass der arme Baron von Boschann, der allergisch gegen Moschus war und einmal mit ihr im Fahrstuhl fuhr, halb ohnmächtig von dem Fahrstuhlführer aufgefangen werden musste.

Der Baron hatte eine seltsame Manie: Er glaubte, er würde eines Tages in einer Badewanne ertrinken. Deshalb führte er in seinem Reisegepäck immer eine kleine Gummibadewanne mit. Er stellte sich hinein und goss sich mit einem Glas das Wasser über seinen Kopf. Das war eine äußerst merkwürdige Prozedur, und das Zimmermädchen stöhnte, wenn sie die Pfützen auf dem Parkettboden aufwischen musste. Baron von Boschann spielte ebenso wie ein anderer Hotelgast, Gottfried von Cramm, in den Gesellschaftskolumnen der »Eleganten Welt« oder im »Silberspiegel« immer eine große Rolle. Baron von Cramm war 1929 als Jurastudent dem Berliner Tennisclub Rot-Weiß beigetreten und schnell zu einem der weltweit besten Spieler aufgestiegen. Er galt als wahrer Ballästhet und als der beste Spieler der Geschichte, der jedoch trotz dreier Final-Teilnahmen niemals Wimbledon gewinnen konnte. Den Nazis war der Aristokrat, der sich nicht für die NS-Propaganda hergab, bald schon ein Dorn im Auge, und nach einer Welttournee wurde er 1938, unter dem Vorwurf der Homosexualität, von der Gestapo verhaftet.

Ein anderer Gast, eine ältere Dame, Frau Feuerstein, wünschte sich ein Südzimmer, sehr ruhig zum Hof gelegen. Und zu unserem Erstaunen – oder sollte ich sagen: Entsetzen? – benahm sie sich recht eigenartig. Sie setzte sich mit ihrem stark eingeölten Rücken jeden Tag zur Mittagszeit, wenn ihr Zimmer in der prallen Sonne lag, in das geöffnete Fenster auf die Brüstung. Ihren knusprig braun gebrannten Rücken stellte sie mittels eines tiefen Dekolletés abends bei den Mahlzeiten zur Schau.

Sie meinte, diese Sonnenbäder würde sie aus gesundheitlichen Gründen als Therapie benötigen. Amüsiert gab sie ihren geistreichen Kommentar dazu ab, indem sie auf ihr stark geschminktes Gesicht Bezug nahm: »So ist es nun einmal im Leben: Alte Häuser streicht man an.« Sie blieb bis 1933 im Steinplatz und verließ nach Hitlers Machtübernahme Deutschland.

Eines Tages fuhr eine elegante, vornehme Dame mit einem Wagen vor. An der Rezeption fragte sie nach der auf den Namen der Gräfin v. W. bestellten Suite. Auf dem Arm hielt sie einen wunderschönen riesigen Plüschbären, den sie in aller Form dem Empfangschef Kunow vorstellte: »Dies ist Chouchou, mein liebster Begleiter, er bewohnt mit mir die Suite.«

Der herbeieilende Page wollte ihr den Teddy hilfsbereit abnehmen, aber sie schüttelte ebenso liebenswürdig wie bestimmt den Kopf und meinte: »Das geht nicht, denn Chouchou will unbedingt nur bei mir bleiben. Um wie viel Uhr ist abends das Diner? Chouchou und ich möchten einen schönen, ruhigen Tisch für zwei reservieren. Das Frühstück nehmen wir dagegen morgens in der Suite ein.«

Die charmante Gräfin machte zwar einen leicht verwirrten Eindruck, besaß jedoch durchaus eine würdevolle Ausstrahlung. Am Abend erschien sie in eleganter Robe, mit Chouchou auf dem Arm, der eine Schleife passend zu ihrem Abendkleid trug. Sie setzte den Teddy auf den zweiten Sessel und unterhielt sich während des ganzen Essens ausschließlich mit ihm.

Sie bestellte zwei verschiedene Menüs: »Chouchou möchte heute nach den Vorspeisen eine kleine Consommé, schön heiß, denn Chouchou isst langsamer als ich, als zweites Gericht wählt er einen leichten, gedämpften Fisch. Für mich bitte ein gebratenes Hühnchen mit Haricots verts. Zum Dessert nehmen wir Eis mit Früchten.«

Da die Gräfin kein Mittagessen zu sich nahm, konnte sie abends mühelos jeweils beide Portionen selbst mit großem Appetit verspeisen. Jeden Abend wechselte sie die Garderobe, und Chouchou trug immer eine farblich dazu passende Schleife. Zum Oberkellner, der das Spiel selbstverständlich mit größtem Respekt mitspielte, ohne sich etwas anmerken zu lassen, sagte die Gräfin: »Wir beginnen mit einem Glas Champagner und wählen dann einen von Ihnen empfohlenen Wein dazu. Bitte bedienen Sie Chouchou sehr aufmerksam, denn er ist sehr empfindlich und möchte sich nicht zurückgesetzt fühlen.«

Die Gräfin trank die beiden Gläser Champagner sowie den Wein und sprach erneut allein beiden Mahlzeiten zu. Nun nahm sie Chouchou auf den Arm und verschwand in ihrer Suite, um ihn zu baden. Vorher schob sie dem Oberkellner noch einen Geldschein hin und sagte: »Dies ist von Chouchou. Es hat ihm gut geschmeckt, und er war mit der aufmerksamen Bedienung zufrieden.« – »Sehr wohl, Frau Gräfin, wir werden bemüht sein, Ihnen und Ihrem schönen Chouchou nur das Beste anzubieten«, antwortete der Oberkellner mit todernster Miene, was die Gräfin mit einem dankbaren Lächeln quittierte.

Nach einer Woche tauchte unerwartet eine Nichte der Gräfin auf. Sie war nicht wenig erschrocken über die Höhe der aufgelaufenen Rechnung. »Warum haben Sie diesem albernen Teddybär Champagner gegeben? Und so viel?«, fragte sie mehr als konsterniert. »Ich bedaure sehr, dass Sie, gnädigste Comtesse, nicht einverstanden sind«, meinte lächelnd der Sommelier, »aber die Gläser waren immer ausgetrunken. Der Gast ist bei uns König, und wir sind dazu da, seine Wünsche auf das vollkommenste zu erfüllen, selbst wenn sie etwas sonderlich anmuten.«

Die Rechnung wurde beglichen, und die reizende Gräfin sagte zum Abschied: »Chouchou hat geweint, weil er dieses schöne Hotel verlassen muss. Das Trinkgeld für Sie alle kommt von meinem lieben Chouchou.« Und damit legte sie einen großzügigen Schein hin.

Die arme, verwirrte, aber sehr liebenswerte Gräfin kam in ein Stift für adelige Damen, wo sie mit ihrem geliebten Teddy glücklich bis zu ihrem Lebensende blieb.

Für jeden Gast wurden Karteikarten angelegt, um seine persönlichen Wünsche und vielleicht auch seltsame oder bizarre Angewohnheiten zu verzeichnen. Er sollte bei seinem nächsten Aufenthalt jede Kleinigkeit wieder nach seinem Belieben vorfinden. Er wurde stets mit Namen angeredet und behandelt wie ein guter Freund des Hauses, der nur eben ein paar Tage weg gewesen war, auch wenn manchmal Monate oder Jahre zwischen den Aufenthalten unserer Gäste lagen. Natürlich versuchten wir auch, den Gast jedes

Mal in seinem bevorzugten Zimmer unterzubringen, was manchmal nicht einfach war und den Empfang hin und wieder sogar vor fast unlösbare Aufgaben stellte. Da musste manche Notlüge hervorgezaubert werden, zum Beispiel ein plötzlicher Rohrbruch, der gerade dieses Zimmer unglücklicherweise für einige Tage unbewohnbar gemacht hatte. Dem Gast wurde dann mit vollendeter Überredungskunst ein nicht minder schönes Ersatzzimmer angeboten, mit dem die meisten Gäste letztendlich so zufrieden waren, dass sie von da an nur noch dieses Ersatzzimmer für zukünftige Besuche wünschten. Dann wurde die entsprechende Karteikarte verändert und der neue Wunsch eingetragen.

Das gut ausgebildete Hotelpersonal erfüllte entsprechend der Gästekartei auch die ausgefallensten Wünsche – egal, ob es darum ging, dem Gast um 19 Uhr abends eine Wärmflasche ins Bett zu legen, oder darum, eine bestimmte Whiskysorte bereitzustellen. Die Zimmermädchen bemutterten auch manchen älteren Gast, der wegen zahlloser eingebildeter Krankheiten unentwegt Tabletten und andere Arzneien schluckte.

Frau Kulewatz, eine schlanke, energische und temperamentvolle Frau, führte unsere Hotelwäscherei, in der die Berge an Bettwäsche, Handtüchern, Badelaken, Tischtüchern, Servietten etc. gereinigt wurden. Im angrenzenden Dachgarten wurden die kleineren Stücke bei gutem Wetter aufgehängt. Wir kauften nur die allerbeste Wäsche, trotzdem war der Verschleiß immens. Später zogen wir es vor, die gesamte Hotelwäsche fortzugeben und Frau Kulewatz mit ihren beiden Wäscherinnen für andere anfallende Tätigkeiten einzusetzen.

In der Zeit nach dem Ersten Weltkrieg kam viel Hotelsilber abhanden. Neben Bestecken verschwanden auch Schüsseln und sogar kleine Teppiche, Handtücher, Bettwäsche, Aschenbecher und und und … Daraufhin entschloss sich unser Vater, in das Hotelsilber einzugravieren:

»gestohlen im Hotel Steinplatz«. Seitdem blieben die Bestecke an Ort und Stelle, später kamen sogar einige Stücke anonym wieder zurück. Einen dieser Löffel besitze ich heute noch als Kuriosität.

Einmal hatten wir unter unseren Gästen einen einschlägig bekannten Hoteldieb, der sich allerdings bei uns mit seinem richtigen Namen eintrug und nichts stahl. In anderen Hotels wohnte er gewöhnlich unter falschem Namen und unternahm seine Diebeszüge. Eines Tages holte ihn die Polizei bei uns ab. Wir fielen aus allen Wolken, denn natürlich hatten wir nicht den geringsten Verdacht gegen den Mann gehabt. Für ein Hotel ist es immer prekär, wenn Polizeibeamte auftauchen, aber selbst bei genauester Auswahl der Gäste ist das fast unvermeidlich. Allerdings wussten die Kriminalbeamten um ihre heikle Rolle und erschienen in der Regel in Zivil, um nicht allzu viel Aufsehen zu erregen. Die Verhaftung des Hoteldiebs ließ sich aber kaum verbergen, doch Papa beruhigte die Gäste: »Wie Sie sehen, benehmen sich in unserem Hause selbst zweifelhafte Existenzen vorbildlich.«

Ein besonders unangenehmer Zwischenfall ist mir aus den zwanziger Jahren in Erinnerung. Eines der Zimmermädchen, das in unserem begrünten Innenhof die Gärtner hatte einweisen sollen, kam kreidebleich an die Rezeption gestürzt. Dort blieb sie wie angewurzelt stehen, alle Sehnen an ihrem Hals waren gespannt wie die Saiten einer Geige. Der Empfangschef versuchte sie zu beruhigen und drang in sie, was denn geschehen sei. Immer wieder zeigte sie in den Innenhof, öffnete und schloss den Mund wie ein Fisch auf dem Trockenen, brachte aber keinen Ton heraus.

Der Empfangschef musste annehmen, dass etwas Schlimmes geschehen war. Manchmal wurden die Mädchen auch Opfer etwas übertriebener Wertschätzung durch die Gäste, doch war die Kleidung des jungen Dings in schönster Ordnung und Schrammen hatte sie ebenfalls keine. Das Wichtigste war, kein Aufsehen zu erregen. Der Empfangschef ließ also das Mädchen in den Ruheraum bringen und versorgen und begab sich selbst mit einer Etagengouvernante in den Hof, der parkähnlich gestaltet war. Bunte Blumenrabatten säumten die Fassaden, dazwischen waren Rasenflächen und Kieswege. Aus einem der Beete ragten die Beine eines Mannes. Er lag auf dem Boden, in seinem Straßenanzug, mit schmerzverzerrtem Gesicht. Es war ein Gast, dessen Zimmer im dritten Stock lag. Er hatte sich aus dem Fenster gestürzt und war wenige Meter neben unserem Zimmermädchen aufgeschlagen, allerdings so glücklich – oder eben unglücklich –, dass er nur ein paar Knochenbrüche und Prellungen davontrug. Er war mitten in ein Beet mit Büschen und Blumen gefallen, nur wenige Zentimeter neben einer Rabattenmauer, an der er sich unweigerlich den Schädel zerschmettert hätte.

Ich habe nie besonders viel Verständnis für Selbstmörder aufbringen können, aber ich finde, bei aller Verzweiflung sollte man doch noch einen Gedanken an seine Mitmenschen verschwenden und eine etwas diskretere Art des Abschiednehmens wählen.

Verschwenderisch und großzügig wirkten die verschiedenen Suiten, die zum Teil über blumengeschmückte Balkons verfügten. Die Gäste genossen die ganz individuelle Einrichtung der Hotelzimmer. Die Raumhöhe betrug in allen Etagen 4,20 Meter. August Endell hatte vermeiden wollen, dass es nur eine Beletage und darunter und darüber bescheidenere Stockwerke gab. Er wollte keine Hierarchisierung der Etagen, für ein Hotel natürlich ideal. Heute würde man aus den vier Etagen mühelos sechs machen. Aber den Gästen gefielen die hohen Decken außerordentlich. Sie sollten nie das Gefühl haben, in irgendeiner Form beengt zu sein.

Unter den schönen, großzügigen Gesellschaftsräumen gab es ein Kartenzimmer mit Bibliothek, was besonders von den russischen, polnischen und rumänischen Gästen für Poker und Ecarté genutzt wurde. Dabei ging es oft um erschreckend hohe Einsätze.

Damals gab es einen Rauchsalon, wohin sich die Herren nach dem Diner mit einem Glas altem Portwein und einer teuren Zigarre zurückzogen – wie es in den englischen Clubs noch heute üblich ist. Dann pflegte man sich lustige, gewiss auch etwas schlüpfrige Geschichten zu erzählen, wie das lautstarke Gelächter, das von dort zeitweise durch die Türen drang, vermuten ließ. In diesen Momenten war die wichtigste Berufstugend unserer Kellner von besonderer Bedeutung: Sie hörten nicht, sprachen nicht – und vor allem durften sie nicht durch Grinsen oder gar vernehmliches Lachen kundtun, dass sie eine anzügliche Pointe verstanden hatten. Manchmal keine leichte Aufgabe.

Außerdem gab es Räume für kleinere Gesellschaften wie Geburtstags- und Verlobungsfeiern sowie größere Räume für Hochzeiten, Bälle und Tanzvergnügen.

An jedem Abend spielte ein Pianist im Restaurant. Außerdem gab es einmal im Monat einen Tanzabend mit Kapelle. Als Attraktion eines solchen Tanzabends trat dann meist ein südamerikanisches Tanzpaar auf, das besonders Tango Argentino und andere Modetänze vorführte und sehr bewundert wurde. Auch klassische Konzerte und Lesungen fanden regelmäßig statt. Da es damals natürlich kein Fernsehen gab, musste man den Gästen ein ebenso abwechslungsreiches wie anspruchsvolles Unterhaltungsprogramm bieten.

Unsere Mama führte damals ein geradezu luxuriöses Leben. Die Masseuse, die Maniküre und die Pediküre kamen ins Haus. Einige Russinnen, ehemalige Damen der Gesellschaft, die nun selbst für ihren Unterhalt sorgen mussten, verkauften die schönsten seidenen Wäschestücke mit herrlichen gestickten Monogrammen. Andere wiederum kamen mit russischen Delikatessen wie dem sehr beliebten gebeizten Lachs oder mit einer speziellen dicken Sahne für Borschtschsuppe, Piroggen oder Pelmeni. Natürlich hätte dies auch unser Küchenchef zaubern können, aber Mama wollte die armen Damen nicht enttäuschen und ihnen etwas abkaufen. In Zeiten der Lebensmittelrationierungen waren diese Spezialitäten auch eine echte Hilfe für das Haus.

Eines Tages ließ sich unsere Mutter heimlich beim Coiffeur ihren herrlichen dunkelbraunen Zopf abschneiden und kam mit einem modernen Bubikopf nach Hause. Den abgeschnittenen Zopf trug sie in der Hand. Papa war ganz entsetzt, Achim und ich weinten bitterlich, und nun fing unsere Mutter auch zu weinen an. Im Grunde hatte sie natürlich recht, sie wollte doch mit der Mode gehen. Doch sie ließ schon bald ihre Haare nachwachsen und steckte sie höchstens noch elegant hoch.

Unsere Eltern nahmen mit Begeisterung am damaligen »social life« teil. Natürlich waren die großen Bälle ein Muss, besonders der Presseball, der eine bedeutende Rolle im Berlin der zwanziger Jahre spielte. Es war nicht einfach, dafür Karten zu erhalten, doch der engere Kreis der Gesellschaft bekam sie nach Hause gesandt. Die Prominenz aus Theater und Film, die großen Künstler der Opernhäuser sowie Bildhauer, Maler und berühmte Literaten bildeten den illustren Background des Ereignisses. Man feierte bis in die frühen Morgenstunden. Den Privatchauffeuren, die bei den großen Limousinen frierend vor den Tanzpalästen standen, schickte man wärmende Getränke und Erfrischungen hinaus.

Der Ball wurde durch den Auftritt der uneingeschränkten Primadonna Fritzi Massary gekrönt, die mit ihrem Mann Max Pallenberg und großem Gefolge direkt von ihrer Vorstellung kam. Auch wenn Richard Tauber mit dem Ensemble des Metropoltheaters erschien, nach einer von stürmischem Beifall umrauschten Léhar-Operette, wollte der Jubel kein Ende nehmen. Auf einem Presseball sang er sogar einmal sein berühmtes Lied »Dein ist mein ganzes Herz«.

Auch die großen Boxabende mit Max Schmeling gehörten ebenso wie das alljährliche Sechstagerennen zu den beliebtesten »social life«-Abenden. Damals erschien man sogar noch in Frack oder Smoking.

Im Hotel fand täglich eine Lagebesprechung statt, bei der alle Zimmermädchen und Hoteldiener ihre speziellen Anweisungen von der kompetenten, aber auch überaus strengen Hausdame, der Etagengouvernante Frau Schuster, bekamen. Sie teilte die Urlaube ein, überprüfte die Hotelzimmer und inspizierte alles auf das gründlichste. Ihr entging keine noch so geringfügige Kleinigkeit. Einfache Reparaturen wie tropfende Wasserhähne mussten sofort erledigt werden. Dafür hatten wir unsere eigenen Handwerker im Haus: Elektromeister, Maurermeister und eine Malertruppe. Sie fanden täglich ihre Beschäftigung, da es in so einem großen, voll belegten Haus ständig etwas zu verbessern und zu renovieren gab.

Mein Vater übernahm selbst die Aufgabe, jedes neu eingerichtete Zimmer »auszuprobieren«. Er verbrachte Stunden in den Räumen, ließ die Farbkombinationen auf sich wirken und lauschte auf Geräusche. Wenn ein Zimmer durch Straßen- oder Wirtschaftslärm beeinträchtigt wurde, ließ mein Vater zusätzlich Schalldämmung an Türen und Fenstern anbringen. Gerade in der Zeit, als für Lastwagen mit Eisenringen beschlagene Holzräder aufkamen, nahm der Verkehrslärm schlagartig zu. Oft schlief Papa eine Nacht in dem neuen Zimmer, denn er wusste, nichts ist für einen Hotelgast wichtiger als ein erholsamer Schlaf.

Für jeden Hotelpagen wurde eine neue Uniform angefertigt, mit einer passenden Mütze, auf die »Hotel Steinplatz« gestickt war. Die Pagen wurden ständig einer strengen Beurteilung durch die Hotelportiers unterzogen. Sie mussten ihre Hände gewaschen haben, bevor sie die weißen Handschuhe anzogen, und sollten immer adrett, sauber und höflich sein.

Die Portiers waren überaus stolz auf ihre Position. Ständig standen sie für alle Erledigungen und Wünsche der Gäste zur Verfügung. Sie koordinierten einfach alles, ließen Medikamente aus der Apotheke liefern, legten bestimmte Zeitschriften zurecht, stellten den Gästen ihre Post zu, besorgten Theater- und Konzertkarten, nahmen Reservierungen vor und gaben jede Art von Informationen und Auskünften. Allerdings ging es bei uns nicht so weit, dass die Empfangschefs dafür zahlen mussten, dass sie diese Position einnahmen. Hedda Adlon beschreibt in ihrem Buch über das Hotel Adlon, dass der Chefportier bis zu 3 000 Mark monatlich an den Eigentümer zahlte, weil allgemein bekannt war, dass er über Trinkgelder und Provisionen das Zehnfache dieses Betrages einnahm.

Die Pagen hatten die Aufgabe, Taxis herbeizurufen und die Bestellungen auszuführen, die beim Portier abgegeben worden waren. Zum Service gehörte es auch, mit den Hunden der Hotelgäste Gassi zu gehen. Die Hoteldiener brachten die Koffer auf die Suiten und Zimmer, und selbstverständlich wurden auch die Schuhe blitzblank geputzt, die die Gäste abends vor die Türen in die Korridore stellten.

Einer unserer Hoteldiener – er trug den seltenen Namen Willi Müller – hatte immer zwei Bürsten in seinen Jackentaschen. Einmal kam gerade Theo Lingen die Treppe herunter, und Willi Müller sprach: »Pardon, sehr verehrter Herr Staatsschauspieler Lingen, ich sehe ein Fusselchen auf Ihrem Arm, darf ich es entfernen und auch Ihren Schuhen noch etwas mehr Glanz geben?« Lächelnd ließ sich der große Künstler dies gefallen, denn sicher war ihm die Ironie dieser Situation nicht entgangen. Schließlich hatte er in unzähligen Filmen an der Seite von Hans Moser den senilen Nobeldiener gespielt.

Gerade Künstler hatten eine Schwäche für unser Hotel Steinplatz. Einmal stieg ein amerikanischer Schriftsteller bei uns ab. Er war ein Riese und buchstäblich so groß, dass er seine Post auf den Schränken unterschrieb. Er konnte nur quer in einem Doppelbett mit dazugestelltem Sofa liegen. Ins Taxi musste er auf allen vieren kriechen. Dennoch fühlte er sich bei uns sehr wohl und wohnte – wann immer er nach Berlin kam – bei uns.

In meinem Geburtsjahr 1920 war, durch die Eingemeindung von sieben Stadt- und 59 Landgemeinden, das sogenannte Groß-Berlin entstanden. Damals flächenmäßig die größte Stadt der Welt,, nach der Einwohnerzahl die drittgrößte. Und Deutschland war zur führenden Industrienation aufgestiegen, hatte Frankreich und selbst England überrundet.

Unser Hotel nahm seinen Aufschwung gemeinsam mit dem Deutschen Reich und seiner Hauptstadt Berlin, in der es aber nicht nur um Politik und Geschäfte ging. Geistesgrößen wie Albert Einstein, Max Planck, zahlreiche Nobelpreisträger und unendlich viele andere Persönlichkeiten aus Wissenschaft und Forschung lebten und arbeiteten in dieser Stadt. Die Charité verfügte über die hervorragendsten Ärzte wie die Professoren Ferdinand Sauerbruch, Robert Koch und Rudolf Virchow.

Es brodelte und funkelte, und Berlin wurde immer tonangebender in der Welt durch die Extravaganzen der Theater und der Tänzerinnen Anita Berber, Valeska Gert und Josephine Baker mit ihrem spektakulären Bananentanz.

Die Filmindustrie mit ihrem Sitz in Babelsberg bei Berlin begann ihren legendären Ruf zu verbreiten mit unvergessenen Meisterwerken wie Fritz Langs »Metropolis« und Joseph von Sternbergs »Der blaue Engel«. Die berühmtesten Regisseure und Darsteller waren zu der Zeit in Berlin. Dazu gehörte auch der geniale Ernst Lubitsch, der sich zu Beginn seiner Karriere gemeinsam mit Billy Wilder seinen

Lebensunterhalt als Eintänzer im mondänen Eden Hotel verdiente. Die Eintänzer konnten beim Ober bestellt werden und hatten beim Five-o'clock-tea auf der Dachterrasse ihren Preis. Es war die Zeit der Modetänze Charleston, Black-Bottom und Quick-Step. Die Eintänzer warteten auf Damen, die ohne männliche Begleitung oder zumindest ohne tanzlustige Begleitung erschienen. Sie füllten diese Rolle aus und waren teilweise so gefragt, dass sie horrende Gagen pro Tanz verlangten und trotzdem auf Tage ausgebucht waren.

In den Goldenen Zwanziger Jahren war Berlin unbestreitbar das begehrteste Domizil für alle extravaganten und auch verrückten Wesen, die die Stadt zu einem schillernden Sündenbabel machten. Wer etwas gelten wollte, musste nach Berlin, um hier seine Karriere zu beginnen. Greta Garbo, Ingrid Bergman, Pola Negri, Asta Nielsen und Marlene Dietrich begannen ihre Laufbahn in den Babelsberger Filmstudios. Alle gingen 1933 mit ihren Regisseuren nach Hollywood und wurden Weltstars.

Die »Staatsoper Unter den Linden«, die »Städtische Oper«, die »Kroll-Oper« und die Philharmonie waren mit ihren vorzüglichen Dirigenten Wilhelm Furtwängler, Leo Blech, Erich Kleiber, Bruno Walter und Otto Klemperer weltweit berühmt.

Zu den bedeutendsten Musikern, die in dieser Zeit unser Hotel besuchten, gehörte Yehudi Menuhin. Der Geiger blieb mit seinem Vater und seinem Lehrer für längere Zeit bei uns wohnen. Er galt als Wunderkind, trug aber bizarrerweise, obwohl er bereits zwölf Jahre alt war, noch kurze Hosen.

Der arme Yehudi musste stundenlang üben, und wenn ihm ein wenig Zeit übrigblieb, war er glücklich, mit uns Kindern im Hotel-Gartenhof Pingpong spielen zu können. Seine Eintragungen in das Gästebuch sind sehr interessant, da ist erst die Handschrift des Knaben und fünfzig Jahre später die Handschrift des großen Künstlers. Er sagte einmal nach vielen Jahren lächelnd und sichtlich belustigt zu uns:

»Im Steinplatz, wenn ich üben musste, passierte es manchmal, dass ein Hotelnachbar an die Wand klopfte und um Ruhe bat! Ich war aber sehr glücklich darüber, denn dann konnte ich für eine Stunde mit dem Üben unter der Aufsicht meines Vaters aufhören und den strengen Anforderungen meines Violinprofessor George Enescu entkommen, um mit euch Pingpong spielen zu können! Sicher dachten diese geräuschempfindlichen Gäste nicht daran, dass sie später viel Geld ausgeben müssten, um mich spielen zu hören.«

In unser Gästebuch schrieb er am 28.4.1929: »I feel very much at home in ›Pension Steinplatz‹ – Yehudi Menuhin«. Viel später folgte in deutscher Sprache der Eintrag: »Nach 32 Jahren noch immer zuhause im Hotel Steinplatz – Yehudi Menuhin 1961«. Er wurde ein sehr guter Freund der Familie.

Wie teuer seine Virtuosität und sein Ruhm erkauft waren, ist mir aber schon als kleinem Mädchen klargeworden, denn einmal kam er tränenüberströmt und mit schmerzverzerrtem Gesicht zu uns in den Garten. Erst nach längerem Zureden vertraute er sich uns an: Sein Lehrer Enescu hatte ihm versprochen, dass er nach dem nächsten Beethoven-Violin-Konzert das d-Moll-Konzert von Robert Schumann würde einstudieren dürfen. Menuhin liebte damals Schumann über alles. Also machte er sich sofort an die Arbeit. Er studierte rasend schnell die Beethoven-Partitur ein und ging zu seinem Lehrer, um sie ihm vorzuspielen. Enescu war jedoch schwer enttäuscht über den unsauberen Fingersatz, die Oberflächlichkeit in der Interpretation. Als Yehudis Vater von Enescu über den Vorfall unterrichtet wurde, nahm er seinen Sohn an die Hand und führte ihn ins Schlafzimmer. Er zog seinen Gürtel aus der Hose und befahl dem Kind, sein Hinterteil frei zu machen. Er züchtigte ihn und gestand ihm anschließend, ebenfalls unter Tränen, es sei furchtbar für ihn gewesen, aber er könne nun einmal nicht zulassen, dass er nicht den wahren Ernst der Musik lebe. Einen Beethoven schlampig zu spielen, nur weil man an Schumann denkt, sei unverzeihlich.

Unsere Eltern ließen sich von dem reichen Kulturleben der Hauptstadt inspirieren und waren neugierig auf jede Form der Avantgarde. Sie besuchten die großen Premieren mit dem legendären Tenor Richard Tauber, mit Fritzi Massary, Vera Schwarz, Gitta Alpár und anderen Stars im Metropoltheater und im Admiralspalast. Viele Jahre lang liefen dort die Operettenerfolge von Léhar, Kálmán, Abraham, Oscar Straus, Franz Suppé und Johann Strauß. In größerem Freundeskreis ging man vor der Vorstellung zu Horcher dinieren und ließ im Palais de Danse, im Ciro oder im Quartier Latin den festlichen Abend ausklingen.

    Zu den Premieren trugen die Damen große Abendroben mit viel Schmuck und kostbare Pelze. Unsere Mama ließ sich bei dem bekannten Schneideratelier Gerson dafür extra ein großes Abendkleid anfertigen, denn man traf tout Berlin bei diesen Gelegenheiten, und die Garderobe der Modeateliers und die verwendeten Materialien wurden natürlich in den Gazetten wie »Elegante Welt« oder »Silberspiegel« oder in den Tageszeitungen ausführlich besprochen.

    Die Herren erschienen selbstverständlich im Frack, möglichst mit Brillantknöpfen, Brillantmanschettenknöpfen und Orden. Überhaupt waren die Herren zur damaligen Zeit bei vielen Gelegenheiten im Frack gekleidet. Der Smoking war damals noch nicht so in Mode. Wer etwas auf sich hielt, besaß den englischen Cut oder den Stresemann, der bei offiziellen Anlässen erforderlich war.

    Man besuchte die Premieren der Stücke im Theater des Westens und dem Kabarett der Komiker und diskutierte sie nachher lebhaft. Zu dieser Zeit gab es circa 58 Theater in

Berlin, die jeden Abend spielten und sehr gut besucht waren, darunter das Deutsche Theater unter Max Reinhardt, die Staatstheater, das Schillertheater und die vielen kleineren Häuser mit Regisseuren wie Erwin Piscator. Auf den Bühnen glänzten damals die große Elisabeth Bergner, Albert Bassermann und Ernst Deutsch, die später leider alle Deutschland auf der Flucht vor den Nazis verlassen mussten.

Auch Raoul de Lange, der berühmte Schauspieler, der jahrelang am Deutschen Theater unter Max Reinhardt die großen Partien spielte und dann 1933 ebenso wie Reinhardt Berlin für immer tieftraurig den Rücken kehrte, wohnte im Steinplatz und dichtete ins Gästebuch:

> »Steinplatz! meine liebe gute Pension/
> Sei hier von Deinem treuen Sohn/
> Der z w ö l f Jahre in Dir gewohnt/
> Mit innigem Dank belohnt! Raoul de Lange 1931«

Raoul de Lange war ein riesengroßer, schöner Mann. Seine Bühnenpartnerinnen waren die schönsten und glamourösesten Schauspielerinnen der damaligen Zeit: Käthe Dorsch, Maria Koppenhöfer und Elisabeth Bergner. Doch sein Herz eroberte die kleine, rundliche, aber äußerst amüsante Herta. Nach der Heirat wurde das Hotel auch ihre Heimat.

Wenn Raoul de Lange seine Herta küssen wollte, setzte er sie zum Gaudium der Umstehenden auf den Briefkasten. Da hatte er sie dann auf Augenhöhe und konnte sie nach Herzenslust abküssen, während sie vergnügt lachte. Der Größenunterschied zwischen den beiden betrug mindestens 35 Zentimeter, und wenn man sie zusammen spazieren gehen sah, war es ein seltsames Bild. Doch die Harmonie, in der dieses äußerlich so ungleiche Paar lebte, war perfekt. Sie repetierte mit ihm seine Rollen und unterbrach ihn manchmal mit amüsanten und geistreichen Bemerkungen, so dass er vor Lachen sein Rollenstudium unterbrechen musste.

Im Boom der zwanziger Jahre setzte der westliche Teil Berlins um den Bahnhof Zoo zu seinem berühmten Höhenflug an. Der Kurfürstendamm löste die Linden als Flaniermeile ab und begann, als Boulevard mit den elegantesten Geschäften und Cafés zum neuen Berliner Anziehungspunkt zu werden. Das berühmte »Romanische Café« an der Gedächtniskirche wurde zum Treffpunkt der Literaten, Journalisten und Verrückten, die sich dort bis in die Früh ihr Stelldichein gaben. Das »Kranzler«, das »Bauer«, das »Mampe«, wo man seinen Aperitif und einen kleinen Imbiss vor dem Theaterbesuch einnahm, waren sehr beliebte Orte für verschwiegene, kleine Rendezvous.

Dazu kamen die bizarren Nachtlokale. Die Transvestiten hatten das berühmte »Eldorado«. Weiterhin gab es Vergnügungslokale wie das »Resi« in der Blumenstraße, ein Tanzlokal mit Tischtelefonen und Rohrpost. Jede Stunde gab es dort die einmaligen Wasserspiele, bei denen die Wasserstrahlen lustig tanzten und sich farbig nach Walzermusik im Takt wiegten. Eine wahre Sehenswürdigkeit für alle Touristen. Diese Wasserspiele kaufte Jahrzehnte später der amerikanische Pianist Liberace und machte sie zur Attraktion in Las Vegas, nachdem er sich vom Wunderkind des klassischen Klavierspiels zum Entertainer gewandelt hatte. Fortan bestand seine Kunst vor allem darin, trotz der vielen schweren Ringe, die er an den Fingern trug, das Klavier zu bearbeiten.

Im »Haus Vaterland« gab es mindestens zwanzig Räumlichkeiten, die verschiedene Länder repräsentierten: Indianerzelte, Wildwest-Saloons, Mokkastübchen, spanische Bodegas, ungarische Pusztadielen, italienische Osterias und die beliebten Rheinterrassen, wo in jeder zweiten Stunde ein künstliches Gewitter stattfand. Zwischen all diesen Anziehungspunkten der besonderen Art konnte man das passende Ambiente für das gerade bevorstehende Rendezvous wählen.

Das Hotel Steinplatz wurde in ganz Berlin berühmt für sein exklusives Buffet. Küchenchef Exner war ein begeisterter Anhänger der damals berühmtesten Kochkunst von Escoffier, und dementsprechend fielen auch seine unübertroffenen Diners aus, über die tout Berlin sprach. Die Gäste mussten sich weit im Voraus in Wartelisten aufnehmen lassen, da das exquisite Restaurant hoch begehrt und immer stark frequentiert war.

Die Auswahl war sehr groß, es fehlte an nichts, und die Aufmachung war entsprechend phantasievoll. Gerichte wie Fasanenbrüstchen waren wundervoll dekoriert. Ein ausgestopfter Fasan mit Federn wurde auf den silbernen Platten sehr effektvoll präsentiert. Beim Kaviar wurden die Original-Kilo-Dosen auf einem großen, von unten farbig angestrahlten Eisblock serviert. Erst in der Küche wurde dann der entnommene Kaviar für die Extra-Rechnung nachgewogen. Ob es sich nun um Hummer, Austern oder Langusten handelte, die von den Gästen verlangt wurden, diese Diners erwiesen sich wirklich immer als Hochgenuss. Sie wurden auf Wunsch auch in den Suiten serviert. Die Getränkekarte war bestens bestückt und erfüllte alle Wünsche der verwöhnten Gäste. Es gab diverse Whiskys, Wodkas, Cognacs, Liköre und weitere Spirituosen aller Art. Erlesene Weine und Jahrgangs-Champagner bereicherten die Karte. Was gerade in Mode war, stand sowieso auf der Weinliste.

Das Hotel Steinplatz bot seinen Gästen komplette Verpflegung: also Frühstück, Lunch und Diner. Die Mahlzeiten wurden mit einem Gong angekündigt, und dann strömten die Gäste in entsprechender Garderobe herbei und freuten sich schon beim Hineingehen auf die zu erwartenden Köstlichkeiten und ausgefallenen Kreationen des Küchenchefs. Das Mittagessen bestand aus einer kleinen, raffinierten Vorspeise, gefolgt von einer vorzüglichen Suppe. Als nächster Gang standen Fisch und Braten zur Auswahl, dann vollendete ein leckeres Dessert mit Eis oder Früchten und Käse das Mahl. Das Abend-Diner umfasste fünf Gänge.

Vegetarische Speisen waren damals kaum bekannt, doch auf besonderes Verlangen wurden als Hauptgericht auch diverse Gemüseplatten und Salate angeboten. Jeder Gast konnte seine Wünsche vorher bekanntgeben, damit sich der Küchenchef darauf einrichten und auch eine größere Anzahl unterschiedlicher Speisen anbieten konnte.

Für das Personal unserer Gäste, das in einem gesonderten, einfachen Raum sein Essen einnahm, waren andere Variationen vorgesehen, in preiswerterer Ausführung und Aufmachung, aber sehr schmackhaft. Es gab kalorienreichere Kost in üppigen Portionen: Gulaschsuppe, Kartoffelsuppe oder Linsensuppen mit Würstchen, Eintöpfe, Aufläufe, Buletten, Klopse mit Kartoffeln oder Nudeln und Gemüse oder ein Hühnergericht mit Reis und zum Schluss Pudding oder Eis. Als Getränk gab es nur Wasser, da das Personal nicht alkoholisiert sein durfte, aber an Feiertagen wurde ein Glas Wein spendiert.

Zu dieser Zeit war der Unterschied zwischen Herrschaften und Dienern stark ausgeprägt. Besondere Vorteile aber genossen die Kindermädchen und Zofen, die sehr gut behandelt wurden und jahrelang in gleicher Stellung blieben.

Für den Hoteldiener ist der Hotelgast die Herrschaft. Er hatte nicht nur stumm Befehle entgegenzunehmen, sondern musste auch mit Fantasie und Leidenschaft für möglichst perfekte Wunscherfüllung sorgen. Es musste sein Ehrgeiz sein, in seiner Rolle zu brillieren. So wie der Staatsschauspieler, den er bediente, abends perfekt seine Rolle auf der Bühne zu spielen hatte, so spielte der Hoteldiener auf der Bühne des Hotels. Und wenn es ihm gelang, dann wurde er meist fürstlich entlohnt. Karl Heckh, der lange für den legendären Gastronomen Horcher arbeitete, schrieb einmal, der Kellner habe stets für sich zu behalten, was er über den Gast denkt, es sei denn, es ist etwas Gutes. Dasselbe gilt natürlich für den Hoteldiener.

Die Hoteldiener und die große Zahl der Zimmermädchen, die wir natürlich alle bei ihren Vornamen kannten, blieben zwanzig oder sogar dreißig Jahre lang bei uns. Auch dadurch war eine stets gleichbleibende Betreuung der Gäste gewährleistet. Das sprach auch sehr für die Hotelleitung, die jedes Jahr eine wunderschöne Weihnachtsfeier für das gesamte Personal veranstaltete.

Auch wir Kinder studierten jedes Jahr ein Krippenspiel ein. Mein Bruder Achim, dessen künstlerische Ader sehr früh zu pulsieren begann, führte Regie und sorgte für das Bühnenbild. Unter anderem bastelte er aus Watte Schneeflocken, die an unsichtbaren Schnüren von der Decke baumelten. Mein Bruder Heinz spielte einen Eremiten, der durch den Wald irrte, ich spielte Maria, ein sehr begabter Klassenkamerad von Achim den Joseph. Unser Chauffeur Hoffmann stellte einen Hirten dar, die Spreewald-Anna dessen Frau. Wir gestalteten Eintrittsbillets für die Vorstellung, die natürlich bei den Gästen reißenden Absatz fanden, und dann schallte Achims Stimme aus dem finsteren Wald: »Aber es begab sich zu jener Zeit ...« Für große Heiterkeit sorgte die Erzählung unserer Spreewald-Anna, die ebenfalls immer eine Rolle im Krippenspiel übernahm. Sie berichtete, wie gerührt sie war, dass Achims Freund, der den Joseph spielte, besonders andächtig in die Wiege schaute. Der Grund dafür wurde später klar. In der Wiege lag sein Text, den er nur ungenügend beherrschte.

Zu jedem Geburtstag des Hotelbesitzers am 31. Juli lud unser Vater alle Hotelgäste persönlich zu einem Festessen mit Tanz und Kapelle ein. Das war Tradition, auch das Personal durfte an diesem Tag mitfeiern. Die Gäste freuten sich darauf, denn es gab bei diesem Fest immer Gelegenheit, einander besser kennenzulernen. Freundschaften entstanden unter den einzelnen Damen, sie trafen sich dann auch in den Gesellschaftsräumen, spielten Karten und legten Patiencen. Sie fühlten sich in der behaglichen Umgebung sehr wohl. Die Bediensteten bemühten sich immer aufmerksam um sie und lasen ihnen jeden Wunsch von den Augen ab.

Alle fühlten sich in diesem Kreis geborgen wie in einer großen Familie mit gleichen geistigen Interessen.

Ursprünglich hatten die Zellermayers nur vorübergehend im Steinplatz wohnen sollen, doch das Hotel blieb unser Zuhause für immer. Mama war begeistert von dem Hotelleben, das alle Vorteile und Annehmlichkeiten bot: vom erstklassigen Restaurant über den bequemen Service mit den Botengängen der Pagen bis hin zum Umgang mit den charmanten Gästen. Sie fand es einfach wundervoll, und die Familie konnte sich ein Leben ohne Hotel nicht mehr vorstellen.

Die Jahre bis 1933 verliefen in unserem Hause glanzvoll und unbeschwert. Selbst das Krisenjahr 1929 überstanden wir ohne größere Einschnitte. Während andere Privatbankiers bankrottgingen oder sich gar das Leben nahmen, konnte mein Vater alle Kunden mit seinen Rücklagen ausbezahlen. Es gehörte zu seinen Prinzipien, dass er mit den ihm anvertrauten Vermögenswerten keine wilden Spekulationen betrieb und einem Kunden oder Geschäftspartner nie etwas schuldig blieb.

Unsere jungen Jahre

Wer wird schon gleich mit Champagner getauft! Unser lieber Vater hatte sich so auf seinen Stammhalter gefreut, dass er nach der Geburt seines Sohnes Heinz Maxim zwei Flaschen Champagner der Marke Krug Jahrgang 1900 entkorkte. In Hochstimmung goss er sie, ohne den Champagner zu temperieren, über den Säugling aus. Meine arme Mutter und die gute Hebamme konnten diesen spontanen Taufakt nicht verhindern. Die Folge war, dass das Baby 24 Stunden lang nieste und den ersten Schwips seines Lebens hatte.

»Für eine Tochter hätte ich vielleicht Apfelwein genommen, aber ein Sohn musste richtig begossen werden«, pflegte Papa zu sagen, wenn die Rede auf das erste Bad seines Stammhalters kam. Dies war zu verstehen, da er sehr spät eine junge Frau – unsere Mutter – geheiratet hatte und auf seinen ersten männlichen Nachkommen ganz besonders stolz war.

Heinz Maxim wurde 1915 am Kaiserdamm im heutigen Charlottenburg geboren. Bis zu dessen Eingliederung in die Stadt Berlin galt es als reichste Stadt Deutschlands. Später schwand dieser Ruhm schnell.

Als zweites Kind kam zwei Jahre später mein Bruder Joachim Friedrich, genannt Achim, zur Welt. Er wurde nicht mit dem kalten Champagner übergossen. Die herzensgute Anna aus dem Spreewald, die als Kinderfrau wie eine zweite Mutter für uns war und ein Leben lang bei uns blieb, beschützte ihn vor diesem Experiment. Sie trug immer die Spreewälderinnen-Tracht – wie es damals in den wohlhabenden Familien üblich war – und gehörte wie selbstverständlich zu unserer Familie. Achim war von klein auf zart und anfällig für Erkrankungen, und Anna verzehrte sich beinahe in liebevoller Hingabe. Die grundverschiedenen Veranlagungen der beiden Brüder sollten sich schon bald in ihrer jeweiligen Laufbahn manifestieren. Heinz füllte die Rolle des Stammhalters grandios aus, und erst sehr viel später, bei der Arbeit an diesem Buch, sollte ich erfahren, wie sehr er diese Rolle manchmal als Joch empfand.

Unterdessen zog unsere Familie in das Hotel Steinplatz, und mit meiner Geburt 1920 vollendete sich das Kleeblatt der Zellermayer-Kinder. Unser Vater hatte geglaubt, dass er nur Söhne in die Welt setzen könnte und dass nur Söhne ihn glücklich machen würden. Aber dies änderte sich sehr bald, und später erzählte mir meine Mutter, dass unser Vater ganz verliebt in sein kleines Töchterchen Ilse Elisabeth (Eliza) war und ihr leise ins Ohr flüsterte: »Dich würde ich auch gegen zehn Jungs nicht mehr eintauschen!« Unsere Mutter hingegen war von Anfang an sehr glücklich, denn sie hatte sich schon als zweites Kind ein kleines Mädchen gewünscht und die Wiege damals bereits rosa ausgeschmückt. So kam es, dass Achim in eine rosa Wiege gelegt werden musste. Für eine Änderung war es zu spät, zu viele Handarbeitsstunden wären erforderlich gewesen.

Ich wusste, dass mein Vater mir jeden Wunsch erfüllt hätte, war aber nie versucht, aus seiner Großzügigkeit Kapital zu schlagen. Einmal jedoch saßen wir beim Mittagessen, und ich gestand meinen Eltern, dass ich sehr gern Geige lernen würde. Mein Vater fragte, ob es mir ernst damit sei. »Absolut«, antwortete ich. Also rief er nach Hoffmann, damit dieser den Wagen holte, und nach dem Essen fuhr mein Vater, unter Verzicht auf seinen obligatorischen Mittagsschlaf, durch die ganze Stadt, um eine Geige zu kaufen.

Mir waren die Privilegien, die meine Eltern mir boten, vor meinen Altersgenossen mitunter etwas unangenehm. So bestand mein Vater darauf, dass Hoffmann mich jeden Tag zur Schule fuhr, aber ich bat unseren Fahrer immer, einige Blocks früher zu halten, damit ich, wie die meisten anderen, zu Fuß auf das Schulgelände spazieren konnte. Ein besonderes Vergnügen bereitete mir die alljährliche Heiligabend-Fahrt mit Papa und dem Chauffeur Hoffmann im großen Mercedes. Papa ist niemals selber Auto gefahren, sondern saß immer im Fond. Gegen 15 Uhr ging es los. Ich saß hinten bei meinem Vater, vorne bei Hoffmann lagerten die Donate. Mit etwa 20 Kästen erlesener Zigarren und 20 Flaschen Cognac fuhren wir zu den Polizeiwachtmeistern, die den Verkehr an den Kreuzungen regelten, da es damals noch kaum Ampeln gab. Hoffmann hielt an, reichte meinem Vater die Kisten und Flaschen nach hinten, die Papa wiederum dem dankbaren Verkehrspolizisten aushändigte. Natürlich war der Autoverkehr um 1925 noch nicht so stark, Autobesitzer waren eine Minderheit. Unsere kleine Weihnachtsrundfahrt wurde schnell zu einer Tradition, die allenthalben auf Begeisterung stieß.

Allerdings werde ich nicht vergessen, wie ich mit dreizehn zum ersten Mal U-Bahn fuhr. Mein Vater war gerade gestorben, Mama machte ihren Führerschein, und von da an war Chauffeur Hoffmann im Hotel als Oberaufsicht der Hoteldiener eingesetzt. 1933 fuhr ich also zum ersten Mal mit der U-Bahn zur Schule. Die U-Bahn gab es damals in Berlin schon rund zwanzig Jahre, aber für Töchter aus gutem Haus schickte sich deren Gebrauch nicht. Auch war ich nie besonders neugierig auf dieses Transportmittel gewesen. Eingekeilt zwischen all den anderen Fahrgästen, meinen Riemen mit den Büchern auf den Knien, fühlte ich mich wie in einer völlig fremden Welt.

Die Ehe unserer Eltern verlief sehr glücklich, und wir wuchsen in einem harmonischen und behüteten Umfeld auf.

Im mit Glas überdachten Lichthof des Hotels hatten wir unser Reich. Dieser Wintergarten war zu unserem Spielzimmer umfunktioniert worden. In hohen Wandschränken bewahrten wir unsere Spiel- und Malsachen auf, wir bauten Wigwams und Zelte aus Stühlen und Decken. Wir tobten mit unseren Hunden und Kaninchen herum. Nur wenn meine Brüder ihre riesige elektrische Eisenbahn aufbauten, war den Tieren der Zutritt verboten.

Wir Kinder lernten früh, mit Künstlern, Gelehrten, Journalisten, Intendanten, Professoren und berühmten Ärzten umzugehen. Das half uns später, in unseren Berufen bei Verhandlungen selbstsicher und souverän aufzutreten.

Ein Jahr lang durften wir mit der etwas steifen Gouvernante Miss Crosby aus London nur englisch sprechen. Später wurde sie von Mademoiselle Dunant aus dem schweizerischen Lausanne abgelöst, damit wir die französische Sprache erlernten, und nach ihr sorgte die italienische Signorina Sassi für unsere italienischen Sprachkenntnisse. So sprachen wir diese drei Sprachen mühelos und akzentfrei, denn in der Jugend erlernt man sie so gut wie die eigene Muttersprache.

Wir wurden sehr streng erzogen, und besonders auf gute Manieren waren unsere Eltern äußerst bedacht. Es war erforderlich, dass wir uns bei Tisch und auch sonst gut benahmen, da stets viele Gäste anwesend waren. Wir wurden nicht nur in Sprachen, sondern auch im Klavierspielen, Ballett und Umgangsformen unterrichtet.

Achim interessierte sich schon als Kind sehr für Musik und Malerei und war stets bemüht, ausgefallene Handarbeiten als Weihnachtsgeschenke zu gestalten. Heute sind noch viele dieser außergewöhnlichen Produkte in unserem Besitz, und jedes Jahr, wenn ich die wunderbaren Pappmaché-Engel aufhänge, empfinde ich große Wehmut, weil Achim schon vor vielen Jahren von uns gegangen ist.

Wir gingen zuerst in die Privatschule von Haacke-Kobs. Von der Sexta an kamen wir in die renommierte Schule von Direktor Sodemann. Ich durfte mit neun Jahren eine Klasse überspringen, und Papa fragte mich damals: »Wohin können wir dich zur Belohnung ausführen?« Ohne lange Überlegung kam meine Antwort: »Bitte zu Horcher!« Lächelnd sagte Papa zu Mama und mir: »Wenn sich Ilschen dies so wünscht, denke ich, dass wir es ihr erfüllen sollten, nicht?« Und so war ich das erste Mal im legendären Restaurant Horcher in der Lutherstraße. Von den vorzüglichen und zum Teil ungewöhnlichen Finessen, die man dort bekam, hatte ich schon gehört. Nach der Begrüßung rief Otto Horcher zu den herumdienernden Obern: »Schnell eine Fußbank für die Damen!« Sofort wurde ein rotsamtenes Bänkchen herbeigetragen und bequem zu unseren Füßen platziert (was eine Art Markenzeichen für Horchers Service wurde). Das imponierte mir sehr – und dann erst das Essen! Ich durfte selbst für mich wählen und verdrehte vor Entzücken die Augen, denn es schmeckte köstlich. Man wird sicher verstehen, dass dieser Esstempel für immer mein Lieblingslokal wurde, bis Horcher 1943/44 Berlin in Richtung Madrid verließ.

Es gab noch andere Lokale, die ich als Kind besonders gern besuchte – auch weil man dort fröhlichen Unfug veranstalten konnte. Wenn sich bei uns Freunde von außerhalb anmeldeten, versuchten wir natürlich, den Aufenthalt so angenehm und interessant wie möglich zu gestalten, zum Beispiel mit einem Besuch im Hotel Vaterland oder im Resi. Diese Art von Lokalitäten fand man woanders nicht.

Im Resi befand sich an jedem Tisch ein Haustelefon und zusätzlich ein Rohr für die hausinterne Rohrpost. Jeder Tisch hatte eine Nummer, und so konnte man an anderen Tischen anrufen, ohne die eigene Tischnummer preiszugeben. Wir bestellten jemanden an die Bar. Ich behauptete, ich wäre die Dame mit der roten Nelke, und er möchte bitte warten. An einem anderen Tisch saß zufällig eine Dame mit roter Nelke, und die baten wir dann dorthin und amüsierten uns, wenn die beiden sich trafen und gar nicht zueinander passten. Mit der Rohrpost war es schwieriger, die wurde vorsichtshalber zensiert, da konnte man lustige Streiche nicht ausführen.

Es bedeutete keinerlei Schwierigkeit für mich, das eine Jahr zu überspringen, ich kam mühelos mit dem neuen Schulpensum zurecht.

Der Unterricht fiel mir leicht, und ich hatte niemals Nachhilfestunden. Erst durch den unerwarteten Tod von Herrn Sodemann, bei dem Jungen und Mädchen gemeinsam unterrichtet wurden, stellte sich für unsere Eltern die Frage nach einem anderen Gymnasium für meine Brüder. Wir mussten nun in getrennte Schulen.

Ich kam in das Staatliche Augusta Gymnasium in Berlin, das nur für Mädchen war. Heinz besuchte das exklusive Internat in Bad Godesberg, das damals als das beste schlechthin galt, vergleichbar mit dem berühmten Salem. (Allerdings hatte dieser Wechsel eine turbulente Vorgeschichte, auf die ich noch zurückkommen werde.) Achim kam mit Richard von Weizsäcker und seinem Bruder Carl Friedrich ins humanistische Bismarck-Gymnasium, wo Latein und Altgriechisch gelehrt wurden.

Während dieser Zeit nahm Achim privaten Kunstunterricht bei Frl. Salzmann. Mit ihr verbrachte er die freien Nachmittage im Zoo, um dort die Tiere zu skizzieren. Er begann auch, die Aquarellmalerei zu erlernen. Einer seiner Freunde und Schulkameraden auf dem Bismarck-Gymnasium war Siegfried von Geldern, der eine schöne Tenorstimme hatte und bereits bei Schulfesten auf sich aufmerksam machte. Er begann eine sehr hoffnungsvolle Karriere. Der Komponist Ermanno Wolf-Ferrari sagte ihm eine große Zukunft voraus, nachdem Siegfried in der Uraufführung von Wolf-Ferraris Oper »La dama boba« gesungen hatte. Leider konnte sich diese Prophezeiung nicht erfüllen, da der hochbegabte Siegfried plötzlich von der Gestapo verhaftet wurde, weil man ihm »Blutschande« vorwarf. Er habe eine Beziehung zu einer jüdischen Schauspielerin unterhalten. Siegfried war fassungslos. Weder wusste er, dass besagte Frau Jüdin war, noch, dass man ihn bespitzelt hatte. Man stellte ihn vor die Alternative: Haft, womöglich im KZ, oder Fronteinsatz. Er entschied sich für die Front, wo man ihn auf ein sogenanntes Himmelfahrtskommando schickte und er gleich beim ersten Einsatz sein Leben verlor. Noch heute fühle ich eine ohnmächtige Wut, wenn ich an all die talentierten und lebenslustigen Schulkameraden denke, an aufblühende Sänger-, Maler- und Schauspielertalente, von denen kaum einer von der Front zurückkam. Sie ließen ihr junges Leben für »Führer, Volk und Vaterland«, wie es so zynisch hieß.

Nach dem Abitur ging ich für ein Jahr nach Lausanne ins Pensionat Mont Choisi. Ich wollte unbedingt Opernsängerin werden.

Mein erster Kontakt mit Choisi geht auf eine für meine Familie typische Geschichte zurück. Es waren die ersten Jahre des Naziregimes, und wir fuhren mit meiner Mutter zum Urlaub in die Schweiz. Wegen der restriktiven Devisenbestimmungen hatten wir aber nur ein paar hundert Mark pro Kopf mitnehmen können. Wir kamen in Montreux an, tauschten das Geld und suchten nach einem geeigneten Hotel. Doch es war unmöglich, mit unserer bescheidenen Barschaft eine komfortable Unterkunft zu finden. Wir streiften durch die Stadt und wurden immer mutloser. Schließlich fanden wir das Montreux Palace, ein luxuriöses Hotel mit entsprechendem Restaurant.

Meine Mutter, die unsere demoralisierten Gesichter sah, sagte: »Jetzt essen wir hier erst einmal vorzüglich.«

»Aber Mama«, antwortete Heinz, »wenn wir hier zu viert essen, ist unsere Reisekasse leer.«

»Wir sind in den Urlaub gefahren, um es uns gutgehen zu lassen. Und das machen wir jetzt«, sagte meine Mutter. »Danach sehen wir weiter. Wenn der Hunger an einem nagt, trifft man nie die richtige Entscheidung.«

Wir setzten uns in das noble Restaurant und tafelten fürstlich. Der Direktor, offensichtlich neugierig geworden durch die Gesellschaft – und wohl auch durch die Erscheinung meiner jungen Mutter angelockt –, kam an unseren Tisch und fragte nach unserem Befinden.

Mama lobte die Qualität der Bewirtung und fragte, ob der Direktor eine Unterkunft empfehlen könne. Der Direktor empfahl natürlich sein eigenes Haus. Mama machte auf unsere finanzielle Lage aufmerksam, der Direktor winkte lässig ab. Darüber sollten wir uns keine Sorgen machen. So verlebten wir unseren Urlaub im Montreux Palace – ohne viel zu bezahlen.

Die unbeschwerte Kindheit war für uns damals schon längst vorbei. Als Hitler auf der Bühne der Weltpolitik erschien, erlosch nicht nur im Hotel Steinplatz wie mit einem Donnerschlag das unbeschwerte Treiben. Auch das blühende Berliner Kultur- und Geistesleben, mit dem wir eng verbunden waren, versank im Nichts. Mit den großen Künstlern, die in die Emigration gezwungen wurden, verließen Charme und Esprit Deutschland. Das so temperamentvolle Berlin verfiel in eine provinzielle Depression, von der sich die Stadt bis auf den heutigen Tag nicht erholen konnte.

Für immer verstummten die herrlichen Stimmen der unvergleichlichen Richard Tauber oder Joseph Schmidt, dessen Tenorstimme mir noch heute ganz gegenwärtig ist. »Ein Lied geht um die Welt« hieß seine berühmteste Musiknummer. Schmidt war von sehr kleiner Statur und konnte daher kaum für die Bühne eingesetzt werden, aber die Plattenfirmen verdienten ein Vermögen mit ihm. Joseph Schmidt musste, wie die meisten Juden, ebenfalls Nazideutschland verlassen. Über Österreich wollte er in die USA emigrieren. Doch durch das schnelle Vorrücken der Wehrmacht wurden ihm alle Fluchtwege aus Europa abgeschnitten. Er landete in einem Schweizer Flüchtlingslager, wo er sich eine schwere Kehlkopf- und Luftröhrenentzündung zuzog. Am 16. November 1942 starb der in der Nähe von Czernowitz geborene Wundertenor, mit gerade mal 38 Jahren.

Das Theaterleben erlitt einen nicht wiedergutzumachenden Verlust mit dem Weggang der großen Regisseure und Schauspieler. Einige fanden in Österreich oder in der deutschen Schweiz Engagements. Max Reinhardt ging nach Salzburg, später führte sein Weg ihn, wie so viele seiner Kollegen, nach New York und Hollywood, wo er jedoch nie an seine früheren Erfolge anknüpfen konnte.

Gustaf Gründgens gelang es mit großer Mühe, einen Kreis exzellenter Schauspieler und Schauspielerinnen um sich zu bilden und im Laufe der Jahre ein herrliches Ensemble zu formen. Dazu gehörten Werner Krauß, Maria Koppenhöfer, Käthe Gold, Paul Hartmann, die besonders die großen Klassiker spielten und mit ihm und unter seiner Regie das Staatstheater wieder zum bedeutenden Anziehungspunkt in Berlin machten. Berlin verdankte Gustaf Gründgens sehr viel. Durch seine außergewöhnlich guten Kontakte zu Emmy Sonnemann, der zweiten Ehefrau von Hermann Göring, die bis zu ihrer Heirat in seinem Ensemble eine eher mittelmäßige Darstellerin gewesen war, konnte er einigen Künstlern zur Flucht verhelfen oder, wenn sie wegen ihrer nicht arischen Ehepartner ins Visier der Gestapo geraten waren, mit einer Sonderregelung vor deren Zugriff bewahren. Wie Gründgens war ebenfalls Wilhelm Furtwängler schützend vor seine Musiker getreten und hatte geholfen, wo er nur konnte, um sie an andere Orchester im freien Ausland zu vermitteln. Auch viele jüdische Ehepartner seiner Orchestermitglieder wurden durch seine Hilfe vor dem Holocaust bewahrt.

Interessant finde ich die Geschichte, wie Wilhelm Furtwängler und Arturo Toscanini sich 1938 zufällig in Salzburg auf der Straße trafen. Beide gaben Konzerte bei den »Salzburger Festspielen«. Furtwängler hatte die Absicht, Toscanini vorher einmal zu treffen, was dieser aber strikt abgelehnt hatte. Zufällig begegneten sie sich auf der Straße. Es ging nicht positiv aus. Toscanini blieb unbeirrt bei seiner Ansicht, dass Furtwängler ein Nazi sei, was dieser heftig bestritt. Furtwängler versuchte vergeblich, ihm zu erklären, dass er durch sein Bleiben in Deutschland viele Menschen beschützen konnte, was später auch klar bewiesen wurde. Die beiden großen Dirigenten gingen ohne ein freundliches Wort auseinander.

Für unsere Familie veränderte sich mit dem Nationalsozialismus unerwartet das ganze Dasein. Unser Vater wurde im Oktober 1933 von der Gestapo vorgeladen, die ihm mitteilte, dass er als Jude nicht mehr seine Position und seinen Besitz, also weder seine Privatbank noch das Hotel, behalten durfte. Seine Mutter war Jüdin, und dementsprechend wurde er als Jude eingestuft.

Vorausgegangen war dieser »Vorladung« wohl eine Denunziation durch einen ehemaligen Angestellten, den wir wegen unsauberer Machenschaften hatten entlassen müssen.

Papa kam überaus erregt von dieser Auseinandersetzung bei der Gestapo nach Hause. Bis zu diesem Zeitpunkt hatten wir von der jüdischen Herkunft unseres Vaters nichts gewusst. Wir waren protestantisch getauft und erzogen worden und gingen zum Konfirmandenunterricht. Wir besuchten den Gottesdienst und wurden alle in der Kaiser-Wilhelm-Gedächtniskirche eingesegnet.

Die Aufregung und Demütigung löste bei unserem Vater einen Gehirnschlag aus. Er wurde mit einem Notarzt in das nächste Krankenhaus gebracht, konnte sich aber nicht mehr erholen. Selbst der berühmte Professor Sauerbruch, der hinzugezogen wurde, sagte zu unserer Mutter: »Gnädige Frau, in diesem Falle kann auch ich nicht mehr helfen.« Er machte überhaupt keine Untersuchung mehr, schickte aber eine entsprechende Rechnung.

Nach drei Tagen starb Papa im Krankenhaus, im Beisein seiner Frau und seines ältesten Sohnes Heinz. Achim und ich durften ihn nicht besuchen, wir sollten ihn lebend in Erinnerung behalten.

Das Hotel am Steinplatz ging nun in neue, in weibliche Hände über. Unsere Mutter stand plötzlich, nach dem unerwarteten Tode ihres Mannes Max Zellermayer, allein vor einer schier unlösbaren Aufgabe. Sie war erst 36 Jahre alt und hatte drei Kinder im Alter von 13, 16 und 18 Jahren. Einen Beruf hatte sie nach abgeschlossenem Abitur nicht ausgeübt, da sie sehr jung geheiratet hatte.

Doch sie war eine tapfere und kluge Frau und im November 1933 übernahm sie die Leitung des Hotels. Sie war sehr früh Vollwaise geworden, aber sie war sehr ehrgeizig, verfügte über eine enorme Selbstdisziplin und hatte »Stil«. Mit Hilfe ihrer Schwester Käthe, die im Steinplatz schon längere Zeit im Büro tätig war, gelang es ihr, sich bald bestens mit der Materie vertraut zu machen. Sie leitete das Haus vorbildlich durch alle Höhen und Tiefen dieser unruhigen und vom Krieg heimgesuchten Zeit, um es ihren drei Kindern als Erbteil sichern zu können.

Das Jahr 1933 brachte weitere einschneidende Veränderungen mit sich. Der Nazipöbel vertrieb einen großen Teil unserer lieben Stammgäste. Die Etagen des russischen und auch des polnischen Hochadels waren plötzlich komplett entvölkert, da sich die emigrierten Großfamilien mit ihrer Dienerschaft in Berlin nicht mehr sicher fühlten. Sie zogen zuerst nach Paris, und dann führte sie ihr Weg nach New York, Florida oder Kalifornien. Die gebildeten, älteren jüdischen Damen verließen uns nun auch, und sie taten es glücklicherweise beizeiten, um dem mörderischen Hass der Hitlerbande zu entkommen.

Das Hotel Steinplatz veränderte sich auch grundlegend, weil es sein Ambiente auf modernere Zeiten einstellen musste. Mama änderte die Einteilungen der Zimmer den neuen Bedürfnissen entsprechend. Es wurden zusätzlich viele sanitäre Einbauten vorgenommen. Für die renovierten Hotelzimmer wählte sie die schönsten Tapeten und Bilder aus, um jedem Zimmer ein eigenes, ganz individuelles Ambiente zu geben, und gestaltete auch die Gesellschaftsräume nach ihren Wünschen um. Über dem Portal des Steinplatzes wurde ein bronzener Baldachin erbaut, auch ein roter Teppich sorgte dafür, dem Hochadel, großen Filmstars und anderen Prominenten einen würdevollen Auftritt zu bereiten.

Das Haus war weiterhin gut besucht, aber viel von dem ursprünglichen Charme und der gewissen Intimität war verflogen.

In allen Nachttischen lagen Bibeln auf Deutsch und Englisch. Oft fanden sie sich am Morgen aufgeschlagen auf den Betten – ein Zeichen, dass sie gelesen oder durchgeblättert wurden. Viele Gäste äußerten sich wohlwollend und lobend darüber und empfanden diese Aufmerksamkeit als eine wohltuende Eigenart des Hauses.

»Frau Direktor« wurde Mama nun von den Angestellten tituliert. Ihr neues Leben nahm sie stark in Anspruch, bereitete ihr aber auch Freude.

Für die Mietshäuser, die Papa uns vererbt hatte, musste ein Verwalter eingestellt werden. Sekretärinnen sollten Mama entlasten. Die Vollverpflegung wurde aufgegeben, wir hatten von nun an ein Hotel mit Frühstück und Á-la-carte-Restaurant.

Die allseits beliebte familiäre und private Atmosphäre gab es nicht mehr. Sicherlich kamen die Stammgäste, deutsche Prinzen und Grafen, immer wieder zurück, doch das Hotelleben war längst nicht mehr so international wie früher.

In den dunklen Jahren des Naziregimes gab es einen Augenblick, in dem Berlin sich wieder der Welt zu öffnen schien: 1936, mit den Olympischen Spielen. Die Hetzparolen gegen Juden verschwanden ebenso aus dem Stadtbild wie die SA-Schergen. Die Stadt gab sich kosmopolitisch. Dass dies alles nur Fassade war, um die Weltöffentlichkeit zu täuschen, die Berlin noch während der Weimarer Republik den Zuschlag für die Spiele gegeben und über einen Boykott nachgedacht hatte, erfuhren wir erst/hinterher.

Sehr bekannte Sportler waren bei uns einquartiert, darunter das berühmte amerikanische Team der Dressur- und Springreiter.

Nach dem Abitur gingen Heinz und Achim in die »Internationale Hotelfachschule« in Lausanne. Achim besuchte später die Hochschule für bildende Künste, um Malerei und Bildhauerei bei den Professoren Kaus und Gonda zu studieren. Heinz interessierte sich ausschließlich für die gehobene Gastronomie. Von der renommierten Ausbildungsstätte unter der Leitung von Direktor Bertsch wurden bei großen Kongressen in der Stadt Aushilfskellner verpflichtet, die dann das praktische Servieren an Ort und Stelle üben konnten. Achim hatte große Schwierigkeiten, mit der einen Hand die außerordentlich schwere Silberplatte mit dem zerlegten Fleisch und mit der anderen Hand die Platte mit der Sauciere und dem Gemüse vorzulegen. Ihm fehlten dafür noch die Kräfte, und nach dem Aufschrei einer eleganten Dame, auf deren Schulter er eine Platte kurz abgestützt hatte, wurde er für diesen Dienst nicht mehr eingesetzt.

Natürlich war es ein anstrengendes, hartes Training. Nur der Sonntagnachmittag stand zur freien Verfügung, und den benutzte mein Bruder Achim, um mich in Mont Choisi zu besuchen. Um das Geld zu sparen, wanderte er in der hügeligen Landschaft von Ouchy nach hoch oben zum Mont Choisi, wo ich ihn bereits sehnsüchtig erwartete, denn ich durfte das Pensionat nur verlassen, wenn ein Verwandter die Verantwortung übernahm. Natürlich wurde ich von meinen Mitstudenten enorm beneidet.

Nach erfolgreichem Abschluss der Hotelfachschule kam Achim durch die guten Verbindungen unserer Familie zum legendären Gastronomen Otto Horcher als Volontär nach Wien in das berühmte Restaurant »Zu den drei Husaren«. Dort erlebte Achim sicher seine glücklichste Zeit.

Er liebte Wien sehr, vor allem den Wiener Walzer. Im Winter war das Eistanzen auf den zugefrorenen Plätzen für ihn ein Hochgenuss. Nach einem Jahr musste er jedoch zurück nach Berlin, denn er wurde zum Arbeitsdienst verpflichtet.

Otto Horcher, der das Lieblingsrestaurant unserer Familie führte, begann auch im Leben meines Bruders Heinz eine wichtige Rolle zu spielen. Nach einem halbjährigen Volontariat im »Montreux Palace Hotel«, dem Besuch der Hotelfachschule Lausanne und dem Arbeitsdienst fing Heinz an, ebenfalls für Otto Horcher zu arbeiten.

Das Restaurant in der Berliner Lutherstraße verdankte seinen Erfolg in erster Linie der Persönlichkeit seines Besitzers. Otto Horcher war in seinen Lehrjahren in Paris tätig gewesen und hatte dort seinen späteren Freund und Kollegen Louis Vaudable kennengelernt, den Sohn des Inhabers des weltberühmten Restaurants »Maxim's«.

Das kleine Restaurant in Berlin hatte neun Tische und zwei kleine Salons, eine Brigade von vier Chef de Rangs, vier Commis, einen Oberkellner und den unermüdlich arbeitenden Inhaber. Auch wenn es verhältnismäßig viel Personal gab, war Otto Horcher mittags und abends immer im Restaurant. Er kümmerte sich persönlich um jeden Gast, was in anderen Restaurants nur selten der Fall war. Die vielen Mitarbeiter waren erforderlich, weil der Service sehr arbeitsintensiv war. Fast alles wurde vor den Augen der Gäste zubereitet. Austern öffnete der Kellner am Tisch, die berühmte Suppe Marcelle Rhana zauberte man mit der Geflügelpresse. Selbstverständlich wurde Geflügel oder Wild am Tisch tranchiert und anschließend das Carcasse in der Geflügelpresse zu einer Sauce verarbeitet. Alle Süßspeisen, hauptsächlich Crèpes in allen möglichen Variationen, wurden am Tisch zubereitet und flambiert. Das erforderte Spezialwissen und eine größere Anzahl an Kellnern, als normalerweise üblich war. Auch Hermann Göring war Stammkunde bei Otto Horcher.

Mein Bruder Heinz arbeitete gemeinsam mit Horcher zunächst in der Deutschen Botschaft in London beim Botschafter Ribbentrop. Anlässlich der Feierlichkeiten zur Krönung von George VI., dem Vater der jetzigen Königin, richteten sie während einer guten Woche täglich zwei bis drei Essen und zum Schluss noch einen großen Ball für 1500 Personen aus. Die Arbeit in der Deutschen Botschaft war außerordentlich kompliziert, da die äußerst kapriziöse Frau Ribbentrop das Personal mit immer neuen Wünschen beschäftigte.

Tag und Nacht wurden zum Frühstück, zum Mittagessen, zum Tee und zum Dinner Spitzenpolitiker und Vertreter der englischen Gesellschaft eingeladen. Den Höhepunkt bildete der Ball in den Räumen der Botschaft nach den Krönungsfeierlichkeiten.

Nach den anstrengenden Londoner Tagen flog Heinz mit einer kleinen Gruppe von fünf Kellnern nach Paris, um dort mit dem Aufbau eines Restaurants auf dem Dach des Deutschen Pavillons der Weltausstellung 1937 zu beginnen. Heinz fing in subordinierter Position an, war jedoch nach kurzer Zeit zu Horchers Assistenten avanciert. Horcher musste oft nach Berlin, so war Heinz mehr oder weniger sein Stellvertreter und wachte über das Geschäft.

Das »Restaurant Horcher« auf dem Dach des Deutschen Pavillons war innerhalb kurzer Zeit eines der bekanntesten und beliebtesten Restaurants der Stadt, es konnte sich der vielen Gäste kaum erwehren. Die französischen Mitarbeiter kannten den Horcherschen Servicestil nicht. Horcher ließ selbst jeden Servicetisch abräumen, um wartende Gäste platzieren zu können.

Schwierig war die Arbeit auch deshalb, weil die warme Küche auf derselben Etage lag wie das Restaurant, während die kalte Küche ein Stockwerk höher und der Abwasch noch eines höher angesiedelt war. Das Personal musste mit verhältnismäßig kleinen Fahrstühlen auskommen, was in der Hitze des Gefechts nicht immer funktionierte. Heinz war praktisch der Einzige in der Berliner Gruppe, der fließend französisch sprach, und seine Hilfe wurde immer und überall in Anspruch genommen. Trotz aller Schwierigkeiten behauptete das Lokal während der Weltausstellung seine Stellung als Toprestaurant. In der Regel war Heinz von morgens um neun bis nachts um zwei durchgehend anwesend. Freie Tage gab es nicht. Es war eine harte, aber erfolgreiche Zeit.

1937 bekam Heinz eine Position auf dem Luxusdampfer Bremen angeboten. Als Assistent sollte er in dem Restaurant auf dem Sonnendeck arbeiten. Leider kam es nicht dazu. Nach seiner Rückkehr wollte er den Pass verlängern, um auf die Bremen zu gehen und seinen Job anzutreten. Doch drei Tage später steckte er in einer ganz anderen Uniform.

Heinz hoffte anfangs, nach einem Jahr Wehrdienst in Dessau seinen Traum verwirklichen und nach Amerika gehen zu können. Doch seine Dienstzeit wurde auf zwei Jahre verlängert, und als er am 9. September 1939 hätte entlassen werden sollen, war er bereits in heftige Kämpfe in Polen verwickelt. Erst 1945 sollte Heinz seine Laufbahn als unfreiwilliger Helfer der Deutschen Wehrmacht beenden.

Diskret – indiskret I

Eine große Anzahl außergewöhnlicher Menschen mit dramatischen Schicksalen oder interessanten Eigenarten kreuzten unseren Weg. Einige tragische, anekdotische oder anrührende, in jedem Fall sehr persönliche Episoden möchte ich gern wiedergeben.

Werner Finck war ein sehr beliebter Kabarettist, der im Dritten Reich immer Gefahr lief, wegen seiner Witze über die Naziregierung eingesperrt zu werden. Er spielte den Zerstreuten und ließ Satzfetzen und Anspielungen in der Luft hängen, als ob er sich an den Rest nicht erinnern könnte. Zu den während der Vorstellung mitschreibenden Gestapobeamten sagte er: »Kommen Sie mit, oder muss ich mitkommen?« Ich erinnere mich an einen Auftritt, wo er Bilder der Regierung in einer Kiste unterbrachte, und bei seinem Abgang konnte man auf der Kiste lesen: »Bitte nicht stürzen«. Das war 1935. Am nächsten Tag musste er dann tatsächlich »mitkommen«. Er wurde verhaftet und ins Konzentrationslager Esterwegen gebracht. Seine Zerstreutheit spielte er hin und wieder auch im täglichen Leben, wenn er zum Beispiel um 19.45 Uhr in der Hotelhalle hastig auf und ab lief, die Hand an die Stirn legte und sich selbst fragte: »Was wollte ich eigentlich? – Ach natürlich, ich muss doch zu meiner Vorstellung, bitte bestellen Sie mir ein Taxi.« Um 20 Uhr stand er dann auf der Bühne des Berliner Theaters in der Nürnberger Straße.

Er hatte unseren Hoteldirektor Kunow eingeladen und bezog ihn plötzlich unerwartet in seinen Monolog ein. Werner Finck sah ihn von der Bühne herunter an und fragte: »Sie sind doch sicher auch meiner Meinung, Herr Kunow, nicht wahr?« Nun war es aber gefährlich, sich in seine politischen Satiren mit hineinziehen zu lassen. Deshalb antwortete Herr Kunow nicht, sondern nickte nur mit dem Kopf, damit ihm später nicht übel mitgespielt werden konnte. Politische Witze konnten als konspirative Vorkommnisse ausgelegt werden. Man war im Dritten Reich immer in Gefahr, verleumdet zu werden. Dass Werner Finck trotzdem die Nazizeit überlebte, gleicht einem Wunder, denn er blieb bis zuletzt in Deutschland und passte sich nicht an. Wahrscheinlich war seine Beliebtheit der Grund, dass die Nazis ihn zähneknirschend wieder aus dem KZ entließen und Finck sogar wieder in Berlin auf der Bühne stand. Allerdings hatte der Theaterdirektor vorher unterschreiben müssen, dass Werner Finck keine politischen Witze machen würde. Wer weiß, ob der zerstreute Finck daran auch immer dachte!

Frau Rangabé kam jedes Jahr in den Steinplatz, bevor sie ihre Kur in Norddeutschland begann. Sie wurde von ihrem einzigen Kind Aristides, sie nannte ihn Titi, begleitet. Er war hochintelligent und mit seinen 14 Jahren sehr lustig und verschmitzt. Titi war ein hübscher Junge und der ganze Stolz seiner Eltern. Er besiegte uns alle beim Pingpong. Die Mutter war Potsdamerin, der Vater der Bruder des griechischen Botschafters in Berlin. Die Rangabés gehörten zu den allerersten Familien in Griechenland und spielten gesellschaftlich eine große Rolle.

Im Zweiten Weltkrieg wurden Griechen in Deutschland nicht inhaftiert. Wir hatten viele griechische Freunde. Aber mit Titi, der sich in seiner Heimat aufhielt, geschah ein entsetzliches Unglück. In Griechenland leisteten Partisanen Widerstand gegen die Deutsche Wehrmacht. Deshalb wurden unter den Zivilisten Geiseln genommen, und Hitler befahl die Erschießung jeder zehnten Geisel. Unser Titi wurde erschossen. Dabei hätte er nur seinen Namen nennen müssen, und ihm wäre nichts passiert, da sein Onkel immer noch der Botschafter war. Doch Titi war zu stolz, sich zu erkennen zu geben.

Man kann sich vorstellen, wie es der verzweifelten Mutter ging: Sie als frühere Deutsche musste erfahren, dass ihr Sohn von den Deutschen ohne Grund als Geisel festgenommen und erschossen worden war. Der Oberkommandierende der Wehrmacht, Feldmarschall Wilhelm Keitel, musste sich persönlich entschuldigen. Wir weinten bitterlich, als wir die Nachricht erhielten, und konnten es einfach nicht glauben.

Wilfried von Wedelstaedt war ein enger Freund meiner Brüder. Mit Heinz ging er in eine Klasse, und wir waren sehr oft zusammen. Er spielte herrlich Saxophon und liebte amerikanischen Jazz. Wir jungen Leute hassten die Nazi-Bande, und es war manchmal sehr gefährlich, wenn wir uns zu laut unterhielten. Es herrschte der sogenannte »deutsche Blick«. Man schaute rings umher, ob niemand in der Nähe saß, der womöglich Anzeige erstattete. Die Gefahr, ins Konzentrationslager eingeliefert zu werden, war immer präsent. Wilfried von Wedelstaedt wurde natürlich auch eingezogen und starb am Ende des Krieges beim Rückzug aus Russland. Seine Freundin, eine junge Rumänin, die versucht hatte, ihn zu verstecken, verließ nach Kriegsende ihre Heimat und wurde von Wilfrieds Mutter wie eine Schwiegertochter aufgenommen, denn Wilfried hatte schon in einem Brief um den Segen seiner Mutter für die Heirat gebeten. Frau von Wedelstaedt war eine bewunderungswürdige Dame. Noch im hohen Alter von 92 Jahren ritt sie täglich im Grunewald.

Den Tenor Vasso Argyris mit seiner Frau Aline lernten wir während des Krieges in Zoppot kennen, wo er in der Waldoper sang. Er war Mitglied der Berliner Staatsoper, und dort erlebten wir ihn in allen seinen Partien. Der griechische Sänger hatte eine wunderschöne Stimme und sah sehr gut aus.

Unsere Familien schlossen Freundschaft, und wir spielten oft das französische Kartenspiel »Belotte«, das man zu dritt oder zu viert mit Bridge-Karten spielt. Zu diesem Freundeskreis gesellten sich auch die Tochter des berühmten russischen Bassisten Fjodor Schaljapin und der Ehemann der wundervollen rumänischen Sopranistin Maria Cebotari, die ein großer Liebling des Berliner Opernpublikums war. Er hieß Sascha Wyrubow und war einst ein sehr bekannter Schauspieler gewesen.

Einmal begleiteten Mama und ich Vasso zu einem Gastspiel nach Leipzig, wo er den Radames in Verdis »Aida« gab. Zu unserer Verblüffung sang er sich während der Ouverture mit voller Stimme hinter der Bühne ein und probierte einige Passagen. Er hatte nicht angenommen, dass ihn das Publikum im Saal hören würde. Das war sehr komisch. Nach der Vorstellung gingen wir zusammen essen, und während wir noch bei Tisch saßen, heulten die Sirenen: Fliegeralarm! Wir flüchteten in den nächstgelegenen Luftschutzkeller, und als wir nach Stunden die Entwarnung bekamen, lag Leipzig in Schutt und Asche. Auch das Opernhaus war abgebrannt. Welch eine glückliche Fügung, dass die Vorstellung schon beendet gewesen war!

Eine Hotelbewohnerin, deren Schicksal uns sehr nahe ging, war Margit Pick, die spätere Gräfin Berchtold. Sie lebte als junge Dame mehrere Jahre im Hotel Steinplatz. Sie stammte aus einer der bekanntesten, wohlhabenden Familien und war künstlerisch hoch begabt. Sie studierte an der Hochschule für bildende Künste Bildhauerei. Die jüdisch-ungarische Großindustriellenfamilie Pick genoss schon damals internationales Ansehen dank der Herstellung der berühmten Pick-Salami, die bis auf den heutigen Tag beliebt ist.

Die junge Margit Pick, die leider von der Natur nicht mit Schönheit gesegnet war – ja, man könnte durchaus sagen: sie war ziemlich hässlich –, hatte sich in den Kopf gesetzt, einen Grafen zu heiraten. Trotzdem vernachlässigte sie keineswegs ihr Studium und entwickelte sich zu einer wirklich anerkannten Bildhauerin und Kunstkennerin. Gleichzeitig arbeitete sie mit eiserner Energie daran, ihren Traum zu verwirklichen und eines Tages eine Gräfin zu werden.

Mehrere Heiratsinstitute waren für sie tätig, aber in keinem der Anwärter – ausnahmslos verarmte Adelige – sah sie den Richtigen. Nach Hitlers Machtergreifung verließ Margit Pick Berlin und ging zum weiteren Studium nach Florenz. Dort gelang es ihr, einen armen Grafen aus hoch angesehenem österreichischem Adel zu heiraten. Ihr ersehnter gräflicher Sohn erblickte dort das Licht der Welt. Dieser kleine Junge war ihr Glück, auch wenn die Ehe recht bald zerbrach. Nach dem Zweiten Weltkrieg blieb Margit mit ihrem Sohn in Florenz, wo sie ein schönes Haus besaß. Aber das Schicksal spielte ihr übel mit, sie war einsam, und im nunmehr sozialistischen Ungarn waren die Fabriken ihrer Familie zerstört oder enteignet.

Sie musste schließlich das Haus in der Toskana verkaufen und beschloss, nach Berlin zurückzukehren, wo sie eine Villa im Grunewald in der Hubertusbader Straße hatte. Das Haus war nicht beschädigt, aber – als ehemals jüdischer Besitz – war es an irgendwelche Leute verkauft worden. Sie musste viel Geld für Anwälte bezahlen, und dennoch wurde ihr zum Schluss das Haus, also ihr Privatbesitz, nicht zuerkannt, was unbegreiflich und niederträchtig war. Schließlich wohnte sie aus alter Anhänglichkeit wieder bei uns im Steinplatz, wo wir ihr als früherem treuem Stammgast eine besondere Preisermäßigung gaben.

Eines Tages am frühen Vormittag rief sie verzweifelt in der Hotelrezeption an und wünschte dringend den Hotelchef zu sprechen. Sie war in äußerst erregtem Zustand und teilte ihm mit: »Lieber Herr Kunow, Sie müssen mir umgehend helfen. Es ist etwas Schreckliches passiert, mir ist mein Intimstes abhanden gekommen, bitte kommen Sie zu mir in mein Hotelzimmer hinauf.« Direktor Kunow war ganz konsterniert und meinte: »Sehr geehrte Frau Gräfin, bei uns kommt doch nie etwas abhanden, das Personal ist absolut zuverlässig, aber ich werde sofort die Polizei einschalten.« – »Nein, bitte keine Polizei«, rief die arme Gräfin, »ich kann Sie nur persönlich darüber informieren. Bitte kommen Sie so schnell wie möglich zu mir.«

Herrn Kunow kam diese Angelegenheit äußerst merkwürdig und in gewisser Weise auch unangenehm vor, denn er konnte aus ihren Worten nicht recht auf den Grund der Aufregung und die Art der Hilfestellung schließen, die sie sich von ihm erhoffte. Also bat er mich, mit ihm gemeinsam die Gräfin aufzusuchen. Ich willigte erstaunt ein, und so gingen wir beide, nichts Gutes ahnend, in das Hotelzimmer der Gräfin.

Was stellte sich heraus? Das Zimmermädchen, das ihr jeden Morgen das Frühstück in ihr Zimmer trug, hatte von ihr den Auftrag bekommen, alle Tüten, die sich auf dem Tisch befanden, umgehend mit hinauszunehmen und zu entsorgen. Sie lag währenddessen noch im Bett und beantwortete die Rückfrage des Mädchens, ob wirklich alles sofort vom Tisch entfernt werden sollte, in etwas unwirschem Ton: »Ich habe doch gesagt: alles, also tun Sie dies bitte.« Das Zimmermädchen erfüllte den Wunsch und nahm sämtliche Tüten mit.

Als die Gräfin später aufstand, bemerkte sie, dass leider auch etwas für sie Unersetzliches dem Abfall übergeben worden sein musste. Wie sich nun zu unserem Entsetzen herausstellte – und es erschien im ersten Augenblick eigentlich tragisch-komisch – handelte es sich um ihre dritten Zähne. Das arme Zimmermädchen hatte natürlich nicht wissen können, was sich in den Tüten befand, und selbstverständlich den ziemlich herrisch geäußerten Befehl ausgeführt. Nun wurden alle Abfalltüten und Mülleimer so lange durchgewühlt, bis das Corpus delicti wieder auftauchte.

Nachdem es gereinigt worden war, saß es dann endlich wieder in dem gräflichen Mund. Zur Beruhigung spendierten wir ein großes Glas ungarischen Tokajer.

Mama und ich kümmerten uns um die Gräfin Berchtold, so gut wir konnten. Sie kleidete sich absonderlich in einen mottenzerfressenen, alten Pelzmantel. Sie trug ihn gern bei Behördengängen, um den Anschein zu erwecken, dass sie sich in einer jämmerlichen Lage befand. Sie tat uns leid, da wir sie seit Jahrzehnten kannten. Später zog sie es vor, in eine kleine Pension zu übersiedeln, und es dauerte nicht lange, bis sie ihre Augen für immer schloss. Mama und ich waren die Einzigen, die hinter ihrem Sarg hergingen, denn ihr Sohn, der inzwischen in Norwegen lebte, hatte zwar von dort aus alles geregelt, wollte aber aus uns unerfindlichen Gründen nicht zur Beerdigung kommen. So wurden wir vom Pfarrer gefragt, welche Musik wir bei der Trauerfeier wünschten, und wir bestimmten Schuberts »Ave Maria« und die »Träumerei« von Schumann. So endete ein Leben, welches so schön und lustig begonnen hatte.

Der große Albert Bassermann sollte nach dem Krieg bei dem bekannten Theaterregisseur Boleslaw Barlog eine Hauptrolle übernehmen. Gewöhnlich verlangte er für seine Ehefrau Else Schiff, die nur eine mittelmäßige Schauspielerin war, ebenfalls eine Rolle. Der Intendant wusste, dass er auf die Forderung eingehen musste, wenn er wollte, dass der Vertrag zustande kam. Bassermann sollte in dem Stück einen General spielen, aber für seine Frau fand sich absolut kein passender Part.

Boleslaw Barlog erzählte mir, dass er deshalb die Frau Generalin, eine stumme Rolle, erfand. Bassermann war unter der Voraussetzung einverstanden, dass seine Frau ein schönes Gewand erhielt, mit ihm gemeinsam auftrat und allen anwesenden Herren zum Handkuss vorgestellt wurde. Und eine weitere Bedingung hatte der große Bassermann geäußert: Er benötigte einen Halsorden, an dem er lässig mit seinen Händen spielen konnte. Auch dies wurde ihm selbstverständlich zugestanden. Zuhause soll er merkwürdigerweise den Schulbuben gespielt haben, und seine Ehefrau musste ihn als Lehrerin bestrafen. Seltsame Wege beschreiten manchmal so bedeutende Künstler.

Sicherlich können sich noch einige Leserinnen und Leser an den schönen Adolf Wohlbrück erinnern. Er bezog bei uns für einige Monate eine ruhige Suite, um sich während seines Berliner Gastspiels im Steinplatz verwöhnen zu lassen. Sein Freund wohnte in einer kleinen Pension nebenan. Adolf Wohlbrück war überaus sensibel und empfindsam, und tagsüber durfte ihn keine Störung belasten, denn er bereitete sich immer hochkonzentriert auf seinen abendlichen Auftritt vor. Im Entrée vor seiner Suite musste Tag und Nacht Licht brennen. Er hasste die Dunkelheit, es war wohl eine seiner Eigenarten, sich immer verfolgt zu fühlen. Vielleicht hatte dies mit seiner Emigration zu tun. In seiner Zeit in England hatte er seinen Bühnennamen in Walbrook geändert. In Deutschland nahm er nun erstmals wieder seinen richtigen Namen an.

Er spielte en suite mit Friedel Schuster, der beliebten Operettensängerin, in einem Zwei-Personen-Stück im Renaissancetheater. Es war ein großer Erfolg, sie lasen »Liebesbriefe« von George Bernard Shaw. Wohlbrück wandte sich einmal nach einer Vorstellung an mich und sagte: »Sie wirft mir ihre boshaften Pointen so hin, dass ich nach jeder Vorstellung Herzbeschwerden habe. Ich halte diesen Sarkasmus nicht aus, obwohl sie eine großartige Schauspielerin ist.« Als das Gastspiel beendet war, musste er zur Erholung in die Schweiz fahren und eine Schlafkur machen. Er war ein sehr beliebter Schauspieler, und sein größter Erfolg, bevor er Deutschland verließ, war der wundervolle, von Willi Forst brillant inszenierte Film »Maskerade«. Er läuft noch immer als Evergreen und zeigt die große Kunst von Ausnahmeschauspielern wie Paula Wessely, Olga Tschechowa und Peter Petersen.

Während des Krieges fanden einige Rittergutsfrauen mit ihren Kindern, die bereits aus dem Osten geflohen waren, eine behelfsmäßige Unterkunft bei uns. Darunter war die reizende zweite Gemahlin und Witwe von Wilhelm II., die Kaiserin Hermine. Sie war mit Zofe, Chauffeur und Schoßhündchen bei uns eingezogen.

Mit meinem Bruder Heinz, der zu dieser Zeit krank und deshalb in Berlin war, saß sie oft bei den Fliegerangriffen in unserem provisorischen Luftschutzkeller, während die Bomben rundherum grell zischend einschlugen. Sie waren zu erschöpft, um ständig bis zum Zoobunker zu laufen, der ohnehin stets heillos überfüllt war.

Sie erzählte Heinz ihre interessante Geschichte. Ihr Sohn hatte an den verwitweten Kaiser auf Schloss Doorn in Holland geschrieben, ob er sich nicht einmal um seine liebe Mutter, die Prinzessin Schönaich-Carolath, kümmern könnte, die ihn gern besuchen würde. Darauf lud der Kaiser die Prinzessin und ihren Sohn ein und verliebte sich in die sehr charmante und schöne Frau. Sie nahm seinen förmlichen Heiratsantrag an, der sie zur Kaiserin Hermine machte. Sie war eine geborene Prinzessin Reuß und zuvor mit einem Prinzen Schönaich-Carolath verheiratet gewesen. Mit ihm hatte sie einen Sohn und war verwitwet, als sie den Kaiser in Doorn besuchte. Sie war sehr intelligent und eine wundervolle Zuhörerin. Nach ihrem Aufenthalt im Hotel Steinplatz zog sie zu ihrer Schwester in die Nähe von Frankfurt/Oder, wo sie 1947 verstarb. Jetzt liegt sie neben der ersten Gemahlin des Kaisers, Auguste Viktoria, im Hohenzollerngrab in Sanssouci bestattet.

Fliegeralarm

Der Ausbruch des Zweiten Weltkriegs machte all unsere Zukunftspläne zunichte. Achim hatte seinen Arbeitsdienst im Frühjahr 1939 angetreten und wurde sofort bei Kriegsbeginn im September zum Militär eingezogen. Er kam wie Heinz direkt an die Ostfront nach Polen. Auch die Klassenkameraden meiner Brüder mussten in den Krieg ziehen. Die meisten von ihnen fielen. Unsere Autos wurden beschlagnahmt, und es begann eine düstere und tragische Zeit mit Verdunkelung, Lebensmittelrationierung und einer großen Verknappung auf allen Gebieten.

Meine Mutter und ich wurden im Ostseebad Bansin vom Kriegsausbruch überrascht, wo wir den August 1939 verbrachten. Wir konnten nur mit Hilfe eines guten Freundes das Auto mit Benzin füllen und nach Berlin zurückkehren. Er zapfte den Treibstoff aus seinem Wagen ab und musste später mit Alkohol aus diversen Apotheken seinen eigenen Wagen flottmachen. Nun waren Mama und ich im Hotel am Steinplatz völlig allein mit einigen älteren Angestellten, und natürlich mit der treuen Anna. Ich half unserer Mutter im Empfang, mit der Zimmereinteilung und Gästebetreuung. Ich war froh, ihr wenigstens etwas Arbeit abnehmen zu können. Es herrschte ein heilloses Durcheinander, Zimmerreservierungen wurden wegen der politischen Lage kurzfristig storniert, immer mehr Jahrgänge unseres männlichen Personals wurden eingezogen, Berlin verlor den letzten Rest an Weltoffenheit. Der Hotelbetrieb kam immer wieder zum Erliegen und musste irgendwann ganz eingestellt werden.

Im Jahre 1940 wurde die Anweisung erlassen, wichtige Gebäude zu evakuieren. Wir packten mit den paar Angestellten, die noch nicht eingezogen waren, unser bestes Mobiliar ein, auch die wunderschönen Antiquitäten, die unsere Salons und Suiten schmückten, zusätzlich die wertvollen Gemälde und die extra angefertigten großen Teppiche, die in den Salons lagen. Es waren etwa zwanzig Lastwagen, die mit unseren Hotelmöbeln und Bildern davonfuhren. Es blieb eine kleinere Auswahl von guten, aber nicht besonders wertvollen Möbeln im Hotel zurück.

Wir hatten die Kostbarkeiten vor etwaigen Bombardierungen in Sicherheit bringen wollen, keinen der Gegenstände sollten wir jemals wiedersehen.

1940 wurde das Hotel Steinplatz von der Kriegsmarine beschlagnahmt. Großadmiral Raeder und später Dönitz übernahmen das Kommando über die U-Boot-Kriegsmarine, die während des Krieges vom Steinplatz aus geleitet wurde. Die Wände wurden eingerissen und die Nachbarvilla mit einbezogen. Dort fanden die Lagebesprechungen statt.

Mama, Anna und ich durften in der Wohnung bleiben, aber es war uns nicht mehr erlaubt, Besuch zu empfangen. Das Haus war total abgeschirmt. Am Telefon gab der diensthabende Matrose, je nachdem ob wir zu Hause waren oder nicht, die Auskunft: »Die Damen sind an Land« oder »Die Damen sind an Bord«. Unsere langgedienten, älteren Hoteldiener steckte man in Matrosenanzüge, sie sahen wirklich recht seltsam aus. Mehrmals fielen Brandbomben auf das Hotel, die Matrosen löschten die Feuer mit Wassereimern. Nach vier Jahren gab die Kriegsmarine Ende 1944 das Haus an uns zurück. Aber die Funktion des Gebäudes als U-Boot-Kommandantur sollte noch ein böses Nachspiel haben.

Heinz hatte den Polenfeldzug und anschließend den Frankreichfeldzug vom ersten bis zum letzten Tag miterlebt. 1941 marschierte er mit seinem Regiment in Russland ein. Zu der Zeit hätte er sich nicht träumen lassen, dass er ein Jahr später in Paris drei wichtige Geschäfte übernehmen würde. Er war damals siebenundzwanzig Jahre alt.

In Russland hatte er sich eine böse Ruhrerkrankung zugezogen und lag in Berlin im Lazarett. Die Ärzte waren auf solche tropischen Krankheiten nicht vorbereitet und konnten ihm trotz aller Bemühungen kaum helfen. Sein alter Arbeitgeber und Freund Otto Horcher besuchte ihn oft. Er war vorgeschlagen worden, die Leitung des berühmten Restaurants »Maxim's«, der »Sandeman« und des Nachtlokals »Bagatelle« zu übernehmen.

Diese Geschäfte waren alle englische Limiteds, was ungefähr der deutschen GmbH entspricht. Der Unterschied lag in einem verringerten Steueraufkommen. Wenn diese Geschäfte französisch geblieben wären, hätten die Besitzer sie selbst betreiben können. Nun fielen sie jedoch unter Besatzungsrecht und wurden von Deutschen verwaltet.

Nach intensiven Bemühungen gelang es Heinz, Otto Horcher zu überzeugen, dass er der geeignete Mann für diesen Posten wäre. Da er durch seine Krankheit damals nicht fronteinsatzfähig war, wurde ihm schließlich die verantwortungsvolle Aufgabe übertragen. Zu seinem Glück fand er in Paris zwei Ärzte, die in Indochina tätig gewesen und mit derartigen Krankheiten vertraut waren. Obwohl Heinz sein Leben lang ein Faible für Gaumenfreuden hatte und ihm die besten Köche und die besten Weine zur Verfügung standen, ernährte er sich drei Monate lang ausschließlich von abgekochtem Gemüse.

Das Leben in Paris war für Heinz sehr anstrengend. Tagsüber musste er sich um das Maxim's und die Firma Sandeman kümmern. Nach dem Abendgeschäft im Maxim's ging er ins Bagatelle.

Das Bagatelle war der größte und eleganteste Nachtclub von Paris. Dort spielte ein Orchester mit 24 Musikern. Jeden Monat gab es ein anderes Programm mit bekannten Sängern und Tänzern, das von morgens zehn Uhr bis nachts um drei lief. Da damals in Paris eine nächtliche Ausgangssperre herrschte, mussten die Gäste, ob sie wollten oder nicht, bis sechs oder sieben Uhr morgens warten, ehe sie nach Hause gehen konnten. Das bedeutete, dass auch Heinz selten vor sieben Uhr morgens in seine Wohnung zurückkehrte. Übrigens fuhr er immer mit dem Fahrrad, da sämtlicher Kraftstoff für Kriegszwecke beschlagnahmt worden war. So ging es jeden Tag, da der Nachtclub auch sonntags geöffnet war.

Neben dem gastronomischen Personal hatte der Nachtclub noch Angestellte, die Blumen und Schokolade verkauften und für die Garderobe verantwortlich waren. Außerdem bewachten einige kräftige Jungs den Eingang. Oft gab es Auseinandersetzungen zwischen den Gästen, die immer schnell und effektiv beendet wurden, um das allgemeine Programm nicht zu stören. Hinzu kam, dass das nächtliche Paris damals von korsischen Banden beherrscht wurde. Die eine war am Montmartre tätig und die andere am Mont Parnasse. Leider hatte sich der Chef der Mont-Parnasse-Bande das Bagatelle als Hauptquartier ausgesucht. Heinz musste sich mit allen gut stellen, um nicht zwischen die Fronten zu geraten. Das war nicht immer einfach.

Als mein Bruder das Bagatelle übernahm, stellte er fest, dass die Garderobe, der Blumen-, Schokolade- und Zigarettenverkauf sowie alle anderen Nebentätigkeiten an die Mont-Parnasse-Bande »verpachtet« waren. Er wollte das nicht hinnehmen, behauptete, er habe einen Befehl aus Berlin bekommen und müsse alle Verkäufer und Angestellten entlassen. Da kam der Bandenchef mit seinen Leibwächtern ins Büro von Heinz und erklärte, das sei nicht möglich. »Wieso soll das nicht möglich sein?«, fragte Heinz. Der Mont Parnasse sei sein Territorium und die Verkäufer arbeiteten für ihn, meinte der Bandenchef. »Sie irren, die Verkäufer haben für mich zu arbeiten«, antwortete mein Bruder.

Da zogen die Banditen ihre Pistolen und legten sie, mit den Läufen auf die Brust meines Bruders deutend, auf den Schreibtisch.

»Ich komme von der Ostfront, glauben Sie, Ihre Schießeisen beeindrucken mich?«, fragte Heinz, obwohl ihm nun doch etwas mulmig wurde. »Sie können mich ruhig erschießen, aber dann schicken die Deutschen einen neuen Chef. Natürlich können Sie den dann auch wieder erschießen, aber irgendwann wird das Spiel wohl ein Ende haben, und es wird nicht zu Ihren Gunsten ausgehen, glauben Sie mir.«

Mein Bruder setzte seinen Willen durch und blieb fortan unbehelligt. Es entwickelte sich sogar so etwas wie gegenseitiger Respekt und ein Anflug von Sympathie zwischen den beiden Männern.

Die Bande trat mit einem ganz bestimmten Ritual auf: Erst kam der Boss, dann die dazugehörige Dame, und schließlich folgten drei oder vier Bodyguards, die alle unverblümt ihre schweren Schießeisen im Gürtel trugen, obwohl das streng verboten war. Die Kellner und die Gäste nahmen das gelassen hin. Eines Tages wurde der Boss beim Verlassen des Lokals von Mitgliedern der rivalisierenden Bande aus dem Auto niedergeschossen. Kein Krankenhaus wollte ihn aufnehmen, so dass schließlich ein Chirurg entführt wurde, der ihn auf einem Küchentisch operierte.

Nach ein paar Wochen erschien er, etwas hinkend, doch wohlgemut, wieder an seinem Stammtisch und bestellte Champagner. Einige Zeit später wurde ihm zugetragen, wo sich die andere Bande gerade aufhielt. Mit zwei Leibwächtern und Maschinenpistole begab er sich in das entsprechende Lokal und mähte nun seinerseits den Vorstand der Korsen nieder. Eine halbe Stunde später kam er wieder ins Bagatelle und sagte lapidar zu Heinz: »Die Angelegenheit ist erledigt.« Dann wurde besonders ausgiebig gezecht, auch der Chirurg soll fürstlich entlohnt worden sein.

Im eleganten Maxim's dagegen hatte mein Bruder mit solchen Problemen nicht zu kämpfen. Alle Welt und nicht zuletzt die ranghohen Mitglieder der deutschen Besatzungsarmee wollte in dieser berühmten Atmosphäre gut essen und trinken und nicht gestört werden. Das Einzige, was den Küchenchef gegen Heinz aufbrachte, war die Tatsache, dass die Küche in einem recht desolaten Zustand war. Sie war in niedrigen Kellerräumen unterhalb des Restaurants untergebracht. Dicke Terrier liefen herum, um die Ratten fortzubeißen, die sich dort gütlich taten. Die Decken waren so niedrig, dass die Köche keine Toques, ihre traditionellen Kopfbedeckungen, tragen konnten. Heinz sorgte dafür, dass die Küche sukzessive tiefergelegt, gekachelt und auf einen modernen Standard gebracht wurde. Als er dreißig Jahre später wieder einmal hinabstieg, um zu sehen, was sich verändert hatte, musste er feststellen, dass alles so geblieben war, wie er es damals veranlasst hatte.

Das Sandeman-Geschäft wurde unter anderem von Hermann Göring systematisch geplündert. Heinz bekam Anweisungen für die Besatzungskasse, wo er die Beträge für die gelieferten oder mitgenommenen Waren kassieren sollte. Das gelang aber praktisch nie.

Heinz musste sich jeden Monat bei einem deutschen Militärarzt melden, um nach einem Jahr zu erfahren, dass er wieder fronteinsatzfähig war. Er musste Paris, seine Wohnung und seine vier Hunde verlassen. Nach einer Überbrückungspause meldete er sich bei seinem Regiment, welches vor Leningrad in Stellung lag.

Achim war auf seinen Wunsch zur bespannten Artillerie eingezogen worden, denn er liebte Pferde. Wir alle hatten ihm davon abgeraten, denn er war bei Wind und Wetter auf dem Pferd völlig ungeschützt, aber er ließ sich nicht umstimmen. In Russland wurden die Tiere bei Regen, Wind und Schnee vorangetrieben. Es geschah nicht selten, dass

Achim vor Erschöpfung aus dem Sattel fiel. Während die anderen Einheiten, die mit Lastwagen und Flak unterwegs waren, wenigstens ein Dach über dem Kopf hatten und bei Erreichen des Tagesziels auch etwas schlafen konnten, musste er mit seinen Kameraden zuerst die Pferde versorgen und lange um Wasser und Futter anstehen, so dass für seinen Schlaf kaum eine Stunde übrigblieb.

Er kam schließlich nach Stalingrad. Bei einem mörderischen Angriff verlor er die Gewalt über das Gespann, die Pferde bäumten sich vor Angst und Schrecken auf, er versuchte, das Gespann am Zaumzeug zu halten, aber die Pferde rissen ihn um, und der Kanonenwagen überrollte sein rechtes Bein. Achim wurde vor Schmerzen bewusstlos ins Lazarett gebracht. Für tausend Schwerverwundete standen nur zwei Ärzte zur Verfügung, die selbst am Ende ihrer Kräfte waren.

»Erst müssen wir uns um die Sterbenden kümmern«, sagte der Arzt zu ihm. Nach einem Tag meinte der neben ihm liegende Soldat: »Du riechst fürchterlich, vielleicht hast du Brand in deinem Fuß.« Achim schleppte sich auf allen vieren zum Arzt, der sah ihn kurz an und sagte: »Jetzt bist du wirklich dran, aber das Knie können wir nicht mehr retten, der rechte Oberschenkel muss amputiert werden.«

Achim wurde gemeinsam mit unzähligen anderen Schwerverwundeten in einen Lazarettzug verfrachtet, und nach Tagen kam er in Gunzenhausen an, wo rührende Diakonissen den weiteren Krankentransport übernahmen. Wir hatten unterdessen erfahren, dass Achim in Deutschland war, und wollten ihn so schnell wie möglich besuchen. Aber die Reisebedingungen waren unbeschreiblich. Wir fuhren etappenweise mit Zügen, die immer wieder wegen Fliegeralarms gestoppt wurden. Dann kreischten die Bremsen, alle Passagiere mussten abspringen und sich irgendwo in die Büsche schlagen. Auf den Boden gekauert, warteten wir ab, dass die heulenden Kampfflieger mit ihren knatternden Maschinengewehren verschwanden. Streckenweise mussten wir auch zu Fuß gehen. Man hatte uns gesagt, wir sollten auf keinen Fall Schmuck mitnehmen, da man uns sonst womöglich überfallen würde. Ich hatte versehentlich doch den Verlobungsring meiner Mutter angesteckt, und als mir das bewusst wurde, legte ich ihn in den Nachtschrank einer Pension. Unglücklicherweise vergaß ich ihn am nächsten Morgen und bekam ihn nie wieder.

Als wir bei den Diakonissen eintrafen, erzählte die Oberin meiner Mutter: »Einen derart verlausten Lazarettzug, wie den, mit dem Ihr Sohn bei uns eintraf, haben wir noch nie zuvor gesehen. Wir konnten die abgemagerten Soldaten mühelos auf den Arm nehmen, denn sie wogen nur noch circa fünfzig Kilo.«

Ich hatte die Vorahnung, dass Achim ein Bein verloren haben könnte, und sagte zu unserer Mutter: »Bitte bereite dich darauf vor, wir dürfen uns keine Tränen erlauben, um ihm nicht alles noch schwerer zu machen.« An der Wölbung der Bettdecke konnten wir erkennen, dass nur ein Bein darunter verborgen war. Unsere Mutter versuchte Achim zu trösten: »Wir sind glücklich, dass du der Hölle von Stalingrad entkommen bist und lebst, alles andere wird sich im Laufe der Zeit wieder finden.« Wir baten die rührende Schwester Oberin, ihm seinen geliebten Grießbrei zu geben und eine kleine Dosis Schlafmittel beizumengen. Achim wollte nämlich, obwohl er nicht schlafen konnte, keine Tabletten nehmen. Am nächsten Tag sagte er uns: »Denkt nur, heute habe ich endlich einmal wirklich tief geschlafen.« Den Grund verrieten wir ihm nicht.

Monatelang blieb er in der aufopfernden Pflege der Diakonissinnen. Als ein neuer Transport anrollte, wurde er mit seinen Kameraden in ein Lazarett nach Berlin verlegt. Langsam machte er Fortschritte. Er legte wieder an Gewicht zu, kam zu Kräften, und Monate später konnte er eine Prothese anlegen, die ihm allerdings fast ständige Schmerzen bereitete. Doch er war jung und voller Tatendrang. Später schaffte er es mit eiserner Disziplin und Energie sogar wieder, sein liebstes Hobby zu pflegen: das Bergsteigen.

Er meisterte sein weiteres Leben bis zu seinem Tod im Jahr 1991 mit Elan und Phantasie. Bevor er seine außerordentlich erfolgreiche Künstlerkneipe, die »Volle Pulle«, eröffnete, leitete er das »Forum Theater« am Kurfürstendamm, suchte interessante Stücke aus und übernahm, als ein Schauspieler erkrankte, auch einmal kurzfristig selbst eine Rolle. Leider war der Zustrom des Publikums nicht ausreichend, so dass das Theater nach mehreren Monaten geschlossen wurde. Mit seiner Frau Karin bekam er ein süßes Töchterchen, das uns schon am ersten Tag mit wunderschönen, besonders großen Augen entzückte. Das Baby wurde Andrea Irina getauft. Durch einen tragischen Unglücksfall starb Karin, und Achim musste seiner Tochter nun auch noch die Mutter ersetzen. Wir liebten die Kleine sehr und sind mit ihr bis zum heutigen Tage herzlich verbunden.

Andrea ist eine blühende Schönheit geworden und hat sich ihr Leben mit einem großen Freundeskreis selbständig aufgebaut. In erster Ehe bekam sie die beiden Kinder Moritz und Anna. Ihr zweiter Mann, ein tüchtiger und liebenswerter Tierarzt, brachte drei Söhne mit in die Ehe. Andrea machte eine Ausbildung zur Therapeutin und war sehr erfolgreich mit ihrer Praxis in Deutschland und besonders in den USA und in Israel, wo sie regelmäßig Vorlesungen hält. Ihre Tochter Anna ist als Maskenbildnerin und Kosmetikberaterin bei vielen Film- und Fernsehproduktionen tätig. Moritz hat sich noch nicht endgültig entschieden, welchen Beruf er ausüben möchte.

Im Gegensatz zu Achim hatte ich mitten im Krieg mein Glück gefunden und geheiratet. Im Winter 1942 lernte ich den griechischen Holzkaufmann Athanase Caraminas, genannt Nasso, kennen. Eine Freundin hatte mich überredet, mit ihr eine Party im Grunewald zu besuchen. Wir fuhren mit der Straßenbahn dorthin. Es war eine lustige Gesellschaft. Man tanzte und lachte viel, auch Roulette wurde gespielt, eine angenehme Zerstreuung in der Zeit der Verdunkelungen und Fliegeralarme. Ich hatte sogar etwas Glück beim Roulette, obgleich es um geringe Summen ging, denn das Vergnügen sollte im Vordergrund stehen. Da bemerkte ich, dass ein sehr netter junger Mann plötzlich immer dieselben Zahlen auswählte wie ich. Als ich ihn fragend ansah, sagte er lächelnd zu mir, er wolle endlich auch Glück haben und gewinnen. Wir plauderten etwas, er gefiel mir gut und war wirklich sehr charmant. Er bat um ein Rendezvous und drückte mir seine Visitenkarte in die Hand, mit der Bitte, ihn bald anzurufen.

Nach einigen Tagen meldete ich mich, er war hocherfreut, und so begann eine wunderbare Beziehung. Es war nicht nur Liebe auf den ersten Blick, Nasso erwies sich auch als ausgesprochen feinfühliger Mensch, der von meiner gesamten Familie rückhaltlos integriert wurde. So fand er eine »zweite Heimat«, in der er sich sehr wohl fühlte. Wir wollten heiraten, aber dies war nicht einfach, da er Grieche war. Die erforderlichen Papiere ließen sich sehr schwer beschaffen, denn seine Familie lebte im ägyptischen Alexandria. So zogen sich die Hochzeitsvorbereitungen über Monate hin. Die deutschen Bedingungen waren lächerlich: Wir mussten uns in Badeanzügen fotografieren lassen, die Fotos wurden wie für eine Verbrecherkartei aufgenommen. Er musste beweisen, dass er »arischer Abstammung« war, was für Griechenland überhaupt nicht interessierte. Dann wurde uns Hitlers Buch »Mein Kampf« ausgehändigt, das wir sofort entsorgten.

Wir heirateten im August 1943 in der griechisch-orthodoxen Kirche am Hohenzollerndamm in Berlin. Heinz konnte leider nicht kommen, da er in Paris bis über beide Ohren in der Arbeit steckte. Achim war mein Brautführer, und wir fuhren in einer weißen Karosse mit Schimmeln vor. Ich trug ein weißes Traumkleid mit Schleier, und Nasso erwartete mich am Portal in Frack und Zylinder, die er in den Babelsberger Filmstudios ausgeliehen hatte. Als Trauzeugen waren meine Freundin Ara von Korostovetz und ein junger griechischer Arzt und Freund von Nasso mit dabei. Ein griechischer Priester kam extra aus Wien angereist, um die Trauung nach griechischem Ritual zu vollziehen. Die Paten hielten kleine Krönchen über unsere Köpfe, und dreimal mussten wir um den Altar gehen. Dann wurden die Ringe angesteckt, und der Priester segnete uns.

Als wir dann aus der Kirche heraustraten, wurden wir mit Reis und kleinen Pfennigstücken beworfen, die Glück bringen sollten. Anschließend fand im Rathaus Schöneberg die Feier statt, für Anlässe solcher Art bekam man besondere Lebensmittelkarten zugeteilt. Am nächsten Tag erhielt ich meinen langersehnten griechischen Pass. Anschließend fuhren wir zur Hochzeitsreise nach Marienbad in der Tschechoslowakei. Unmittelbar danach trat Nasso eine Stelle im Holzhandel in Danzig an. Wir zogen deshalb in das luxuriöse Golfhotel in Zoppot, wo wir insgesamt ein Jahr lebten. Doch dieses Jahr sollte von düsteren Ereignissen überschattet werden. Wir bekamen 1944 einen süßen, kleinen Jungen, der unser ganzes Lebensglück war. Wir nannten ihn Peris Janis Alexander. Die Zeiten waren schwer, aber unser erstes Kind überstrahlte die Kriegsereignisse und die materielle Not. Allerdings mussten wir uns bald ernsthafte Sorgen um den Kleinen machen, denn kaum hatte ich ihn gestillt, spuckte er jedes Mal die Muttermilch wieder aus. Er wurde dünner und dünner, bis der Arzt schließlich einen Magenpförtnerkrampf diagnostizierte und ihn ins Danziger Krankenhaus einlieferte. Tag für Tag pumpte ich mir die Muttermilch ab und brachte sie in die Klinik. Als man mir mitteilte, er sei gestorben, erlitt ich einen Schock, den ich bis heute nicht verwunden habe, es war der schlimmste

Augenblick meines Lebens, und ich habe den geheimen Verdacht, dass man dem Kind meine Milch nie gegeben hat. Damals herrschte große Not, und der Hass auf Ausländer war groß. Durch meine Heirat war ich ja Griechin geworden, und der Professor, den wir zuerst hinzugezogen hatten, hatte uns davor gewarnt, das Baby in das Krankenhaus zu geben. Aber wir hatten uns keinen Rat gewusst, denn wie hätten wir das kranke Baby allein versorgen sollen?

Wir wollten so schnell wie möglich fort aus Danzig und zogen nach Strobl an den Wolfgangsee, wo wir in der Villa Florian direkt am See eine kleine Wohnung zugeteilt bekamen.

Kurz vor Kriegsende zogen auch Achim und Mama zu uns, und im April 1945 fanden wir eine dauerhaftere Bleibe in Rottach am Tegernsee im »Gasthof Weissach«. Freunde aus Berlin waren uns bei der Suche behilflich gewesen, doch der Weg nach Rottach war beschwerlich, denn an allem herrschte Mangel.

Zuerst einmal hatten wir gegen eine Strickjacke meiner Mutter eine Stange Zigaretten eingetauscht. Zigaretten waren damals so etwas wie die inoffizielle Währung, mit der man sich alle möglichen legalen und halblegalen Dienstleistungen und Güter beschaffen konnte.

Für zehn Päckchen Zigaretten fuhr uns der erste LKW bis Salzburg, allerdings nicht mit unserem gesamten Hab und Gut, denn alles hatte nicht in den Wagen hineingepasst. Ich musste also mit den restlichen Lampen und dem Gepäck mit dem Zug hinterherfahren.

Die russische Armee war bereits in Linz, und nach langem Suchen und Verhandeln gelang es, einen weiteren Lastwagen aufzutreiben, der uns bis zum Bayerischen Wald fuhr. Dann erklärte der Fahrer, hier würde er uns absetzen. Wir waren verzweifelt, denn es gab ständig Fliegerangriffe, vor denen wir uns unter Bäumen versteckten. Was sollten wir nun tun? Wir hatten inzwischen kaum Gepäck, denn unterwegs war uns etliches gestohlen worden. Wir versuchten also mit einem Pferdegespann bis zum nächsten Ort zu kommen. Dort fanden wir eine einfache Übernachtungsmöglichkeit in einem abgelegenen Bauernhof. Mama und Achim fuhren in der Frühe mit einem Zug in Richtung Tegernsee, Nasso und ich blieben zurück. Schließlich fanden wir auch für uns eine Transportmöglichkeit und waren am Ende alle wieder glücklich vereint. Damals ahnten wir nicht, dass wir mehrere Jahre in dem Rottacher Gasthof bleiben würden.

Wir fanden dort bald einen wunderbaren Freundeskreis. Der Gasthof Weissach hatte nur Dauergäste, man kannte ihre Geschichten und nahm an ihren Schicksalen teil. Es war wie eine große Familie. Sehr gute Freunde von unserer Mutter waren Leo Roth und seine schöne Frau. Sie waren im November 1943 in der Budapester Straße in Berlin ausgebombt worden. Er war Bayer, und ihn zog es wieder in sein geliebtes Heimatland zurück. Sie hatten sich ein kleines Häuschen gemietet und mit ihren noch verbliebenen Antiquitäten elegant und gemütlich eingerichtet.

Leo Roth war vor dem Ersten Weltkrieg als blutjunger Flieger bereits in aller Munde gewesen, denn er vollführte waghalsige Kunststücke mit den damals noch offenen Flugzeugen. Unter anderem wurde er als »Herrenflieger« berühmt, weil er selbst bei Gewittersturm aufstieg. Kronprinz Wilhelm, der selbst ein großer Sportsmann war, hatte ihn oft an seine Tafel im Hotel Adlon geladen, um mit ihm über seine abenteuerlichen Erlebnisse zu sprechen. Leo Roth war ein blendend aussehender junger Mann und verliebte sich in Raissa, eine junge Russin, die er im Adlon kennenlernte, wo sie als Begleiterin und Anstandsdame der Mätresse des russischen Großfürsten Wladimir abgestiegen war. Nach vielen Irrungen und Wirrungen, Eifersuchtsdramen, Trennungen und Wiederannäherungen heirateten sie und wurden sehr glücklich.

Leo Roth bestritt seinen Lebensunterhalt mit dem Antiquitätenhandel. Doch der Traum vom Fliegen ließ ihn nie mehr los. Für eine Erfindung, von der er sich viel versprochen hatte, einen mit Segeltuch verstärkten Propeller, konnte er nach dem Krieg keinen Interessenten mehr finden. Die Düsentriebtechnik hatte die Rotoren obsolet werden lassen.

Unter unseren Rottacher Freunden und Bekannten befanden sich auch der Theaterkritiker Hanns Braun und seine charmante, hübsche Ehefrau, die Kinderbücher illustrierte, außerdem die bekannten Schriftsteller Paul Alverdes und Franz Tumler. Alverdes schrieb ein sehr berührendes Stück mit dem Titel »Die Pfeiferstube«, es handelte von Verwundeten, die sich nur mit einem Hilfsmittel pfeifend verständigen konnten. Franz Tumler schrieb Romane und Gedichte, und wir trafen ihn später wieder in Berlin, wo seine Frau Susi und die Kinder lebten. Ein Kind war von ihm, und während er als Soldat im Krieg war, hatte sie drei oder vier Kinder mit einem Baron bekommen. Es gab schon viele merkwürdige Schicksale.

Zum Rottacher Freundeskreis, der aus Berlin und teils auch aus München stammte, gehörte der große Charakterdarsteller Alexander Golling, der zuvor in München Generalintendant des Residenz-Theaters gewesen war und immer noch in zahlreichen Filmen bewundert werden konnte. Mich hatte er besonders an einem Berliner Theaterabend beeindruckt, als er in der Rolle des Polizeichefs Fouquet die Todesurteile ausstellte und aus Versehen in seine eigene Warteschlange geriet. Nun musste er schlotternd vor Angst erkennen, dass er selbst den Befehl erteilt hatte, Urteile niemals rückgängig zu machen, und so musste er den Gang zur Guillotine antreten. Ich verließ das Theater damals völlig erschüttert. Der Augenblick, in dem er das von ihm selbst unterzeichnete Todesurteil gegen sich selbst sieht und erkennt, dass sein Schicksal besiegelt ist, war von unglaublicher Eindrücklichkeit. Golling bewies immer wieder, was für ein einmaliger, großer Theatermann er war.

Viele Dinge aus jenen Tagen werden mir immer unvergesslich bleiben. So hatte Achim die Idee, aus Reclam-Heften mit verteilten Rollen Schillers »Don Carlos« und »Maria Stuart« zu lesen. Alexander Golling wählte uns für die Partien aus, ich sollte die Maria Stuart übernehmen. Er selbst las mit seiner herrlich timbrierten Stimme den König Philipp im »Don Carlos«, und wir freuten uns immer, wenn Posa rief: »Sire, geben Sie Gedankenfreiheit!« Den Satz hatte das Publikum auch während der Nazizeit immer mit lautstarkem Applaus gefeiert. Wir spielten unsere Rollen mit großem Ernst. Zu unserem »Ensemble« gehörte auch der junge Jochen Sostmann, der später Schauspieler wurde und dann in Bern in der Schweiz bis zu seiner Pensionierung das Künstlerische Betriebsbüro leitete. Er war ein Patensohn des weltberühmten Dirigenten Karl Böhm, der zu unseren Hotelgästen gehörte und uns ins Gästebuch geschrieben hatte: »Ich habe mich sehr wohl gefühlt und werde sehr gern wiederkommen.« Viele Jahre lang war Jochen Sostmann sein persönlicher Adjutant, vielleicht sollte ich auch sagen: Betreuer. Er pflegte ihn wirklich aufopfernd bis zu seinem Tod.

Tegernseer Freunde waren ebenfalls das Ehepaar Ivrakis – Apollonia und Costas hatten bei der Zigarettenfirma Reemtsma eine wichtige Position – und die persische Familie Badal, die im internationalen Filmgeschäft tätig war. Auch Paquita Huber und ihr Mann Hans waren vor den Bombenangriffen aus Berlin geflüchtet. Zu der Zeit lebten wir noch auf Lebensmittelkarten, aber jede Familie versuchte, über den Schwarzen Markt noch etwas Zusätzliches zu »organisieren«, wie man damals sagte. Die Essensmarken gaben wir im Gasthof ab, wir waren sozusagen in voller Verpflegung. Natürlich war das Essen mit Marken nichts Besonderes. Zusätzlich wurde als Stammgericht ohne Marken eine Kohlsuppe oder ein Kartoffelgulasch angeboten.

Wegen der Ausgangssperre durfte man von abends um sechs bis morgens um sieben Uhr nicht auf die Straße. Bei Familienfeiern wie Geburtstagen, Ostern oder Weihnachten blieb man oft bis zum Frühstück zusammen. Heiligabend lud die Gastwirtsfamilie Bachmaier ihre langjährigen, treuen Gäste zu einem Festessen ein. Dank der hauseigenen Fleischerei gab es ein erstaunlich üppiges Festessen für rund vierzig Gäste, die an einer großen Tafel in einem der Gasträume saßen. Der Wirtshausbetrieb war an diesem Abend geschlossen, wir saßen in dem festlich geschmückten Raum und wurden von der Familie Bachmaier verwöhnt. Diese besondere Aufmerksamkeit dankten wir mit einem Präsent, für das alle Gäste gesammelt hatten. Nach dem Essen ging man durch die tiefverschneiten Wege, flankiert von den schwer behangenen Tannen, in die Mitternachtsmette in Rottach. Obwohl wir sehr beengt und primitiv lebten, gab es viele glückliche Tage.

Aus der kleinen, sich an den Gasthof anschließenden Dependance, wo zu dieser Zeit die Kartoffeln lagerten, kamen uns manchmal kleine Mäuschen besuchen. Sie waren ganz possierlich und störten nicht. Als Heizung hatten wir einen Kohlenofen mit einem Ofenrohr, das ohne Abdichtung einfach durch die Wand gesteckt war.

Als ich einmal abends in unser Zimmer zurückkehrte, merkte ich, dass irgendetwas nicht stimmte. Es knisterte so merkwürdig in der Wand, und als ich sie anfasste, hätte ich mir beinahe die Hand versengt. Ein Zimmerbrand! Ich lief, so schnell ich konnte, ins Haupthaus, um Hilfe zu holen. Jemand entdeckte einen Feuerlöscher und griff danach. »Jo, san S' narrisch, der hat a Heidngöld kost'!«, rief Karl Bachmaier. Er war nicht zu bewegen, seinen neuen Minimax zu opfern. Also mussten alle Gäste eine Kette bilden und das Löschwasser mit Eimern zur Brandstelle transportieren. Völlig verrückt! Bilder, Teppiche und Wertsachen hatten wir schnell ausgeräumt. Endlich war der Brand gelöscht, aber das Feuer hatte sich nach oben ausgebreitet, der Dachstuhl war halb ausgebrannt. Zu dieser Zeit war man jedoch nicht zimperlich. Natürlich kam keine Firma, um das Dach instand zu setzen, sondern Bachmaier leitete das Hofgesinde und helfende Nachbarn an, die in Eigenleistung Balken und Ziegel erneuerten. Man verstand es, sich einzuschränken, und nach etwa einer Woche war der Schaden wieder behoben.

Wochentags fuhr ich nach München zum Gesangsunterricht. In der verbleibenden Zeit half ich dabei, die Kasse mit verschiedenen Heimarbeiten aufzubessern. Wie ich schon erwähnte, war Achim künstlerisch sehr begabt und konnte aus dem Nichts herrliche Dinge zaubern. Wir strickten Einkaufsnetze aus Fallschirmseide und häkelten Eierwärmer. Später sammelten wir Kräuter und Wiesenblumen, pressten sie und verkauften sie als Bildchen. Ich holte mit dem Fahrrad Bildplatten von einer alten Fotografin, die wir erst mühselig abschrubben mussten, bis sie wieder glasklar waren und als Einfassung dienen konnten. Außerdem hatten wir von irgendwoher Pappen für die Rückseite besorgt und verzierten die Bildchen mit einem kleinen Samtband als Rahmen. Zu Weihnachten verkauften sich diese Bildchen gut, da es ja nichts gab, was man verschenken konnte, und ein Ladenbetreiber im Ort bezog mit Freuden größere Posten unserer kleinen Kunstwerke, freilich zu einem recht geringen Betrag.

Achim weitete diese Aktivitäten nach und nach aus und beschäftigte bald schon mehrere Heimarbeiter, die anfangs aus Fallschirmseide Einkaufsbeutel nähten, später gründete Achim eine kleine Lampenschirmmanufaktur. Zunächst recht simpel, wurden die Lampenschirme schließlich immer raffinierter, aus Krepppapier und Krakelee.

Nasso, mein Mann, traf unter den amerikanischen Besatzungsoffizieren einen jungen griechischstämmigen Captain, der große Freundschaft mit uns schloss. Von da an waren wir mit Zigaretten, Schokolade und anderen für uns sonst unerreichbaren Dingen versorgt. Als die ersten Care-Pakete aus Shanghai von unserem Onkel Fritz und aus New York von Tante Fanny eintrafen, lernten wir zum ersten Mal Nylonstrümpfe kennen.

Die Zigaretten, die wir über den Captain bekamen, hatten einen unschätzbaren Wert. Für eine einzige Stange Zigaretten erstand ich damals den Mercedes von Winifried Wagner, der ihr von Hitler geschenkt worden war.

Trotz aller Entbehrungen verlebten wir eine schöne Zeit am Tegernsee. Wir waren mit unserem Freundeskreis dort sehr glücklich.

Stunde Null

Seit Januar 1945 – im Westen starteten die Alliierten die Ardennenoffensive, im Osten rückte die Rote Armee immer weiter vor – war die Niederlage der Wehrmacht nur noch eine Frage der Zeit. Die Einberufung des Jahrgangs 1929 und der »Nero-Befehl« (die Zerstörung aller Verkehrs-, Industrie-, Militär- und Versorgungsanlagen) war Hitlers letzter Akt in seinem militärischen Amoklauf. Zum Frühlingsanfang wurde der 314. Bomberangriff auf Berlin geflogen, drei Wochen später griff die Rote Armee die Hauptstadt des Deutschen Reiches an.

Am 2. Mai 1945 kapitulierte die Stadt Berlin, am 8. Mai das gesamte Deutsche Reich. Adolf Hitler hatte schon in den letzten Apriltagen Großadmiral Karl Dönitz, den einstigen Usurpator unseres Hotels Steinplatz, zum Staatsoberhaupt und Oberbefehlshaber der Wehrmacht ernannt, danach stahl er sich durch Selbstmord aus der Verantwortung für die entsetzlichen Verbrechen, die er begangen hatte und von denen wir nach Kriegsende sukzessive erfuhren.

Das Ende des Krieges erlebte unsere Familie getrennt. Während Mama, Achim, Nasso und ich in Rottach wohnten, lebte Heinz allein in Berlin. In den letzten Kriegswochen, ab April 1945, bewohnte er unser kleines Wochenendhäuschen am Glienicker See. Vor dem Krieg hatten wir dort viele vergnügte Wochenenden mit unseren Freunden verbracht. Unsere kluge und unternehmungslustige Mama wollte eigentlich eine Villa auf das Grundstück bauen, doch der Krieg verhinderte auch das. Da zu Kriegsbeginn unsere Autos für das Militär requiriert worden waren, konnte man nur mit mehrfachem Umsteigen in verschiedenen Bussen zum Glienicker See gelangen. Die Spreewald-Anna, die das Haus während unserer Abwesenheit betreute, und Heinz transportierten mühsam Lebensmittel, Getränke, Seife und was sonst benötigt wurde.

Anna hatte hinter dem kleinen Holzhaus ein Gemüsegärtchen angelegt, wo sie Radieschen, Tomaten, Kartoffeln und verschiedene Kohlarten zog. Im Haus war es eng, in dem kleinen Wohnraum standen eine gemütliche, runde Bank und ein großer, ovaler Tisch mit Stühlen. Darüber hinaus gab es mehrere winzig kleine Räumchen mit je einem Bett, die eher kleine Kojen als Schlafzimmer waren. Schließlich gab es ein kleines Bad und die Küche. Eine Außentreppe führte hinauf zum Mädchenzimmer und einer Art Schrankzimmer.

Heinz überstand in diesem Refugium das Kriegsende gemeinsam mit einigen guten Freunden. Darunter befand sich die Familie Raether: ein Chirurg, seine überaus schöne und immer vergnügte Frau Dorchen und die beiden Töchter. Diese Familie und Anna gruben im Garten einen Bunker, trotz des sandigen Bodens ein Kraftakt! Der Bunker war immerhin so groß, dass er über acht Schlafplätze verfügte und man darin stehen konnte. Ob er tatsächlich einem Bombardement standgehalten hätte, ist natürlich fraglich. Aber glücklicherweise wurde diese abgelegene Gegend nicht bombardiert.

Dafür trafen die Russen ein, und es herrschte Panik. Die schlimmsten Gerüchte eilten der Roten Armee voraus, über Massenvergewaltigungen und andere Gräueltaten.

Dr. Raether trug als Arzt seinen Kittel mit einem roten Kreuz. Er ernannte Heinz zu seinem Assistenten und staffierte ihn mit derselben Berufskleidung aus. Das wurde von den Russen respektiert, so blieb das Häuschen von Ungemach und Zerstörung verschont. Dazu kam, dass die Spreewald-Anna wendisch sprach und sich nähernde Marodeure schimpfend vertrieb.

Auf unserer Terrasse wurde ein provisorischer Operationstisch eingerichtet und kleinere und sogar etwas größere chirurgische Eingriffe vorgenommen. Die Hilfsmittel, die Dr. Raether zur Verfügung standen, waren natürlich unzureichend, aber wenigstens einigen Kranken konnte er erst einmal provisorisch helfen. Unter den Patientinnen befand sich auch die bekannte junge Film- und Theaterschauspielerin Winnie Markus, die von den Russen eine Kugel ins Knie bekommen hatte, als sie sich schützend vor einige Frauen gestellt und als Pragerdeutsche auf Tschechisch auf die Russen eingeschrieen hatte.

Heinz, der sie als Schauspielerin bewunderte, verliebte sich über beide Ohren, und die Heirat fand 1946 in Berlin statt. Winnie Markus spielte zu dieser Zeit in Berlin Theater und gehörte zur ersten Schauspielergarde. Mit ihren Eltern war sie als Sechzehnjährige nach Wien gezogen, um am renommierten Max-Reinhardt-Seminar Schauspielunterricht zu nehmen. Der Regisseur Gustav Ucicky suchte für seinen Film »Mutterliebe« mit Käthe Dorsch in der Hauptrolle eine Besetzung für die Tochter. Er ließ mehrere Studentinnen vorsprechen und wollte auch sehen, ob sie auf Kommando in Tränen ausbrechen konnten, wie es die Rolle verlangte. Winnie war hochdiszipliniert, und der Regisseur entschied sich spontan für sie. Das war der Anfang ihrer Laufbahn im Jahr 1939. Es folgte sogleich ein Engagement am Theater in der Wiener Josefstadt, wo sie in Anton Tschechows Stück »Drei Schwestern« die jüngste Schwester Irina verkörperte.

Ich lernte sie erst nach der Heirat mit Heinz kennen, und wir pflegten über Jahrzehnte bis zu ihrem Tod ein sehr inniges Verhältnis. Als Mensch und als Mutter war sie bewunderungswürdig. Ihr gemeinsamer Sohn Alexander wurde in den besten Schweizer Internaten erzogen, er war ihr größtes Glück. Nach der Schauspielschule und einem ersten Engagement zeichnete sich eine erfolgreiche Laufbahn ab, doch das Schicksal wollte es anders. In München-Schwabing wurde sein Auto auf einer Kreuzung von einem großen Cadillac erfasst, und Alexander starb, trotz des herbeigerufenen Notarztes, noch an der Unfallstelle.

Kurz vor diesem furchtbaren Ereignis, das die Eltern in tiefe Trauer stürzte, hatte Heinz Winnie um die Scheidung gebeten, da er sich heftig in eine andere Frau verliebt hatte und glaubte, die Liebe seines Lebens gefunden zu haben. Winnie gab ihn schweren Herzens frei und heiratete später den Salzbaron Adi Vogel. Mit »Schloß Fuschl« und dem Restaurant »Goldener Hirsch« in Salzburg wurde sie wieder Hotelbesitzerin. Heinz' zweite Ehe zerbrach nach der Geburt der beiden Töchter Nicole und Franziska. Nicole ist mit einem Schweden glücklich verheiratet und lebt in Beaulieu sur Mer. Franziska lebt als Malerin auf Ibiza. Inzwischen ist Heinz seit drei Jahrzehnten glücklich mit der Holländerin Anne verheiratet, die sich rührend und liebevoll um ihn kümmert.

Nach der Aufteilung Berlins in vier Sektoren gehörte das Hotel Steinplatz – oder besser gesagt das, was von dem denkmalgeschützten Haus übriggeblieben war, in die englische Zone. Wir betrachteten verzweifelt den trostlosen Zustand des Hotels, und es gehörte eine gewisse Verwegenheit und Furchtlosigkeit zu dem Gedanken, diese Ruine wieder aufbauen zu wollen. Als die Russen erfuhren, dass sich hier das Oberkommando der U-Boot-Kriegsmarine befunden hatte, schichteten sie herumliegende Munition im Innenhof auf und warfen dann einige Granaten darauf. Das Dach, die Zwischenwände und die Türen im Haus wurden restlos zerstört. Das Ganze bot einen bedauernswerten Anblick.

Wir hatten keinerlei finanzielle Möglichkeiten mehr, denn auch unsere Mietshäuser waren zum Teil zerbombt, schwer beschädigt oder enteignet. Die meisten Häuser befanden sich im Ostteil Berlins, sie wurden vom Ostberliner Senat verwaltet und annektiert. Wir haben alle möglichen Schritte unternommen, sie aber bis zum heutigen Tage nicht zurückbekommen.

In der Brunnenstraße hatten wir ein großes Grundstück mit drei Quergebäuden. Daraus entstand – ohne Entschädigungszahlung – ein Park. Aus unserem Grundstück in der Großen Frankfurter Straße wurden Parkplätze. Unser Haus in der Jerusalemer Straße hatte Goebbels für seine Filmbüros requiriert. Als Ersatz hatten wir ein Haus am Bayerischen Platz erhalten, ohne dass wir wussten, dass es aus jüdischem Besitz stammte. Dieses Haus überstand den Bombenhagel zwar, aber auch dies wurde uns ohne Entschädigung fortgenommen.

Heinz fuhr mit dem Fahrrad von Glienicke aus täglich die zwanzig Kilometer zum zerstörten Hotel am Steinplatz. Noch heute bewundere ich den unbeugsamen Willen, mit dem mein Bruder das fast aussichtslose Unternehmen des Wiederaufbaus begann. Im Hochparterre schichtete er ein paar Matratzen zu einem provisorischen Bett auf, dort war ein Stück Zimmerdecke erhalten geblieben, die ihm im Regenfall wenigstens ein bisschen Schutz bot. Die eigentliche Gefahr kam allerdings von unten. Denn kurz darauf musste er zu seinem Entsetzen feststellen, dass er auf mehreren Tellerminen schlief. Zusammen mit einigen Helfern trug er sie äußerst vorsichtig auf den Steinplatz, und später wurden sie von einem Militärkommando entschärft.

Eine gute Freundin von Heinz, seine Ärztin Dr. Alma Wolfgramm, meinte: »Heinz, so kannst du nicht weiterleben, du brauchst Unterstützung.« Sie inserierte in einer Zeitung und fand einen Butler, der von der Front zurückgekehrt war und nun Arbeit suchte. Ein echter Glücksfall. Dieser Mann war vormals als Kammerdiener bei dem Freiherrn Alexander von Dörnberg, dem früheren Protokollchef des Außenministers von Ribbentrop, angestellt gewesen. Sein Name war Franz, er erwies sich als wahre Perle und stand meinem Bruder bei allen anfallenden, auch schweren Arbeiten hilfreich zur Seite. Sie öffneten mit Schwierigkeiten die einstmals absichtlich zugemauerten Kellerwände, wo sich der Blüthner-Flügel befand und auch einige wertvolle Antiquitäten sowie Spirituosen. Diese Schätze hatten Kriegszeit und Plünderungen unbeschadet überstanden. Der Flügel kam später in die Bar Chat Noir, wo er den Pianisten viele Jahre lang große Freude bereitete – und auch der Sängerin, die damals so raffiniert den Chanson trällerte: »Wenn du ein Junggeselle bist, mein Freund, dann bleib es.«

Heinz und sein Diener begannen mit den gröbsten Aufräumarbeiten: Sie säuberten den Innenhof des Hotels von Splittern und Unrat, beseitigten geborstene Fensterscheiben und Türrahmen. Um das Hotel wieder herrichten zu können, musste eine Geldquelle aufgetan werden. Dafür bot sich nur ein florierendes Restaurant an. Also wurde im Eiltempo die Küche wiederhergestellt, der Gastraum mit einem Kachelofen ausgestattet und gemütlich mit den wenigen Möbeln eingerichtet, die sich auftreiben ließen. Das Personal fand sich recht bald, denn die im Krieg eingezogenen Kellner und Köche von Otto Horcher waren glücklich, wieder arbeiten zu können – noch dazu nach den exklusiven Maßstäben, die Horcher ihnen eingetrichtert hatte.

Otto Horcher war mit seiner Familie, dem Restaurantbetrieb und der Weinkellerei nach Madrid gezogen, nachdem Goebbels den »Totalen Krieg« erklärt hatte. Seitdem hatte es für Gourmets in Berlin kein angemessenes Restaurant mehr gegeben. Erst nach dem »Restaurant Zellermayer« am Steinplatz eröffnete auch das legendäre Restaurant »Ritz« in der Rankestraße, das Werner Fischer ins Leben rief. Es war klein, aber seine raffinierten Gerichte, die aus den exotischsten Landstrichen kamen, galten als Sensationen, die Feinschmecker aus der ganzen Welt anzogen. Auch Herbert von Karajan speiste dort. Der Inhaber Werner Fischer war jahrelang

Chefkoch auf der Bremen gewesen und hatte auch Rezepte von asiatischen und mexikanischen Gerichten mitgebracht. Alles wurde in speziellen Gefäßen zubereitet, und der Rehrücken am drehbaren Spieß über Tannenholz hatte ein ganz besonderes Aroma, denn Holz oder Holzkohle saugen das heruntertropfende Fett sofort auf, bei Tannenholz steigt zudem das feine Aroma des Harzes auf, das dem Fleisch die besondere Note verleiht. Die Fachwelt nannte Fischer den »Escoffier unseres Jahrhunderts«. Sein Buch »Köstlichkeiten Internationaler Kochkunst« enthält so komplizierte Rezepte, dass ich die Gerichte leider nie nachkochen konnte, trotz der liebevollen Widmung, die Fischer mir hineinschrieb.

Bereits am 16. Juli 1945 hatte Heinz das »Restaurant Zellermayer« in zwei provisorisch hergerichteten Räumen des Hotels eröffnet. Alles musste auf dem Schwarzen Markt eingekauft werden, denn mit den auf Lebensmittelmarken erhältlichen Waren konnte man natürlich kein Luxusrestaurant führen. Das hatte seinen Preis, aber es fanden sich bald solvente Stammgäste, wie der Generaldirektor Forstreuther, der immer den Platz am Kamin wünschte. Er war von kleiner Statur und wollte daher nur mit kleinem Silberbesteck essen. Seine luxuriöse Dahlemer Villa Im Dol wurde später für General Lucius D. Clay beschlagnahmt.

Der Butler Franz verwahrte die wichtigen Schlüssel der Vorratskammern und überprüfte das Personal, damit die kostbaren Lebensmittel nicht entwendet wurden. Man schaffte auch eine Ziege an, die, auf den Namen Beate getauft, zum unersetzlichen Herzstück des Restaurantbetriebes wurde. Sie lebte im Innenhof der Hotelruine und sorgte für Kaffee- und Schlagsahne. Wenn Beate mit unruhigem Gemecker die Bedürfnisse der Natur anmeldete, wanderte Franz mit Beate am Strick friedlich auf der Hardenbergstraße bis zum Zoo, wo er sie einige Tage lang in der Gesellschaft eines Ziegenbocks ließ, um sie dann – zusammen mit den Früchten dieser Geselligkeit – wieder heimzuholen. Beate bekam nach der entsprechenden Zeit zwei bis drei kleine Zicklein, die dann weiter getauscht wurden gegen einen Sessel oder eine Lampe, allerdings unter der Bedingung, dass sie nicht geschlachtet werden durften. Ob sich in diesen Hungerjahren aber alle daran hielten, bleibt freilich dahingestellt. Auf dem zerstörten Dachgarten, der früher zur Hotelwäscherei gehört hatte, wurden Tomaten angepflanzt, und im Keller wuchsen Champignons. Mein Bruder kletterte auch auf die Linden, um Blüten für Tee zu sammeln.

Doch natürlich blieb die Beschaffung der Naturalien für ein Luxus-Restaurant ein Problem, das viel Phantasie und eine großzügige Auslegung der Bestimmungen erforderte. Mein Bruder erinnert sich in seinem Buch »Alles zu meiner Zeit«: »Wir lagen verständlicherweise wegen der Materialbeschaffung auf dem Schwarzmarkt in einem fortwährenden Krieg mit den Überwachungsbehörden. Da sich die Überwachung praktisch nur durch Spitzel vollziehen ließ, begrüßte ich jeden Gast selbst und ließ den mir unbekannten Gästen nur die offizielle Speisenkarte reichen. Diese Karte war mit allen von der Behörde geforderten Punkten für die Abgabe der Lebensmittelkarten versehen und hatte die genehmigten Preise. Ja, auch die Preise wurden durch ein strenges Preisamt überwacht. Heute ist das alles kaum vorstellbar. Für solche Vergehen waren die festgesetzten Strafen außerordentlich hoch. Jeder Tag glich einem Vabanque-Spiel. Mit der Zeit entwickelte sich jedoch eine gewisse Routine, und ich konnte ›riechen‹, ob vielleicht mit einem Gast etwas nicht stimmte. Eines Tages musste ich während der Geschäftszeit meine Frau vom Bahnhof abholen, als das Unglück geschah. Ein gut aussehendes Ehepaar, zum ersten Mal bei uns, wurde von Bommi mit ausgesuchter Höflichkeit bedient.«

Bommi war ein schlesischer Kellner, der vor dem Krieg bei Horcher gearbeitet hatte und sich seinen Spitznamen dank seiner besonderen Wertschätzung klarer Hochprozentiger erworben hatte.

»Auf die Frage, ob es nicht anderes zu essen gäbe, als das, was auf der offiziellen Karte angeboten war, kam Bommi leider in Fahrt. Kurz vorher hatte der Küchenchef seinen Kellnern die neueste Ware zum Verkauf empfohlen, und so versuchte Bommi mit leisem Lächeln und unterschwelligem Stolz von einer gebackenen Kartoffel mit Kaviar, den wir von einer Besatzungsmacht bezogen, bis zu einem Châteaubriand alles Revue passieren zu lassen, was es an leckeren Gerichten bei uns gab.

Die Gäste schienen entzückt und bestellten ein ausgezeichnetes Menü mit den entsprechenden Getränken. Als der echte Kaffee getrunken und auch noch ein Glas Cognac bestellt war, verlangten die Gäste die Rechnung. Sie wurde auf einem kleinen Silbertablett diskret auf den Tisch platziert, als die Bombe platzte. Denn anstatt des Portemonnaies zog der Herr einen Ausweis hervor, der ihn als Fahnder der Behörde auswies. Bommi war wie vom Donner gerührt. Ausgerechnet ihm musste in meiner Abwesenheit so etwas passieren! Er wusste, dass, wenn es zu einer Bestrafung kam, nicht nur die Existenz des Lokals, sondern auch alle Arbeitsplätze seiner Kollegen zu Grunde gerichtet wären. Es musste also schnell eine Lösung gefunden werden, oder alles war zu Ende. Plötzlich fasste er an sein Herz, stotterte ein paar Worte und brach ohnmächtig zusammen. Die Gäste sprangen auf. Jeder bemühte sich um Bommi. Im Fallen hatte er noch das Corpus delicti, die Rechnung, ergriffen und verschwinden lassen. Der Fahnder hatte mit einer solchen Reaktion nicht gerechnet. Als er sich um Bommi bemühte, der langsam wieder zu sich zu kommen schien, zog Bommi den Kopf des über ihn gebeugten Mannes zu sich herab und flüsterte ihm ins Ohr: ›Wenn du uns hier hochgehen lässt, bringe ich dich um. Ich bin mit der Nahkampfspange in Gold ausgezeichnet worden.‹

Der Fahnder wurde blass. Andere Gäste und das Personal nahmen eine drohende Haltung gegen den Unruhestifter ein, als ich ahnungslos auf der Bildfläche erschien. Mein Mitarbeiter Wieser setzte mich leise ins Bild.

Ich zögerte nicht lange, packte den Mann bei den Schultern und schob ihn schnell in mein angrenzendes Büro. Ohne ihn zu Worte kommen zu lassen, sagte ich: ›Unser Kellner ist ein schwer kriegsverletzter Mann. Wenn er rot sieht, kann ich für nichts garantieren. Am besten, Sie verschwinden mit Ihrer Begleiterin so schnell wie möglich und laufen ihm nicht mehr über den Weg. Betrachten Sie Ihren Verzehr als Einladung, und lassen Sie sich hier nicht wieder sehen.‹

Wir haben nie wieder etwas von ihnen gehört, geschweige denn gesehen.«

Heinz konnte nach einiger Zeit auch das »Bräustübl« einweihen. Es lag hinter den Büros und ging direkt in das daran anschließende Restaurant über. Natürlich war das Bräustübl für einfachere Kost vorgesehen und hatte ein weniger anspruchsvolles Interieur. Dort konnte man sich leger mit Freunden treffen und bei Bier oder Schnaps einen schönen Abend ausklingen lassen.

In der warmen, anheimelnden Atmosphäre fühlten sich die Gäste sehr wohl. Die beliebte und hochrenommierte Innenarchitektin Viktoria von Schack hatte das Bräustübl mit sehr viel Farbensinn und reizvollen Bildern gestaltet. Sie war bei Freunden unter dem Namen Vicky Lukschy bekannt, da sie mit dem charmanten Schauspieler Wolfgang Lukschy verheiratet war. Einen Namen machte sie sich auch mit ihren Bühnenbildern, zum Beispiel am Hebbeltheater. Alexa von Poremsky, eine Schauspielerin und Freundin von Winnie Markus, herrschte mit liebenswürdiger Hand über das Bräustübl.

Die dringlichste Maßnahme war natürlich der Wiederaufbau des Daches, aber woher sollten die erforderlichen Materialien kommen? Es gab alles nur auf Bezugsschein, aber für ein so aufwändiges Vorhaben wie die Dachrekonstruktion brauchte Heinz eine Sondergenehmigung und Sonderkontingente. Blitzschnell fiel ihm eine mögliche Lösung ein. Im Westend, das im britischen Sektor lag, waren unzerstörte Villen für die britischen Familien requiriert worden, und die Besitzer mussten nun irgendwie untergebracht werden.

»Helfen Sie mir, dann helfe ich Ihnen mit Wohnungen zur Unterbringung der Villenbesitzer«, sagte Heinz Zellermayer zum britischen Stadtkommandanten, den er bereits mehrmals bei Bekannten getroffen hatte. »Wir benötigen die Materialien zur Fertigstellung unseres Daches, damit es nicht durch alle Etagen regnet. Wenn das Dach fertig ist, garantiere ich Ihnen, in acht Wochen vierzig Wohnungen zur Verfügung zu stellen, natürlich zu den momentanen, nicht gerade luxuriösen Bedingungen, aber für den Anfang durchaus zufriedenstellend.«

Der Handel kam zustande. Das Dach wurde mit Arbeitskräften, die für die Briten abkommandiert waren, sehr schnell fertiggestellt, und bald waren die Wohnungen bezugsfertig. Die Mieteinnahmen halfen beim weiteren Aufbau.

Später vermieteten wir Räume an einige Geschäfte, die sich wieder neu etablieren wollten, aber noch nicht die geeigneten Räumlichkeiten gefunden hatten. So zog etwa Westberlins bekanntester und bester Friseur Sill in eine Zimmerflucht ein. Viele Schauspielerinnen und Damen der Gesellschaft gaben sich dort die Klinke in die Hand. Auch das Pelzhaus Schrank hatte sich bei uns einquartiert, dann eine Klavierlehrerin und Madame Berthe, die von der Berliner Damenwelt hofierte französische Modistin, die mit ihrem besonders raffinierten und extravaganten Stil die gesamte Modewelt entzückte.

Ein gutaussehender Herr mittleren Alters bewohnte ein Zweizimmerapartment, betreut von seiner ihm ganz ergebenen Sekretärin, die unscheinbar wirkte und alles, aber auch alles für ihn tat. Sie räumte auf, sie bekochte ihn, sie wusch seine Hemden, sie kaufte ein. Er lebte wie ein Pascha, und abgesehen von einigen mehr oder weniger erfolgreichen Geschäftstätigkeiten ließ er sich nur von ihr bedienen und schrie sie an, wenn nicht sofort alles nach seinen Wünschen ging. Einige Jahre später heiratete er sie, und sie nahmen eine Wohnung vis-à-vis vom Hotel.

Doch das Leben des Ehepaares sollte ein erschütterndes Ende finden. Sie hatten fast ihr gesamtes Vermögen verloren und fuhren nach Travemünde, wo sie den Rest des Geldes auf die Spielbank trugen. Sie setzten alles auf Rouge, aber die Kugel fiel auf Schwarz. Nach dem totalen Verlust kehrten sie verzweifelt in ihr Hotel zurück. Das Zimmermädchen fand sie am nächsten Morgen, sie hatten sich vergiftet.

Mit unserer recht heterogenen Klientel erlebten auch wir manche unangenehme Überraschung. Zwei Frauen hatten eine kleine Wohnung bei uns gemietet. Wie sich herausstellte, ging die eine von ihnen am Savignyplatz anschaffen, wie man so schön sagt. Die andere begleitete sie bei ihren scheinbar erfolgreichen Unternehmungen, um sie zu beschützen. Im Hotel Steinplatz waren sie nie aufgefallen, aber als wir von dieser Tätigkeit erfuhren, konnte ihr Bleiben bei uns natürlich nicht länger gestattet werden.

Nach und nach wurde das Hotel komplett ausgestattet. Einige Zimmer im Hochparterre waren nun wieder verfügbar. Allerdings fehlten noch die Übergardinen. Das musste auch der junge Schweizer Geschäftsmann Walter Brunner feststellen, der im Nachkriegsberlin Chancen für internationale Geschäfte witterte, die er auch äußerst geschickt anbahnte. Ihm folgten bald seine Freunde, die als Schweizer volle Bewegungsfreiheit in den verschiedenen Sektoren hatten, während wir Berliner den Besatzungsvorschriften unterlagen. Walter Brunner wohnte in einem der Vorderzimmer, und es war ihm sehr unangenehm, sich bei Licht auszuziehen, da sein Zimmer, wie gesagt, noch keine Übergardinen hatte. Nachdem er bemerkte, dass der spätere Kammersänger Hans Beirer und seine Gattin, die ihre Wohnung genau gegenüber hatten, ihn vergnügt beobachteten und zu ihm hinüber winkten, entschloss er sich, im Dunkeln ins Bett zu gehen, um seine Ruhe ungestört zu genießen. Sobald wir die Mittel dafür hatten, bekam sein Zimmer als Erstes eine dichte, schöne Übergardine. Er blieb viele Jahre bei uns und wurde ein guter Freund der Familie Zellermayer.

Langsam rührte sich der Hotelbetrieb wieder, und wir konnten mehr Personal einstellen. Die Geschäftsinhaber zogen nacheinander in ihre neuen Läden am Kurfürstendamm ein und gaben die Räumlichkeiten an das Hotel zurück. Es war eine große Aufgabe, die Räume umzugestalten und wieder dem Hotelbetrieb zugänglich zu machen. Auch die Familien aus Berlin-Westend bekamen andere Wohnungen zugewiesen. Endlich hatten wir 120 Hotelzimmer zur Verfügung.

Nun prägte erneut ein interessanter Kreis von Künstlern die Atmosphäre in unserem Haus. Viele bevorzugten das Hotel Steinplatz, wenn sie zu ihren Vorstellungen oder Konzerten in Berlin weilten. Schauspieler und Musiker wurden Stammgäste, und darüber hinaus kehrte wieder eine gebildete, geistig anspruchsvolle Klientel ein, ganz wie in frühen Zeiten. Das Hotel am Steinplatz war eines der wenigen Häuser in Berlin, die an die Lebensart aus der Zeit der Weimarer Republik anknüpfen konnten. Das Adlon am Brandenburger Tor hatte zwar die Bombardements und den Einmarsch der Roten Armee überlebt, war aber 1945, vermutlich durch einen von den Angestellten gelegten Brand, mit dem die Plünderung des Weinkellers vertuscht werden sollte, zerstört worden. Andere exklusive Hotels waren total zerstört.

Bevor sie zum Schlafen in ihre Hotelzimmer gingen, landeten die Künstler oft auf einen Nachttrunk in unserem Braustübl. Stars wie Theo Lingen oder Georg Thomalla gaben hier die während ihres Drehtages erlebten Geschichten wieder und ernteten damit meistens einen orkanartigen Lacherfolg.

Nach Kriegsende waren auch die Berliner Theater zu 95 Prozent zerstört. Gründgens verließ leider für immer die Stadt seiner größten Erfolge. Doch viele andere große Schauspieler, die Deutschland glücklicherweise rechtzeitig verlassen konnten, kehrten nach 1945 zurück. Der große Albert Bassermann spielte wieder bei Boleslaw Barlog an den Staatlichen Schauspielbühnen. Ernst Deutsch, der als Prager Jude vor den Nazis geflohen war und, Ironie des Schicksals, in Hollywoodfilmen der Kriegsjahre unter dem Künstlernamen Ernest Dorian vor allem blutrünstige Nazis verkörpert hatte, war über Paris und die Schweiz ans Wiener Burgtheater zurückgekehrt. Ab 1951 lebte er wieder in Berlin, spielte am Schiller- und am Schlossparktheater und begeisterte ganz Deutschland mit seiner Interpretation von »Nathan der Weise«, mit dem er zehn Jahre lang auf Tournee war. Er gehörte zu den deutschsprachigen Juden Prags, war zeit seines Lebens ein enger Freund Franz Werfels und glücklich, wieder in deutscher Sprache spielen zu können. Ich habe ihn mehrmals auf der Bühne bewundert, nicht nur als Nathan, sondern auch im »Kaufmann von Venedig«, und seine Ausdruckskraft scheint mir noch heute unvergleichlich.

Schon am 7. Februar 1946 sprach der berühmte Theaterkritiker Friedrich Luft im RIAS: »Gestern hatte ich einmal Gelegenheit, im Wagen durch die ganze Breite dieser Stadt zu fahren. Es war gespenstisch. (…) Ich fuhr an einer Litfaßsäule vorbei, die beklebt war mit unzähligen Ankündigungen von Theatern, Opern, Konzerten. Ich sah nachher im Inseratenteil der Zeitung: an fast zwanzig Stellen wird

Theater gespielt. Tatsächlich. Überall. In allen Bezirken. Täglich finden mindestens ein halbes Dutzend Konzerte statt. In allen Bezirken. Zwei Opernhäuser spielen ständig – welche Stadt der Welt hat das noch?«

Auch die Modebranche erfuhr einen großen Aufschwung. Die Häuser Gehringer und Glupp, Brosda und Staebe-Seger waren tonangebend in Berlin. Bei der Premiere einer neuen Kollektion gab es zu den Modenschauen wunderbare Buffets mit erlesenen Köstlichkeiten. Die herrlich gelöste Stimmung trug viel dazu bei, dass die Damen sich in den nächsten Tagen die schicken Modelle bestellten – selbstverständlich alles nach Maß.

Einmal passierte allerdings ein Malheur. Gehringer hatte wunderschöne Abendkostüme entworfen. Ich bestellte ein Modell und war glücklich bei den Anproben, denn bei diesen Haute-Couture-Schneidern saß alles wirklich immer perfekt. Wie entsetzt waren wir – die Innenarchitektin Vicky Lukschy, die Architekten-Ehefrau Marion Muthesius und ich –, als wir uns bei einem Gala-Diner alle drei im gleichen Modell gegenüberstanden! Wir waren empört, Berlin war schließlich eine Insel, man traf sich immerzu. Gehringer hatte das Abendkostüm als Unikat angeboten. Wenn er es wenigstens aus einem anderen Stoff und in einer anderen Farbe geschneidert hätte! Aber nein, die drei Modelle waren vollkommen identisch. Da wir drei herzlich befreundet waren, nahmen wir die Angelegenheit mit Humor, verabredeten aber von da ab, welche Modelle wir jeweils auswählten, damit sich ein derartig peinlicher Vorfall nicht wiederholen konnte. Gehringer entschuldigte sich später und kam mir im Preis bei einem anderen Modell etwas entgegen.

Die Atmosphäre nach dem Krieg war sehr widersprüchlich. Auf der einen Seite sehnte man sich nach einem Neuanfang, man genoss den Frieden und die wiedergewonnene Freiheit, ja auch den ersten Luxus, auf der anderen Seite hatte fast jeder ein besonderes Schicksal getragen und enge Verwandte und Freunde verloren. Die meisten mussten ihre ganze Existenz wieder vollkommen neu aufbauen, mit Mut und Tatendrang ein neues Leben beginnen. Nach der Anfangseuphorie setzten immer wieder Phasen der Hoffnungslosigkeit ein. Als 1949 die amerikanischen Besatzer die deutsche Bevölkerung wogen, ermittelten sie bei den Männern ein Durchschnittsgewicht von 61 Kilogramm, bei den Frauen 55 Kilogramm. Selbst der 1,86 Meter große Schauspieler Gert Fröbe brachte damals nur 58 Kilo auf die Waage. »Mit dem Verlust an Körpergewicht ist ein entsprechender Verlust an Leistung und Tatkraft verbunden«, hieß es in einem Bericht an den amerikanischen Präsidenten Harry S. Truman. Die Folge seien »leichte Blutarmut, Apathie, Unaufmerksamkeit und Konzentrationsmangel«. Die Arbeitslosigkeit war hoch, die Löhne gering. Es kam immer wieder zu Streiks, Plünderungen und Schusswechseln. In Berlin wurde die Lage durch den Vier-Mächte-Status erschwert. Die Verwaltung war hochkompliziert, zwischen den Sowjets und den Westalliierten kam es immer wieder zu Spannungen. Allzu großzügige US-Hilfen an die Deutschen wurden andererseits von französischen und britischen Besatzern blockiert, da in deren Heimatländern die Zivilbevölkerung ebenfalls infolge der Kriegsschäden hungerte.

Noch immer bevölkerte ein Stab von Handwerkern das Hotel Steinplatz. Mit Krediten und Darlehen war uns der Wiederaufbau aus dem Nichts gelungen, was uns alle mit Zuversicht erfüllte. Allerdings mussten alle Einnahmen sofort wieder investiert werden, wenn wir an das frühere Niveau anknüpfen wollten. Wir wählten Marc Aurels Morgenspruch für den beginnenden Tag unserer Gäste:

Wenn Du am Morgen erwachst,
denke daran, was für ein köstlicher Schatz es ist,
zu leben, zu atmen und sich freuen zu können.

Diskret – indiskret II

In den Jahren unseres Hotellebens wurden wir Zeugen vieler schöner, aber auch sehr unerfreulicher Ereignisse, wie Selbstmorde, versuchte Selbstmorde, Diebstähle und Eifersuchtsszenen.

Der tragische Tod des bekannten amerikanischen Regisseurs John Reinhardt während der Dreharbeiten zu seinem Film »Briefträger Müller« machte uns und die ganze Filmwelt sehr betroffen. Zuerst wohnte er bei uns im Steinplatz, dann zog er in eine Villa in die Heerstraße, wo er völlig überraschend einem Herzinfarkt erlag. Heinz Rühmann, der die Hauptrolle spielte, erklärte sich bereit, die Regie zu übernehmen und den Film zu Ende zu führen. John Reinhardt wollte sich eigentlich einen Traum erfüllen und mit der Schauspielerin Winnie Markus, die er sehr verehrte, einen neuen Film in Hollywood drehen. Das Drehbuch war fast fertig – aber zur Ausführung kam es nun leider nicht mehr. Winnie nahm sich dann seines kleinen Rauhaardackels an und behielt den jungen, süßen Hund bei sich in München.

Ein unerhört interessanter Mann war Harry Piel, ein Tausendsassa, der als Jugendlicher auf einem Segelschulschiff angeheuert und sich in Paris als Kunstflieger versucht hatte. 1912 gründete er seine erste Filmfirma und drehte mit »Schwarzes Blut« den ersten Autorenfilm der Leinwandgeschichte. Der »Dynamit-Regisseur« Piel spezialisierte sich jedoch auf spektakuläre Elemente wie Explosionen und Raubtierszenen, für die er die Tiere selbst dressierte und vor der Kamera dirigierte. Er drehte hautnah mit Schimpansen oder Löwen und ließ sich von einem riesigen, als gefährlich eingestuften Elefanten auf den Stoßzähnen herumtragen. Seine berühmten Filme wie »Der Dschungel ruft« (1935) oder »Menschen, Tiere, Sensationen« (1938) wurden vom Publikum geliebt und waren Kassenschlager. Nur ein Harry Piel traute sich diese extrem schwierigen Szenen ohne Double zu. In seinen letzten Lebensjahren war er allerdings verarmt. Da er bereits 1933 der NSDAP beigetreten und angeblich auch Fördermitglied der SS gewesen war, musste er sechs Monate Haft und fünf Jahre Berufsverbot überstehen. (»Harry Piel sitzt am Nil, wäscht die Beene mit Persil«, hieß es im Nachkriegsberlin). Bei einem Luftangriff waren außerdem die Negative von 72 seiner Filme, darunter alle Stummfilme, vernichtet worden. Mit der neu gegründeten »Ariel«-Filmfirma hatte er nach dem Krieg keinen durchschlagenden Erfolg mehr. Es ist immer wieder erstaunlich, wie unbarmherzig das Publikum sein kann. Jahrelang verehrt es einen Künstler abgöttisch, dann aber lässt es ihn fallen, und man weiß oft nicht, warum.

Meine Familie, die Harry Piel immer bewundert hatte, ließ ihn als ihren persönlichen Gast im Hotel Steinplatz wohnen. Nach seinem Tode 1963 kam eine Dame zu uns, die ihn sehr geliebt hatte und seine Angelegenheiten regeln wollte. Sie wünschte, seine Rechnung zu bezahlen, die wir gar nicht angelegt hatten. Sie meinte, ihr geliebter Harry solle in Ruhe ohne Schulden schlafen. Wir waren gerührt von ihrem Angebot, lehnten es aber ab.

Wer erinnert sich nicht an die sehr beliebte und wunderbare Schweizer Schauspielerin Liselotte Pulver? Sie war immer unser Stammgast, wenn sie in Berlin drehte. Wo Liselotte Pulver erschien, war sie strahlender Mittelpunkt. Sie hatte ein spitzbübisches Lachen, wirkte manchmal sogar etwas burschikos und spielte besonders in Filmkomödien wie in dem außerordentlich beliebten Film »Ich denke oft an

1 Mit zwei Jahren in Spreewaldtracht

2   Mit den Brüdern Achim (links) und Heinz, 1921

3 Die Eltern Max und Erna Zellermayer in Karlsbad, um 1926

4 »Spreewald-Anna«, Achim, Mama und ich am Riessersee in Garmisch, 1927

5 Mit Papa in Travemünde, 1927

6   Als Madame Pompadour beim Kostümfest, 1929

7 Vor dem Pensionat Chateau Mont-Choisi

8   Auf Sylt, um 1940

9 Hochzeit mit Nasso Caraminas in der russisch-orthodoxen Kirche am Hohenzollerndamm in Berlin, 1943

10 Mein erster Gesangslehrer: Der Tenor Professor Clemens Pabelick

11 Hotel Steinplatz

12 Eingangshalle des Hotels

13 Treue Gehilfinnen: einige der langjährigen Zimmermädchen

14   1945 war das Hotel stark zerstört

15   Einzig unzerstörbar: der Safe im Direktionsbüro

16 Fluchtpunkt zu Kriegsende: Das Gartenhaus am Groß Glienicker See

17 Mein zweiter Mann: Pianist, Dirigent & Filmemacher Joachim Ludwig

18 »A Ilse, qui a fait ma vie. Je donne mon art et mon amour.«

19 Mit Jean Guillou, Zürich 1964

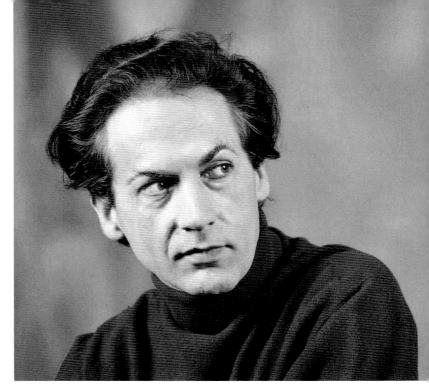

20 Meine große Liebe: Jean Guillou

21 In Mailand, Beginn der Karriere als Opernagentin, 1965

22 Roberto Bauer, der legendäre Agent der Metropolitan Opera, New York

23 Mein erster Künstler: der wunderbare Bariton Nicolae Herlea

24 Anziehungspunkt für Künstler und Prominente: die berühmte Bar in der »Vollen Pulle«

25 Berühmter Gast: Marcel Marceau umarmt meinen Bruder Achim

26 Mein wichtigster Künstler: Luciano Pavarotti, 1980

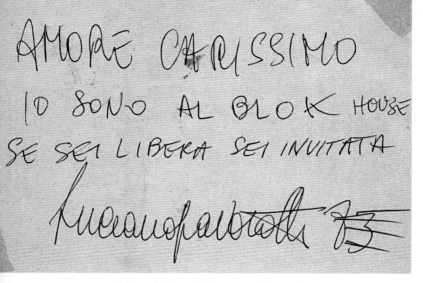

27   Herzliche Briefe zwischen Künstler und Agentin

28 Hotelhalle mit den Autographen der berühmten Gäste

29 Meine Tochter Ariana mit ihrem Onkel Heinz Zellermayer, um 1980

30 Verleihung des Ordens Cavaliere ufficiale durch den italienischen Generalkonsul Chelli

31 Ariana de Ment mit Volker Hassemer (links) und Luciano Pavarotti

32 Mit Filmproduzent Atze Brauner und Schauspielerin Winnie Markus

33 Achzigster Geburtstag: Mit Primadonna assoluta Anna Moffo

34 Liebevolle Vertrautheit nach vierzig Jahren, mit Jean Guillou, 2010 (Foto: Chris Keller)

Piroschka«, in dem sie eine bezaubernde Ungarin verkörperte. Mit Curd Jürgens in »Gustav Adolfs Page« war sie in der Hosenrolle des Pagen zu bewundern. Diese Literaturverfilmung läuft bis heute oft im Fernsehen.

Mein Bruder Heinz war durch Winnie Markus, seiner damaligen Frau, gut mit ihr befreundet. Eines Tages sprach er sie an: »Weißt du, Lilo, dass vom vorigen Jahr deine Hotelrechnung noch offen ist? Die Filmfirma hat sie bis jetzt nicht bezahlt.« – »Was sagst du da, Heinz? Das ist doch nicht möglich! Ich werde das morgen erledigen, bitte verlasse dich darauf«, sagte sie, »ich weiß schon, wie.« Und sie ließ dieses besondere und ansteckende Lachen erklingen, für das sie ihre Fans vergötterten.

Am nächsten Tag fuhr die Limousine der Filmfirma vor, um die Künstlerin abzuholen. Frau Pulver stieg aber nicht ein, sondern sagte dem Chauffeur: »Bevor meine Hotelrechnung vom letzten Jahr nicht ausgeglichen ist, komme ich nicht mit zum Drehen. Bestellen Sie schöne Grüße.« Es dauerte tatsächlich einen ganzen Tag, bis sich der Filmproduzent entschließen konnte, die längst fällige Rechnung zu bezahlen. Am Abend feierten wir lustig den Erfolg in einer reizenden Runde mit Alexa von Poremsky, Vicky Lukschy und ihrem Mann Wolfgang, der im gleichen Film die männliche Hauptrolle spielte.

Wir schreiben das Jahr 1953. Magda Schneider drehte gerade wieder in Berlin einen Film. Sie hatte kurz zuvor den bekannten Hotelier und Gastronomen Hans Herbert Blatzheim geheiratet, der allein im Europa-Center zehn Restaurants eröffnete. In erster Ehe war sie mit dem Filmschauspieler Wolf Albach-Retty verheiratet gewesen. Zwei gemeinsame Kinder waren aus dieser Verbindung hervorgegangen: ein Sohn und die Tochter Rosemarie.

Im Bräustübchen im Hotel Steinplatz ging es sehr vergnügt zu, denn Magda Schneider erzählte lachend, dass der

Filmproduzent seine Schauspieler nach ihren Kindern gefragt hatte. Er beabsichtige nämlich, einen Film mit Jugendlichen aus Filmkreisen zu drehen, am liebsten mit den Kindern der Stars. Den Titel hatte er schon: »Wenn der weiße Flieder wieder blüht«.

Magda meinte: »Vielleicht könnte Romy mitmachen?« Romy hatte auf dem Internat Goldenstein bei Salzburg gerade das »Kleine Abitur« gemacht und sollte eine Kunstgewerbeschule besuchen, aber in ihr steckte natürlich viel Theaterblut, schon der Urgroßvater war Schauspieler, die Großmama väterlicherseits die große Burgschauspielerin Rosa Albach. Romy, noch keine fünfzehn, reiste aus München an, wo sie erste Probeaufnahmen absolviert hatte. Aber nun stand der 1. September bevor, der erste offizielle Drehtag. Romy war natürlich begeistert und wahnsinnig aufgeregt. Als sie im Hotel Steinplatz eintraf, fragte sie zweifelnd: »Mami, glaubst du, dass ich gut sein werde und diese Rolle spielen kann?« Die schöne Magda Schneider begann, mit ihr einige Sätze einzustudieren, und versuchte, ihr in wenigen Stunden Sicherheit und das erforderliche Selbstbewusstsein zu vermitteln. Romys besondere Begabung wurde schnell erkannt und mit einem Engagement belohnt.

In der Vollen Pulle wurde groß gefeiert, denn sie bekam einen Vertrag, der ihr zwar noch nicht viel einbrachte, aber den Grundstein für ihre kometenhafte Karriere legte. Im November war der Film abgedreht, und dann ging es Schlag auf Schlag. Romy spielte anfangs meist an der Seite ihrer berühmten Mutter Magda: 1954 in »Feuerwerk« und »Mädchenjahre einer Königin« – ihre erste Hauptrolle, 1955 folgten »Die Deutschmeister«, »Der letzte Mann« und schließlich »Sissi«, der Sensationserfolg, der die Sechzehnjährige schlagartig zum internationalen Star machte.

Danach war es um die Ruhe im Hotel geschehen. Die Fans drängten sich bis weit in die Uhlandstraße und um den Steinplatz. Polizei musste sie zurückdrängen. »Romy, Romy, Romy«, wurde laut gerufen, und Romy Schneider musste sich zusammen mit ihrer Mutter immer wieder auf dem Balkon zeigen und winken.

Romy wohnte immer bei uns, wenn sie nach Berlin kam. 1958 lernte sie bei Dreharbeiten zu »Christine« Alain Delon kennen, wohl die Liebe ihres Lebens. Sie zog zu Delon nach Paris, spielte dort Theater und im Film. Doch sie blieben nur wenige Jahre ein Paar.

Romy wohnte auch später nach ihrer Rückkehr nach Deutschland wieder im Hotel Steinplatz, bis es zu einem peinlichen Zwischenfall kam. Sie hatte ein schönes Zimmer und kam spätabends von einer Gala zurück – in Begleitung eines bekannten Schauspielers, der mit ihr auf das Zimmer gehen wollte. Der Nachtportier bat den Herrn, das Hotel wieder zu verlassen, da er nach den Sitten des Hauses die Nacht dort nicht unangemeldet verbringen durfte. Es kam zu einer Rauferei, dabei ging das Eingangsportal zu Bruch, der arme Nachtportier musste sich im Krankenhaus ambulant behandeln lassen, Romy zog sofort wütend aus, und die Zeitungen hatten ihre Schlagzeilen!

In unserem Gästebuch sind Magda und Romy Schneider mit Bild verewigt, Romy blutjung mit kurzen Haaren.

Der Regisseur Steve Sekely (in Ungarn hieß er Sekely Pista) war als junger Mann aus Budapest nach Berlin gekommen, um als Assistent von William Dieterle bei Filmen mitzuwirken. Sie gingen aus Berlin fort, als Hitler und Goebbels begannen, die bisherige hoch angesehene Kultur »zu befreien«, wie sie es zynisch ausdrückten. Steve Sekely emigrierte nach Hollywood und machte dort eine beachtliche Karriere. Er heiratete die mexikanische Filmdiva María Félix, aber diese Ehe war nicht von langer Dauer, wie im übrigen keine der fünf Ehen des »schönsten Gesichts des mexikanischen Films«. Als Sekely im Hotel wohnte, war er

Single. In Berlin drehte er einige Filme, darunter mit Horst Buchholz.

Aus irgendeinem Grunde hatte er sich unglücklicherweise in mich verliebt. Er sah blendend aus, war groß und schlank, aber er war nun einmal nicht mein Typ, zudem war er über zwanzig Jahre älter als ich. Wir gingen mit Winnie Markus und Freunden zum Tanzen aus, und sie glaubte, er wäre der perfekte Ehemann für mich. Nachher kehrten wir noch in die Volle Pulle ein, und Sekely erzählte mir sein Leben und vertraute mir auch seine etwas merkwürdigen Absonderlichkeiten an. »Ich habe ein großes Problem«, sagte er. »Welches Problem?«, fragte ich, wenig interessiert. »Wenn ich Sie jetzt heiraten würde – ich bin zwar ein normaler Mann, der an Frauen interessiert ist ...« Was er mir auseinandersetzte, war, dass er ein besonderes Erlebnis nie verdaut habe. Er hatte einmal eine Beziehung mit einer Frau gehabt, die ihn regelmäßig auspeitschte. Anfangs hatte er an dieser Rolle keinen großen Gefallen gefunden, doch das habe sich in der Zwischenzeit geändert: ihm sei dieses Verlangen nach einer dominanten Partnerin geblieben. Er wolle bestraft werden, in der Ecke stehen, und das waren noch die harmlosesten Vergnügungen, die er durch mich erleben wollte. Dieses extreme Rollenspiel hatte unwägbare Konsequenzen, denn jede meiner Abweisungen wurde in seiner Phantasiewelt zu einer seiner ersehnten Bestrafungen und stachelte seine Leidenschaft nur noch weiter an. Er fiel mir zu Füßen, umschlang meine Fesseln und wollte mein Sklave sein. Je entschiedener ich ihn ablehnte, desto intensiver wurde sein Werben. Er kaufte für mich einen weißen Cadillac und wollte mich um jeden Preis heiraten. Aber weder der Cadillac, den ich nicht annahm, noch ein rührender Brief konnten mich umstimmen.

Er war ein reizender Mann, aber zum Heiraten wahrlich nicht der Richtige für mich. Ich war froh, als er nach einigen Jahren schrieb, er wäre über meine Abweisung endlich hinweggekommen und hätte nun die Tochter einer ehemals berühmten ungarischen Opernsängerin geheiratet. Ich freute mich für ihn über sein Eheglück.

Sehr treue Gäste waren Paul Henckels, der große, etwas exzentrische Charakterkomiker, und seine Ehefrau. Sie wohnten fast halbjährlich in ihrer Suite im Hotel Steinplatz, die anderen Monate verbrachten sie im »Hotel Hugenpoet« im Rheinland. Er konnte einen ganz besonderen hypernervösen, skurrilen Typ darstellen. Es war köstlich, wenn er aus seinen Memoiren »Heiter bis wolkig« vorlas und dabei in den verschiedensten Dialekten sprach. Henckels war wie eine sprudelnde Quelle, wenn er von seinen zahlreichen Erlebnissen als Theater- und Filmschauspieler sprach. Seine Frau Thea, selbst Schauspielerin, hing immer bewundernd an seinen Lippen, als hörte sie seine Geschichten zum ersten Mal.

Paul und Thea Henckels nahmen ihr Dinner abends in ihrer Suite ein. Für den Fall, dass sie während des Tischgesprächs einmal nicht einer Meinung waren, stand ein kleines silbernes Glöckchen auf dem Tisch. Wenn einer von ihnen leicht zu läuten begann, war dies das Zeichen dafür, das heikle Thema zu wechseln, und sofort wurde aus Zwietracht wieder Eintracht. Nachts stellten sie ihre Schuhe zum Putzen vor die Zimmertür. Seine Schuhe standen außen, und ihre fein säuberlich in der Mitte.

Als Wieland Wagner einmal bei uns wohnte, nutzte ich ein Gespräch mit ihm, seinen Mut zu loben, mit völlig kahler Bühne zu arbeiten und allein auf Beleuchtungseffekte zu bauen. Diese Sparsamkeit war sicher auch aus der Not geboren, aber die radikale Abkehr vom Ausstattungspomp, den Hitler für »seinen« Lieblingskomponisten Wagner gewünscht hatte, wirkte stilbildend. Ich werde nie vergessen, wie Wieland Wagner mir diese ästhetische Entscheidung auseinandersetzte, ehe ich sie dann mit eigenen Augen in Bayreuth bewundern konnte.

»Remembering a delightful stay here during the Berliner Festspiele, thank you«, schrieb Thornton Wilder am 22. September 1954 in unser Gästebuch.

Der berühmte amerikanische Schriftsteller kam öfters nach Berlin und wurde einer unserer hoch geschätzten Stammgäste. Er schenkte uns jedes Mal ein Buch mit persönlicher Widmung. Wenn er mir etwas auf das Vorsatzblatt schrieb, schaute er mich verschmitzt an und fragte: »Wem darf ich diesmal das Buch widmen? Frau Zellermayer, Frau Carminas, oder wie heißen Sie diesmal?« Tatsächlich sollte ich noch ein zweites Mal heiraten, aber dazu später mehr.

Zu unseren Stammgästen gehörte auch die Großindustriellen-Familie von Dr. Peter von Siemens und seiner charmanten, klugen und schönen Frau Julia, mit denen wir bis zum heutigen Tage freundschaftlich eng verbunden sind. Beide sind hochmusikalisch und nahmen in ihrer Schallplattenfirma »Deutsche Grammophon«, die zum Siemens-Konzern gehörte, mehrere Konzerte auf, er als Dirigent und sie als hervorragende Pianistin. In ihrer Münchner Wohnung stehen in einem großen Salon zwei wundervolle Konzertflügel, auf denen sie selbst bis vor kurzer Zeit noch bei ihren festlichen und sehr beliebten Hausmusikabenden spielten.

1959 wohnte der italienische Religionsphilosoph Romano Guardini bei uns, der in Berlin Vorlesungen hielt. Er war damals bereits 74 Jahre alt und nicht mehr bei bester Gesundheit. Er benötigte unbedingte Ruhe, auf die Minute genau musste ihm sein Essen aufs Zimmer gebracht werden. Schon bei seiner Ankunft hatte er seine wöchentlichen Menüwünsche und die entsprechenden Uhrzeiten bekannt gegeben. Es klappte alles vorzüglich, wie er es verlangt hatte, und er bedankte sich bei seiner Abreise persönlich für die zuvorkommende Behandlung.

Günther Lüders, der beliebte norddeutsche Schauspieler und feinsinnige Interpret von Ringelnatz, war ein Meister der leisen Töne, auch als Privatmensch. Der Empfang wusste nie, ob er sich im Hotel befand oder auch nicht, denn er bewegte sich fast lautlos, und der Portier sah nur an der An- oder Abwesenheit des Schlüssels, ob der Gast im Hause weilte oder still an ihm vorbei hinausgegangen war. Damit war Lüders unter den Künstlern eher die Ausnahme. Viele wollten unbedingt auf sich aufmerksam machen, veranstalteten viel Wirbel und liebten es vor allem, auf ihre großen Erfolge angesprochen zu werden.

Ein wundervoller und geistreicher Schauspieler war Hubert von Meyerinck, der aus einer preußischen Junkersfamilie stammte. Er legte größten Wert darauf, dass er Hupsi (mit p) genannt wurde. Eines Tages hatte ich ihn zu einer selbstgebackenen Käsetorte eingeladen. Beim ersten Happen kam ich in eine hochnotpeinliche Lage.

Ich hatte beim Backen den Zucker mit Salz verwechselt, und es war mir fast unmöglich, das Tortenstück zu essen. Welch eine Panne! Hupsi hingegen bestand darauf, von dieser missglückten Torte ein zweites Stück zu essen. Ich habe nie erfahren, ob er das nur aus Höflichkeit tat oder ob er nicht bemerkt hatte, dass die Torte vollständig versalzen war.

Mr. Freeman, ein Gast aus England, besuchte das Hotel Steinplatz mehrmals im Jahr, man könnte ihn fast als Stammgast bezeichnen. Er war zu dieser Zeit der international beste Poker- und Black-Jack-Spieler. Freeman fuhr ständig mit der Bremen oder einem anderen Luxusdampfer zwischen Europa und Amerika hin und her, wo er per »Zufall« Bekanntschaft mit reichen Amerikanern schloss. In Wirklichkeit hatte er sich diese schon von Anfang an für seine späteren Pläne ausgesucht. Er führte sich mit besten Manieren ein und warf nach einigen interessanten Gesprächen seinen Köder aus: Ob sie sich während der langen Überfahrt nicht langweilten? Er selber würde sich gern etwas die Zeit vertreiben mit Kartenspielen: Bridge, Poker oder Ecarté. So kamen bald tägliche Partien zustande, und alle waren erfreut, die Zeit so angenehm wie möglich zu verbringen.

Auf diesen Luxuslinern verhielt er sich, als als sei er ein ganz gewöhnlicher Spieler. Manchmal gewann er, meistens ließ er jedoch die anderen gewinnen. Wenn Freeman dann Freundschaften mit seinen Mitspielern geschlossen hatte und in ihre New Yorker Wohnungen eingeladen wurde, hatte er scheinbar unglaubliches Glück beim Spiel. Er zog ihnen nun bei extrem hohen Einsätzen sehr viel Geld aus den Taschen. So bestritt er sein luxuriöses Leben.

Freeman war ein gutaussehender, hochgewachsener, schlanker Herr, der sehr auf seine Gesundheit achtete. Die vielen Damen, die ihm schöne Augen machten, waren leider erfolglos, denn er war mit einer Krankenschwester in London liiert, die er auch sehr viel später, kurz vor seinem Tode, aus Dankbarkeit heiratete.

Meinem Bruder, der damals noch recht jung war, zeigte er einige seiner Tricks, die Heinz total verblüfften. Allerdings muss man wohl dazu geboren sein, eine solche Geschicklichkeit zu entwickeln und sie dann auch noch mit der nötigen Kaltblütigkeit anzuwenden.

Er war ein sehr gebildeter Mann und erzählte mit seiner charmanten Ausdrucksweise herrliche Anekdoten über sein wechselvolles Spielerleben. Wir freuten uns immer, wenn er von einer seiner großen Reisen ins Hotel Steinplatz zurückkam, auf seine neuen, außergewöhnlichen Erlebnisse und liebten ihn alle sehr.

Bei meinem Bruder Heinz hatte Mr. Freeman ohnehin einen Stein im Brett, denn der hatte ihn einmal aus dem Gefängnis »befreit«. Das kam so: Als Elfjähriger war Heinz – offensichtlich hatte er diesen Tag von langer Hand vorbereitet – bei einem Schulausflug in den Grunewald ausgerückt. Gemeinsam mit einem Freund hatte er sein Sparschwein und das von Achim geplündert, um über die »grüne Grenze« zu fliehen. Heinz träumte von Argentinien, einem Leben unter »Gauchos«. Was uns damals wie ein romantischer Dummer-Jungen-Streich vorkam, hatte jedoch tiefergehende Gründe, über die ich später noch sprechen werde. Jedenfalls landeten die beiden Abenteurer nicht in der Neuen Welt, sondern im Spreewald, weil da unsere Anna herkam.

Meine Eltern waren damals in Nizza im Urlaub, Achim und ich saßen mit unserer Tante bei Tisch, es gab die von mir geliebte Seezunge. Wir wunderten uns, dass mein Bruder nicht von der Schule zurückkam, bis wir von seinem Lehrer erfuhren, dass er bei dem Ausflug spurlos verschwunden war. Es herrschte helle Aufregung, und man gab eine Vermisstenanzeige auf, die Polizeiaufrufe wurden auch über das Radio verbreitet, was wir bis in die Nacht verfolgten. Ich erinnere mich noch, wie wir mit Kopfhörern vor dem Radiogerät saßen und lauschten.

Ein Schuhputzer, der die Personenbeschreibung im Radio gehört hatte, glaubte, die beiden Jungen in Cottbus auf der Straße wiedererkannt zu haben. Er sprach sie an, und sie reagierten sofort hektisch und verhedderten sich in Ausflüchte. Der Schuhputzer hielt die beiden fest und übergab die »Ausbrecher« der Polizei. Heinz und sein Freund wurden in Gewahrsam genommen und in die Zelle gesteckt. Aber ein Gefängniswärter entpuppte sich als Bruder von unserer Spreewald-Anna: Er steckte den Jungen Verpflegung zu und sagte seiner Schwester in Berlin Bescheid.

Mr. Freeman, der im Hotel von der abenteuerlichen Flucht und der Festnahme in Cottbus gehört hatte, trat sofort auf die Straße und hielt ein Taxi an. Der Taxifahrer fragte, wo es hingehen solle: »Nach Cottbus!« Der Fahrer glaubte, sich verhört zu haben, und weigerte sich, Mr. Freeman mitzunehmen. »Machen Sie sich keine Sorgen, Sie werden keine Leerfahrt haben«, sagte Mr. Freeman, »ich fahre hin und zurück, und ich bezahle im Voraus.« Daraufhin willigte der Taxichauffeur ein.

Unterdessen erfuhren wir jedoch per Telefon, dass mein Bruder sich nicht einfach so abholen lassen wollte. Er stellte drei Forderungen:

»Komme zurück, nur wenn ich 1. ein Fahrrad bekomme, 2. keine Keile mehr und 3. kein Nachhilfeunterricht mehr«, lautete seine Nachricht.

Trotzdem kam er mit Mr. Freeman im Taxi zurück. Aber aus dem Fahrrad wurde nichts, im Gegenteil: Mein Bruder musste die Taxirechnung von seinem Taschengeld abstottern. Meine Eltern hatten allerdings begriffen, dass sie wohl zu hart mit ihm umgegangen waren, vor allem meine Mutter, die in Heinz immer ihren ganzen Ehrgeiz gesteckt hatte. Meine Eltern stellten nicht mehr so hohe Ansprüche an seine schulischen Leistungen und erlaubten schließlich, dass er auf das Internat in Bad Godesberg wechselte, worüber mein Bruder überglücklich war.

Die junge ungarische Filmschauspielerin Vera Schwartz wohnte mit ihrer Mutter bei uns. Die Mutter war vielleicht nur 18 Jahre älter und hatte mehr Sex-Appeal als die Tochter. Sie gingen oft aus und tauschten gern die Kleider miteinander. Vera war für eine kleine Filmrolle vorgesehen. Immer beschwerten sich ihr Agent und der Filmproduzent über ihr Make-up. Sie sollte zwei verschiedene Lippenstifte auftragen, für die Oberlippe einen helleren Ton als für die Unterlippe. Es hieß, sie würde dann interessanter und reizvoller aussehen. Sie wollte dies aber nicht tun, und so übernahm kurzerhand die Mutter die Rolle. Sie ließ sich nach den Wünschen des Produzenten schminken und drehte die restlichen Szenen ab. So hat die Mutter ihre Tochter »gedoubelt«, ohne dass das Filmpublikum es merkte.

Wegen der Kavaliere hatten sie immer Streit, denn sie wollten sich untereinander ausstechen. Schließlich gelang es der Mutter, eine weitere Partie in einem anderen Film zu bekommen. Die Tochter reiste ab und brannte mit einem Likörfabrikanten durch, der sie dann heiratete und ihr ein glanzvolles Leben bot.

Die erfolgreiche Drehbuchautorin Thea von Harbou (»Metropolis«, »Der Tiger von Eschnapur«, »Das indische Grabmal«) dürfte in der Filmbranche bis zum heutigen Tage bekannt sein. Vor der Machtergreifung durch die Nazis war sie mit Fritz Lang verheiratet, für den sie alle Drehbücher schrieb. Doch sie arbeitete nicht allein für ihn, sondern auch für Murnau und andere bedeutende Filmkünstler. Sie blieb wochenlang, ja manchmal sogar mehrere Monate bei uns in einer großen, gemütlichen Suite. Sie hatte eine besondere Eigenart: Fast nie verließ sie das Bett. Scherzend sagte sie zu mir, sie ginge schwanger mit einem neuen Drehbuch, und bis dieses Kind als Film zur Welt käme, müsse sie im Bett bleiben und es austragen. In der Tat schrieb sie wohl ihre meisten Drehbücher bei uns liegend in einem französischen Bett, wo sie auch ihre Mahlzeiten einnahm. Thea von Harbou war eine äußerst widersprüchliche Persönlichkeit. Wie viele andere Künstler, die sich entschlossen, in Nazideutschland zu bleiben, ließ sie sich auf Propagandaprojekte ein und trat 1940 sogar der NSDAP bei. Der Film war ihr Schicksal, bis zuletzt: Sie starb 1954 an den Folgen eines Sturzes, den sie sich beim Verlassen eines Kinos zugezogen hatte.

Unser Barkeeper Karlchen in der Vollen Pulle hatte einen Cocktail nach dem Krupp-Manager Berthold Beitz benannt: den BB-Cocktail. Eines Tages waren Gunter Sachs und Brigitte Bardot in der Vollen Pulle zu Gast. Der Playboy und die Schauspielerin hatten gerade geheiratet. Karlchen machte Gunter Sachs darauf aufmerksam, dass es bei ihm an der Bar einen BB-Cocktail gäbe. Der frisch gebackene Ehemann war sichtlich beeindruckt, denn er dachte, das Getränk wäre nach seiner Liebsten benannt. Natürlich ließen ihn alle in dem Glauben.

Marcel Marceau, der berühmteste Pantomime der Welt, wohnte während seiner Berliner Gastspiele immer in unserem Hotel. Er schloss Freundschaft mit meinem Bruder Achim, und wenn unsere Töchter Ariana und Andrea dabei waren, so spielte er für sie eine neue Variation seines »Monsieur Bip«, was wirklich faszinierend war. Er konnte aus jeder kleinsten Begebenheit sofort eine ganze Geschichte improvisieren und bezauberte uns Große wie auch die Kleinen vollständig. Immer erbaten sie noch eine weitere Geschichte, bis er lachend fand, nun ginge es nicht mehr, denn er hatte ja am Abend seine Vorstellung.

Die Filmschauspielerin Winnie Markus rief mich einmal aus München an und sagte: »Der Barli hat Geburtstag!« So nannte sie Boleslaw Barlog, den ehemaligen Generalintendanten der Staatlichen Schauspielbühnen Berlins. Ich versprach ihr, ihm in ihrem Auftrag eine Dose Kaviar und eine gute Flasche Rotwein zu bringen. Mit den Geschenken fuhr ich zu seiner Villa und wurde von Barlogs reizender Frau Herta empfangen. Sie bat mich darum, ihn auch selbst zu begrüßen, obwohl er zu der Zeit schon sehr alt war und bettlägerig. Ich betrat sein Zimmer mit gemischten Gefühlen, weil ich nicht wusste, in welcher Verfassung ich ihn vorfinden würde. Er hatte die Bettdecke hochgezogen bis unters Kinn. Nur der Kopf und die beiden Hände sahen heraus. Er ergriff meine Hand, küsste sie und freute sich wahnsinnig darüber, dass Winnie Markus noch an ihn dachte. »Sonst haben mich doch alle vergessen. Ich liege hier ganz allein«, meinte er und äußerte eine Bitte: »Zu den wenigen Dingen, die mir noch große Freude bereiten, gehört das Sammeln von exotischen Briefmarken. Sie haben doch so viele Kontakte in aller Welt. Könnten Sie vielleicht hin und wieder an mich denken, wenn Sie ein paar schöne Marken bekommen?« Den Wunsch habe ich ihm natürlich gern erfüllt. Leider blieb dieser Geburtstagsbesuch meine letzte persönliche Begegnung mit ihm vor seinem Tod.

Ende der sechziger Jahre besuchte die Peking-Oper für zwei Monate Berlin, ein wahrer Glücksfall für unser Hotel Steinplatz. Schon ein Jahr im Voraus wurde ein großes Zimmerkontingent reserviert und bezahlt. Das ganze Haus stand zum Zeitpunkt des Gastspiels ausschließlich der Peking-Oper zur Verfügung, und aus Sicherheitsgründen durften keine anderen Gäste aufgenommen werden. Nicht nur das komplette Ensemble zog bei uns ein, sondern auch ein riesiger Tross an Sicherheitsbeamten, politischen Funktionären, chinesischen Presseleuten, Dolmetschern, Trainern, Masseuren. Überdies eine chinesische Küchenbrigade für die Verpflegung der Künstler mit ihren heimischen Spezialitäten.

Es herrschte ein ungeheurer Trubel, natürlich verstand kein Ensemblemitglied eine andere Sprache als Chinesisch. Und so wurden für Fahrstuhl, Ausgänge, Restaurant und Toiletten Wegweiser in chinesischer Sprache aufgestellt. In unseren langen Korridoren, die eine Höhe von vier Meter zwanzig hatten, machten die Artisten ihre halsbrecherischen Salti und artistischen Sprünge. Sowohl das regelmäßige Training wie die Aufwärmphase vor den Vorstellungen wurden in den Hotelfluren absolviert.

In den Gesellschaftsräumen waren sehr lange Tische aufgestellt, da alle gemeinsam ihr Essen einnahmen, was allerdings oft zu ungewöhnlichen Zeiten geschah. Vor den Aufführungen konnte das Künstlerensemble nichts essen, erst nach dem Ende der Vorstellungen wurde ausgiebig getafelt. Auf den Tischen standen die typischen großen Drehteller, auf denen die unterschiedlichen Speisen standen. Diese wurden ständig durch neue Gerichte ergänzt. Die ganze Familie Zellermayer, die auf Einladung oft an diesen Essen teilnahm, begann bald ebenfalls mit Stäbchen zu essen. Wie in China üblich, gab es mindestens elf Gerichte zum Reis, eine Suppe am Ende, Tee und Süßigkeiten. Als Getränke wurde neben Wasser auch Pflaumenwein, Sake und Bier angeboten, aber die Künstler tranken keinen Alkohol. Sie waren sehr bescheiden und glücklich über ihre Berliner Vorstellungen, wo sie mit Ovationen und Beifallsstürmen überschüttet wurden.

Die Peking-Oper hat mit dem, was man bei uns unter einer Oper versteht, eigentlich nichts zu tun. Die Musik erklang auf für uns seltsamen und unbekannten Instrumenten, die von einigen fremdartigen, dünnen Frauenstimmen begleitet wurden. Dieses Ensemble war genau genommen ein artistischer Zirkus. Die Künstler zeigten akrobatische Verrenkungen und unglaubliche Salti und Sprünge über hohe Mauern. Natürlich wurden auch Tänze präsentiert, zum Beispiel der lange chinesische Löwe, den neunundzwanzig Tänzer vorführten. Vom Kopf bis zum Schweif reichte eine lange Löwenhaut, die über die Köpfe der Tänzer gezogen wurde. Dieser Löwe tanzte und sprang, was den Akrobaten viel Geschick und Koordination abverlangte.

Als das Gastspiel zu Ende war, hatten wir einige Worte auf Chinesisch gelernt, darunter »Ni hau« (Guten Tag) und »tzai chen« (Auf Wiedersehen), und wir wurden mit entzückenden Seidentüchern beschenkt, mit denen wir winken sollten. Wir revanchierten uns mit kleinen Berliner Bären aus Porzellan.

Artur Brauner – oder Atze, wie ihn seine Freunde nennen – ist eine Seele von Mensch, und das Beste an ihm ist seine wunderbare Ehefrau Maria, wie er selbst zugibt. Auch nach fünfzig Jahren Ehe stellt er sie noch immer schelmisch lächelnd vor: »Kennst du eigentlich meine neue Verlobte?« Es vergeht kaum ein Tag, an dem dieser quirlige Filmmogul privat zu Hause sein kann. Wo eine wichtige Eröffnung stattfindet, ein Event, zu dem sich tout Berlin trifft, ist er dabei. Die unerhörte Energie und unerschöpfliche Lebenskraft, die er ausstrahlt, reißen bei solchen Gelegenheiten alle Anwesenden mit. Wenn er mit einer russischen Kapelle singt, erreicht die Stimmung ihren Höhepunkt. Dann bricht ein übermütiges Tanzfieber aus, das er leidenschaftlich befeuert.

Der Herr der Sperrstunde

Am 18. Juni 1948 meldete der Rundfunk, in Kürze sei mit einer wichtigen Durchsage zu rechnen. Um 20 Uhr folgte die Nachricht, dass am Sonntag, dem 20. Juni 1948 die Währungsreform durchgeführt und in den Westsektoren die D-Mark eingeführt werden würde. »Zunächst einmal ist das Wichtigste, dass Sie diesen Sonntag sechzig Mark alten Geldes für jedes Mitglied Ihrer Familie zur Lebensmittelkartenstelle bringen. Dort erhalten Sie unmittelbar vierzig neue Deutsche Mark. Weitere zwanzig werden Sie ungefähr in einem Monat von den gleichen Stellen erhalten. Zwischen Montag und Freitag der kommenden Woche müssen alle weiteren Altgeldbeträge bei den Banken abgeliefert und Bank- und Sparguthaben angemeldet werden. Bevor nicht jeder sein Geld abgeliefert oder angemeldet hat, wird niemand erfahren, wie diese Gelder und Guthaben behandelt werden, damit keinerlei unrechtmäßige Manipulationen möglich sind.«

Das Thema hatte zwar lange in der Luft gelegen, auch das »Neue Deutschland« hatte im Januar die geheimen Banknotentransporte aus den USA angeprangert, aber wir waren trotzdem nicht darauf vorbereitet. Am 19. Juni konnte man für die alte Währung nichts mehr kaufen. Die Läden machten zum Teil nicht einmal auf. In der Nacht darauf tauchten aber wie von Zauberhand in den Geschäften lang entbehrte Waren auf. In den Schaufenstern schillerte plötzlich eine prachtvolle Fülle von Damenkleidern, Hüten, Garnen, Pelzen, Wurstwaren, Gebäck, Werkzeug, Schreibpapier usw. Plötzlich wurde klar, dass Deutschland nicht so arm war wie vermutet, und damit war der Sinn der Währungsreform allen Deutschen vor Augen geführt: Das Lahmen der deutschen Wirtschaft lag nicht nur an den Zerstörungen durch den Krieg. Denn unter den Trümmern und Schuttbergen standen viele Maschinen unversehrt. Es ging viel schneller, die Bänder wieder laufen zu lassen, als die Gebäude aufzubauen. Aber da ein Großteil der Waren nur über Bezugsschein erhältlich war, Lebensmittel nur per Karten verteilt werden durften, war immer mehr Geld in den Schwarzen Markt geflossen.

Hitler hatte zügellos Banknoten drucken lassen. 1935 waren fünf Milliarden Reichsmark im Umlauf gewesen, bei Kriegsende waren es fünfzig Milliarden. Und niemand hatte mehr Vertrauen in dieses inflationär zirkulierende Geld. Statt dafür zu arbeiten oder wertvolle Güter zu verkaufen, hortete man lieber. Man unterschlug Kohlen oder Lebensmittel, tauschte fleißig auf dem Schwarzen Markt, versuchte sich irgendwie eine von den zahllosen Sonderzuteilungen zu ergattern. Der Inhalt eines einzigen Carepakets (Kostenpunkt für den amerikanischen Spender: zehn Dollar), war auf dem Schwarzmarkt etwa siebentausend Reichsmark wert. Deshalb brauchte Deutschland Geld mit einem realen Wert, aber bei diesem heiklen Thema stellten die Sowjets sich quer. Sie wollten nicht akzeptieren, dass in den USA gedruckte Banknoten zur einzigen Währung für alle vier Sektoren würden. Die USA wiederum trauten den Sowjets nicht über den Weg und wollten nicht, dass diese ein eigenes Banknoten-Kontingent druckten und in Umlauf brachten. Die Folge war, dass ab Dezember 1947 heimlich 23 000 Holzkisten aus den USA nach Deutschland transportiert wurden. Der Inhalt: Deutsche Mark, die zu einem Kurs von 1:10 an die Stelle der alten Währung treten sollte.

Vier Tage später kam die Antwort der sowjetischen Militärverwaltung:

»– Der Passagierzugverkehr sowohl aus der sowjetischen Besatzungszone heraus als auch zurück wird eingestellt.

– Die Einreise in die sowjetische Besatzungszone wird für alle Arten des Gespann- und Kraftwagenverkehrs aus den westlichen Zonen einschließlich des Verkehrs auf der Autobahn Helmstedt–Berlin gesperrt.

– Der Durchlass von Fußgängern aus den westliche n Zonen in die sowjetische Besatzungszone Deutschlands mit Interzonenpässen der westlichen Zonen über die Kontrollpassierstellen an der Demarkationslinie wird eingestellt.«

West-Berlin war de facto abgeriegelt. Die überraschend verhängte Blockade stürzte uns nach dem ersten Schock in eine verzweifelte Situation. Der gerade erst langsam in Schwung gekommene Hotelbetrieb drohte erneut zu erliegen. Unsere Existenz war aufs Neue gefährdet. Und genau das war von der russischen Besatzungsmacht beabsichtigt: Sie wollte West-Berlin ausbluten lassen.

In Ost-Berlin herrschte große Unruhe, und täglich kamen Tausende von Familien mit Sack und Pack mit der U-Bahn nach West-Berlin, um dort ein neues Leben aufzubauen. Ostdeutschland drohte die wichtigsten Arbeitskräfte und einen Großteil der Bevölkerung zu verlieren.

Es herrschte zuerst Ratlosigkeit in West-Berlin. Wie man heute weiß, gab es militärische Pläne für den Kriegsfall, aber auch für einen Rückzug der Westalliierten aus Berlin. Zum Glück kam es nicht dazu.

Als der Befehl der Sowjetischen Militärverwaltung zur Abriegelung West-Berlins in Kraft trat, drohte eine Massenhungersnot. Die Lebensmittelvorräte reichten für 36, unsere Kohlenvorräte für 45 Tage. Was sich danach abspielte, war eine logistische Meisterleistung, die inzwischen legendär ist. Für die Luftbrücke wurden Piloten in Montana auf speziell eingerichteten Luftkorridoren, die den deutschen glichen, ausgebildet. Sie lernten, im Minutentakt, bei jeder Wetterlage, immer nach dem gleichen Schema in einem fast ununterbrochenen Strom zu fliegen. 20 000 Berliner legten mit Bauschutt in Handarbeit neue Rollbahnen an, bauten in Tegel sogar einen neuen Flughafen. Täglich wurden mit unzähligen Flügen die notwendigen Lebensmittel nach Berlin eingeflogen.

Rund 57000 Menschen arbeiteten an diesem gigantischen Unternehmen, mindestens 79 davon – Briten, Amerikaner und Deutsche – verloren ihr Leben.

West-Berlin litt großen Mangel und war trotzdem von Herzen dankbar für das schier übermenschliche und großzügige Unternehmen, dem sich auch die Engländer und Franzosen in beispiellosem Einsatz anschlossen. Die Berliner Kinder nannten diese wunderbaren Maschinen »Rosinenbomber«, da die Piloten in manchen Stadtteilen Süßigkeiten für die Kleinen abwarfen.

Einer dieser unerschrockenen, mutigen Flieger war Captain Jack Bennet. Er war 1914 in Pennsylvania geboren, hatte vor dem Krieg in Deutschland studiert und danach in Berlin eine zivile Luftgesellschaft gegründet. Keiner flog mehr Einsätze als er. »Es war die befriedigendste Aufgabe, die ich jemals gehabt habe«, schrieb er in seinen Erinnerungen. Bennet blieb auch nach seiner Pensionierung in Berlin, und im Kreise seiner Freunde, zu denen wir zählten, wurde er immer begeistert gefeiert. Er war ein Original, ständig von charmanten Damen umgeben und fand in der wunderbaren, liebenswerten Stewardess Marianne die Frau seines Lebens. Seine zahlreichen Kinder aus mehreren Verbindungen zog sie liebevoll als Mutterersatz auf.

Für uns ging das Jahr 1948 schleppend vorüber. Wir hatten uns beinahe abgefunden mit der verhängnisvollen Situation und versuchten mit unseren zahlreichen Freunden, ein gesellschaftliches Leben aufrechtzuerhalten. Heinz hatte sich ein Kajüt-Segelboot angeschafft, es lag bei Schwanenwerder, und dort verbrachte die ganze Familie den Sommer. Wir fühlten uns sehr wohl an der frischen, herrlichen Wannseeluft.

Im Winter begannen die Heizprobleme und die grauenvolle Dunkelheit. Das »Winternotprogramm« sah nur noch zwei Stunden Tag- und zwei Stunden Nachtstrom vor, es gab fast kein Gas, nach achtzehn Uhr keine öffentlichen Verkehrsmittel mehr. Hinzu kamen die ständigen Drohgebärden zwischen Ost und West, West-Zeitungen durften im Osten nicht mehr erscheinen und umgekehrt, manchmal gingen Panzer an den Checkpoints in Stellung. Dieser Winter war einfach entsetzlich, es war ein echter Kriegswinter, der Auftakt zum »Kalten Krieg«. Und kalt war er vor allem für die Berliner. Es war eiskalt in den Häusern, und zur Beleuchtung musste man sich mit den sogenannten Petromaxen behelfen, alten Petroleumlampen, die man mit einer Handpumpe erst auf zwei Bar Druck aufpumpen musste, damit sie ihr grelles Licht abgaben. Obwohl die Lampen relativ wenig Brennstoff verbrauchten, musste man auch das Petroleum, das nur auf Marken ausgeteilt wurde, äußerst sparsam verwenden. Mit der Reichsmark hatte Ludwig Erhard auch die Zwangswirtschaft beseitigen wollen, doch jetzt musste man schon wieder alles Lebenswichtige auf Marken beziehen!

Heinz hatte sich im Hotel Steinplatz eine schöne Wohnung mit zwei großen Räumen ausgebaut. Einer wurde sein Schlafzimmer mit Bad und der andere ein luxuriöser Salon mit Bibliothek und Gobelin. So hatte er ein sehr angenehmes Ambiente und konnte seine Freunde und besonders liebe Gäste des Hotels großzügig einladen. Yehudi Menuhin kam nach seiner Probe zum Abendessen zu Heinz und legte seine kostbare Stradivari, die in einem samtgepolsterten Violinkasten ruhte, auf das Bett, sie sollte weich und warm liegen. Er erzählte uns von der Probe, die im »Titaniapalast« unter Wilhelm Furtwängler stattgefunden hatte. Beim darauffolgenden Konzert waren wir alle natürlich dabei und erinnerten uns an seine Bemerkung, es sei so schwierig, den Einsatz von Furtwängler zu erkennen, weil er vorher besondere Bewegungen vollführte. Doch damit erzielte der Dirigent einen unglaublich konzentrierten Beginn.

1946 war ich aus Rottach nach Berlin zurückgekehrt, um meinem Bruder Heinz beim Wiederaufbau des Hotels zu helfen, während Achim und unsere Mutter erst 1949 wieder nach Berlin zogen. Mein Ehemann und ich hatten uns inzwischen getrennt. Wir sahen keine gemeinsame Zukunft für uns. Nasso zog es zurück zu seiner Familie, die im ägyptischen Alexandria lebte. Die Zeit war sehr schwierig, Nasso Caraminas konnte sich in Deutschland keine Existenz aufbauen, ich konnte zwar etwas Griechisch, aber nicht Arabisch. Mir fehlte der Mut, einen derart entscheidenden Schritt in eine mir so fremde Welt zu tun. Wir trennten uns in bester Freundschaft, die bis zu seinem Lebensende hielt.

Ich bewohnte den kleineren Teil unserer früheren elterlichen Wohnung im Parterre, das Schlafzimmer meiner Eltern mit dem unzerstört gebliebenen roten Marmorbad und den kleinen gelben Salon. Später wurden für Achim und mich im Dachgeschoss, wo früher die Hotel-Wäscherei war, zwei wunderbare Wohnungen ausgebaut. Ich kümmerte mich um den Empfang und bediente das Telefon, denn es lohnte sich noch nicht, eine Telefonistin einzustellen, und die große Telefonanlage existierte nicht mehr.

Es war der triste Blockade-Winter 1948. Weihnachten stand vor der Tür, Heinz und Winnie waren schon zu Mama und Achim nach Bayern geflogen. Winnie war in München in einem Theaterstück engagiert, und Heinz konnte eine Sonder-A-Genehmigung für den Flug bekommen. Auch ich bekam die Genehmigung A, da ich durch meine Heirat Griechin geworden war und damit zu den Alliierten zählte. Ich ging also in eine von den Briten eingerichtete Sammelstelle an den Theodor-Heuss-Platz und zog eine Wartenummer. Hunderte von Leuten saßen dort und warteten auf den Bustransfer zum Flughafen Gatow, aber ich dachte, mit meiner A-Genehmigung käme ich als Erste dran. Doch dem war nicht so. Denn fast alle hatten die A-Genehmigung. Nach zwei Tagen war es endlich soweit: Ich durfte in den Bus einsteigen. Doch als ich in Gatow ankam, saßen da all die Leute, die vorher mit mir am Theodor-Heuss-Platz gewartet hatten. Die Wetterverhältnisse waren so schlecht, dass die Piloten keine Zivilisten mitnehmen wollten. Ich gab auf und kehrte um. Es war zwei Uhr nachts, als ich anfing, gegen die Tür des verlassenen Hotels zu hämmern. Schließlich kam der Diener Franz schlaftrunken an die Tür und glaubte seinen Augen nicht zu trauen. »Gnädige Frau, warum sind Sie nach drei Tagen schon wieder zurückgekommen?«, fragte er.

»Ach Franz, ich bin gar nicht weg gewesen«, antwortete ich.

Mir stand also ein einsames Weihnachtsfest mit dem Diener Franz bevor, dann nahte Silvester. Ich saß mutterseelenallein im Empfang des Hotels und wusste nicht, was ich zum Jahreswechsel unternehmen sollte.

Es waren wieder einmal keine Gäste im Hotel, und auch im Restaurant lagen, trotz intensiver Vorbereitungen für eine schöne Silvesterfeier, keine Reservierungen vor. Die Berliner waren nicht in der Stimmung zu feiern und groß auszugehen. Man traf sich lieber bei Freunden und brachte zum Essen etwas mit. Das war eine schlimme Zeit für Hotel und Restaurant, aber gleichwohl musste der Service in Küche und Restaurant bestens vorbereitet sein. Ein vorzügliches Menü war bei uns vorgesehen.

Ein guter Freund von mir, Kammersänger Michael Bohnen, der auch für kurze Zeit als Generalintendant der Städtischen Oper Berlin fungierte, rief an und war erstaunt, mich in Berlin zu finden. Er glaubte mich gemeinsam mit der ganzen Familie in Rottach. Erfreut schlug er mir vor, ich solle mich seinem Freundeskreise anschließen. Er würde im Opernkeller des Theaters des Westens mit einigen Künstlern zusammen sein und wäre sehr glücklich über meine Gesellschaft. Ich wusste ja, wie sehr er mich verehrte. Auf die Rückseite eines Bildes, das er gemalt hatte und das mich überallhin begleitet hat – es war eine Kopie von Honoré Daumiers »Don Quixote« –, hatte Bohnen geschrieben: »Für Ilse Caraminas in tiefster Verehrung von Michael Bohnen.« Heute wird sein Ehrengrab von der Stadt Berlin gepflegt. Bohnen war ein besonders schöner Mann, ein herrlicher dramatischer Bass-Bariton und feierte Triumphe in Deutschland wie auch in den USA, wo er regelmäßig einige Monate engagiert war. Seine große Liebe war die bildschöne junge Tänzerin La Jana gewesen, die einen knabenhaften Körper besaß und fast nackt auftrat. Ihr Tanz war weder technisch noch ausdrucksmäßig überragend, aber ihre Schönheit überstrahlte alles. Auch war sie nicht sehr intelligent, aber äußerst warmherzig. In Wahrheit hieß sie Henny Hiebel, La Jana war ihr Künstlername. Bohnen war maßlos eifersüchtig, er glaubte, dass sie ihn mit Kronprinz Wilhelm betrog, was wohl richtig war, und warf sie in einem Tobsuchtsanfall aus seiner Wohnung. Sie lebte dann mit einem anderen Sänger zusammen, aber ihre wahre Liebe galt Michael Bohnen. In einer kalten Winternacht vor dem Krieg rief sie ihn einmal aus einer Telefonzelle an und sagte – wie er es mir später beschrieb –: »Michi, ich habe mich auf der letzten Tournee wohl sehr erkältet, ich glaube, ich habe eine Lungenentzündung und gehe jetzt besser ins Krankenhaus.« Tatsächlich wurde sie Opfer einer Grippeepidemie, die damals in Berlin grassierte, drei Tage später starb sie.

Ich sagte Michael Bohnen mit Vergnügen zu, an seiner Silvesterfeier teilzunehmen. Ich war sehr oft mit ihm zusammen, und durch viele intensive Gespräche sind wir einander nähergekommen. Er wollte mich unterrichten, war aber manchmal sehr ungeduldig. Einmal sagte er: »Du singst heute wie ein Engel.« Zwei Tage später war er verärgert über eine Kleinigkeit und fand, ich wäre heute miserabel. Das waren seine typischen unvorhersehbaren Temperamentsausbrüche, die man nicht allzu ernst nehmen durfte. Er war eben ein großer Künstler und durfte sich Launen und Unzufriedenheit leisten. Ich bewunderte ihn trotzdem, und jede Minute, die ich mit ihm verbrachte, war eine Bereicherung.

Also hatte ich für den Abend eine schöne Einladung und freute mich darauf. Es sollte aber alles anders kommen. Wieder fiel mir das Restaurant ein, immer noch waren keine Reservierungen erfolgt, was sollte ich nur unternehmen? In diesem Augenblick fuhr ein schwarzer Cadillac vor, und ein Amerikaner betrat kurz darauf unser Hotel. Mr. Jim Phelps aus Texas wünschte, für ein paar Tage eine schöne Suite zu mieten, denn er wollte endlich einmal über die Feiertage Berlin kennenlernen.

Ich überlegte blitzschnell: Wie und wo sollte ich eine Suite herzaubern? Den Gast durfte ich nicht fortlassen, denn wir brauchten die Einnahmen dringend. Es kam nur meine Wohnung in Frage, eine andere Suite hatten wir zu diesem Zeitpunkt nicht.

»Könnten Sie bitte eine Stunde warten? Die Suite ist noch nicht fertig, weil die vorigen Gäste gerade erst ausgecheckt haben«, sagte ich auf Englisch. Mr. Phelps war einverstanden. Er wollte sich den Kurfürstendamm ansehen und dann zurückkommen. Der Diener Franz und das einzige Zimmermädchen, das wir über die Feiertage behalten hatten, halfen mir, meine Wohnung in Windeseile in eine elegante Hotelsuite umzuwandeln. Alle meine persönlichen Sachen mussten hinaus. Die sogenannte Suite musste schnellstens zurechtgemacht und mit frischer Wäsche versehen werden.

Innerhalb einer Stunde war alles perfekt. Die »Suite« zeigte sich in behaglicher, bester Form. Wir hatten noch einen schönen Blumenstrauß besorgt, der für eine warme und gemütliche Atmosphäre sorgte. Und da mein Bruder Heinz mit seiner Frau Winnie in Bayern war, konnte ich in sein Apartment im Hochparterre einziehen.

Mr. Phelps war mit der Suite sehr zufrieden und auch mit dem Preis, den ich natürlich erfinden musste. Nun wollte er gern wissen, wo er die Silvesternacht mit einem schönen Diner beginnen könnte. Leider hatte sich für das Restaurant noch immer kein Gast angemeldet, obwohl der Küchenchef alles vorbereitet hatte.

»Ich könnte Ihnen unser vorzügliches Restaurant empfehlen. Allerdings müsste ich einen Tisch reservieren lassen, denn es scheint fast ausgebucht zu sein von einer größeren Gruppe«, sagte ich mit liebenswürdigem Lächeln.

»Ja, bitte reservieren Sie mir einen Tisch, aber darf ich Sie bitten, bei diesem Diner mein Gast zu sein?«, sagte der Amerikaner.

»Es gibt ein kleines Problem, denn ich habe mich bereits im Opernkeller mit Freunden verabredet«, antwortete ich, »aber vielleicht kann ich zum Essen bleiben und dann anschließend zu meinem Treffen gehen. Ich werde sogleich versuchen, einen Tisch für zwei Personen in unserem Restaurant reservieren zu lassen. Wir treffen uns also um 20 Uhr in der Halle.« Mr. Jim Phelps sagte darauf nur: »Wonderful!«

Zuerst informierte ich den bis jetzt ganz überflüssigen Koch, der schon glaubte, er könnte nach Hause gehen. Ich besprach mit dem Küchenchef die Reihenfolge des Gala-Menüs. Dann erörterte ich mit dem Oberkellner die passenden Weine. Alle Tische mussten festlich mit Kerzen, Tannenzweigen und Kugeln gedeckt werden. Ein großer Tisch für fünfzehn Personen musste den Eindruck erwecken, dass auch andere Gäste erwartet wurden. Ich besprach die Vorgehensweise mit dem Maître des Restaurants. Er sollte voller Verzweiflung sagen, dass die große Gruppe leider soeben abgesagt hätte und er hoffte, dass wir trotzdem das exquisite Gala-Menü einnehmen würden.

Ich freute mich auf das Diner und zog ein elegantes Kleid an, schminkte mich sorgfältig, wählte passenden Schmuck und ging hinunter in die Halle, wo mich Mr. Phelps im *black tie* bereits erwartete. Ich konnte ihm ansehen, wie überrascht er war, mich nun vollständig anders gekleidet zu sehen als vorher an der Rezeption. Er sah im Smoking sehr gut aus, und wir machten einander vergnügt Komplimente, um in die richtige Stimmung zu kommen. Wir bestellten eisgekühlten Champagner beim hilfsbereiten Franz, der uns aushilfsweise in der Halle bediente. Das war der gelungene Einstieg für eine amüsante Silvesterparty, die mich alle Depressionen vergessen ließ.

Wir wurden bald vom Oberkellner in das von Kerzen erleuchtete Restaurant gebeten, welches natürlich leer war. Der Ober sagte wie verabredet: »Madame, denken Sie nur, soeben hat die ganze Gruppe, für die wir anderen Gäste absagen mussten, ihre Bestellung storniert. Sie wollen dafür morgen kommen.«

»Das ist ja furchtbar, so werden wir wohl ganz allein essen müssen«, antwortete ich. Mr. Phelps, den dies offensichtlich ganz und gar nicht störte, meinte, er fände es sogar viel schöner, mit mir allein zu sein. Und so verlief der Abend mit uns zwei einsamen Gästen erfolgreich und bei bester Laune.

Die Reihenfolge des Silvester-Menüs war:

Kaviar mit Kartoffelpüfferchen
Russischer Wodka
Consommée Marcelle Rhana und geeignete Weine
Hummer Thermidor
Champagner-Sorbet
Poularde Souvaroff
Pochierter Mandarinenschaum
Champagner
Kaffee Khan

Es schmeckte wirklich köstlich! Ich hatte vorher kaum etwas gegessen und so etwas Delikates schon gar nicht. Das Diner dauerte etwa drei Stunden, und wir unterhielten uns äußerst angeregt. Phelps berichtete, er habe bei der amerikanischen Besatzungsmacht eine hohe Position als *chief lawyer* inne, also als Staatsanwalt in Prozessen gegen amerikanische Soldaten und Offiziere, die straffällig geworden waren. (Dies sollte mir später noch einmal aus einer äußerst heiklen Situation helfen.)

Die Zeit verging wie im Fluge, und als ich auf die Uhr schaute, erschrak ich: Michael Bohnen erwartete mich im Opernkeller! Es war schon kurz vor Mitternacht. Also bedankte ich mich herzlich bei Mr. Phelps für das herrliche Essen und sagte, für mich sei allerhöchste Zeit aufzubrechen. Ich hatte ja vorher schon gesagt, dass man mich im Opernkeller erwartete.

»No, absolutely no!«, rief der Amerikaner daraufhin. »Was soll ich denn jetzt tun? Ich fahre Sie hin und komme mit.«

Also warf ich mir schnell eine Pelzstola um, und wir fuhren mit dem Auto in die nahegelegene Kantstraße. Nie werde ich die bitterböse Miene von Michael Bohnen vergessen: Ich war zu spät gekommen, und noch dazu in Begleitung eines gutaussehenden Mannes! In Bohnen kochte die Eifersucht. Jetzt erklangen die spärlichen Neujahrsglocken. Die meisten Kirchen waren zerstört, auch die herrlichen Glocken der Kaiser-Wilhelm-Gedächtniskirche. Erst sehr viele Jahre später erhielt sie neue Glocken, die dann mit dem von Prinz Louis Ferdinand komponierten Glockenspiel erklangen.

Die Stimmung im Opernkeller war wegen Bohnens Eifersuchtsattacke leider nicht allzu gut, und so verabschiedete ich mich bald nach Mitternacht. Ich war froh, als ich nach diesem ereignisreichen Tag wieder im Bett lag. Am nächsten Tag wurde ein riesiger Rosenstrauß für mich abgegeben. Mr. Phelps bedankte sich für den wunderschönen Abend und bat mich um ein neues Rendezvous. Er war sehr großzügig und lud auch mehrere meiner guten Freunde zum Diner ein. Das war herrlich, lustig und für unser Restaurant auch ein geschäftlicher Erfolg.

Von dem erzürnten Michael hörte ich erst nach einigen Tagen wieder etwas, er war immer noch sehr verstimmt. Er hatte die Angewohnheit, sich die Karten zu legen und wollte daraus ersehen, dass ich einen Flirt begonnen hätte. So ganz unrecht hatte er damit nicht. Tatsächlich entstand eine dreijährige Liaison.

Monate später musste ich einmal einen alliierten Nachtzug nach Süddeutschland nehmen. Als ich einstieg, führte mich der amerikanische Militärschaffner zu meinem Schlafwagenabteil, das in einem der hinteren Waggons lag. »Hier haben Sie Ruhe vor den eventuell alkoholisierten Mitreisenden.« Ich war darüber froh und bedankte mich. Dann legte ich mich in das obere Bett und schlief gleich ein.

Mitten in der Nacht fuhr ich plötzlich hoch. Jemand war im Abteil, und schließlich spürte ich sogar Hände auf mir. Es war der amerikanische GI-Schaffner, der mit seinem Passepartout die Tür geöffnet hatte und sich an mir vergreifen wollte. Schlagartig wurde mir klar, dass er von der ersten Sekunde an alles geplant hatte: Er hatte mich in das verlassene Abteil geführt, wahrscheinlich war sogar der ganze Waggon leer. Ich begann lauthals zu schreien, aber der Kerl wurde immer rabiater. »Das wird Staatsanwalt Jim Phelps erfahren!«, entfuhr es mir schließlich. Als der Mann den Namen Phelps hörte, erstarrte er. Er erbleichte vor Schreck und flehte mich an, ich möge nur bitte dem Staatsanwalt nichts verraten. So »berühmt-berüchtigt« war also mein Verehrer.

Seinen wiederholten Heiratsanträgen gab ich allerdings nicht nach. Als ich ihn einmal in Houston besuchte, verblüffte er mich mit der Angewohnheit, im Lokal seinen

Flachmann zu ziehen und einen ordentlichen Schuss Whisky in die Cola zu gießen. Er kriege das Zeug anders nicht runter, meinte er.

In Berlin hatten jedoch nicht alle Lokale das Glück, so großzügige Klienten wie Jim Phelps anzulocken. Während der Blockade mussten viele Berliner Kneipen und Bars schließen. Die Lage der Restaurants, aber auch der Kinos und Theater war verzweifelt, und selbst die Taxifahrer stöhnten, da sie nachts keine Touren bekamen. Die Situation erschien trostlos. Noch dazu hatte sich vor der Blockade ein Konkurrenzkampf zwischen den Ost- und Westsektoren entwickelt. Da die Lokale im Osten bis 22 Uhr offen bleiben durften, im Westen aber nur bis 21 Uhr, wanderten abends viele Gäste über die Zonen-Grenze ab. Meinem Bruder Heinz, der inzwischen amtierender Obermeister der Gastronomie und Hotelbetriebe geworden war, kam eine rettende Idee: Man würde nicht einfach nur mit dem Ostsektor gleichziehen oder ihn durch längere Öffnungszeiten ausbremsen. Man würde die Sperrstunde einfach abschaffen!

Mein Bruder hatte die Gastronomie von der Pike auf erlernt und kannte die fatale Lage in Berlin. Die wenigen nach dem Bombenkrieg übriggebliebenen Hotels, Restaurants und Kneipen waren in einem verwahrlosten Zustand. Es war nur möglich, wieder auf die Beine zu kommen, wenn die Berliner abends wieder ausgehen konnten – aber die frühe Sperrstunde verhinderte dies.

Um 22 Uhr mussten die Berliner von der Straße sein. »Curfew« lautete die Parole der Besatzungsmächte.

Mein Bruder Heinz, der auch Mitglied des Abgeordnetenhauses für die CDU geworden war, verlangte von dem neuen Polizeipräsidenten von West-Berlin, Dr. Johannes Stumm, immer neue Ausnahmegenehmigungen: »Die Berliner sind nach all den Entbehrungen wahrhaft hungrig nach ein bisschen Vergnügen. Wir brauchen die Nachtstunden wie das liebe Brot!«

Die Kühnheit, schließlich um die vollständige Aufhebung der Polizeistunde zu bitten, hätte kein anderer als der junge Heinz Zellermayer gewagt. Der Polizeipräsident musste zunächst passen, und dann fiel der Satz: »Sie sind wohl wahnsinnig! Das gibt's doch auf der ganzen Welt nicht!«

Heinz suchte den französischen Stadtkommandanten auf, mit dem er in fließendem Französisch die Bitte um Aufhebung der Sperrstunde besprach. Doch auch dieser wagte nicht, in den wöchentlichen Sitzungen der Alliierten Kommandanturen etwas so Unerhörtes wie die komplette Abschaffung der Polizeistunde auf die Tagesordnung zu setzen. Er meinte: »Sprechen Sie lieber zuerst mit den Briten, ohne die und die Amerikaner läuft in West-Berlin sowieso nichts.« Der britische Stadtkommandant, ein Puritaner, erinnerte Heinz Zellermayer an die uralten Vorschriften in London, wo es vor Einbruch der Dunkelheit keinen Whisky gab, sonntags nicht getanzt werden durfte und vor Mitternacht alles im Bett zu liegen hatte. Um liebenswürdig, aber ablehnend zu enden: »May I remind you, that you lost the war – we didn't!«

Am Ende landete Heinz Zellermayer, der nicht aufgab, beim amerikanischen Stadtkommandanten General Frank Howley, den er für den schwierigsten der drei Stadtkommandanten hielt. Von ihm hörte er nun: »Ihre Argumente interessieren mich alle nicht, meine Aufgabe ist es allein, für die Sicherheit auf den Straßen zu sorgen. Keine Polizeistunde bedeutet: keine Sicherheit.« Dem konnte Zellermayer nicht zustimmen.

»Haben Sie schon einmal eine Kneipe besucht, General?«, fragte er den Stadtkommandanten, und dieser antwortete: »Natürlich.«

Heinz fuhr fort: »Solange ein Gast in der Kneipe etwas zu trinken bekommt, verlässt er sie, von Ausnahmen abgesehen, friedlich und gesittet. Der Krawall entsteht doch erst, wenn der Wirt ›Schluss!‹ ruft und die Besoffenen auf die Straße gesetzt werden.«

Howley dachte nach, und plötzlich entschied er: »You have a point, Obermeister!«

Er setzte die Aufhebung der Berliner Polizeistunde auf die Tagesordnung der nächsten Sitzung, wurde vom französischen Kommandanten unterstützt, und beide überstimmten den Briten. »It's all fixed!«, sagte er nach der Sitzung am Telefon zu Heinz Zellermayer. Der informierte sofort am 20. Juni 1949 den Polizeipräsidenten und teilte ihm mit: »Ab heute Nacht wird in Berlin durchgefeiert!« Johannes Stumm rief noch einmal aus: »Das gibt es doch auf der ganzen Welt nicht – eine Stadt ohne Polizeistunde!«, um dann hinzuzufügen: »Moment mal – ich brauche etwas Schriftliches!«

Aber der Obermeister hatte seine Bezirksmeister schon angewiesen, nicht mehr zu schließen, und die Gastronomie konnte endlich aufatmen. Bis zum heutigen Tage ist Heinz Ehren-Obermeister der Berliner Gastronomie.

Die Aufhebung der Polizeistunde sollte nur probehalber eingeführt werden, doch das Provisorium hat, als eines der wenigen des unter Viermächtestatus stehenden Berlins, überlebt.

Die Stadt profitierte davon enorm, zumal kurz vorher, am 12. Mai, die Blockade endlich beendet worden war. Nun strömten aus allen Bundesländern Deutsche und viele Ausländer nach West-Berlin, besonders Skandinavier, die für ihre ausdauernde Trinkfreudigkeit bekannt waren. Alle schöpften ihre Lust am Alkohol mit überschäumendem Vergnügen aus.

Die Gaststätteninnung verzeichnete steile Umsatzsteigerungen. Große Bälle wurden wieder organisiert, neues Leben pulsierte temperamentvoll durch die West-Berliner Stadtteile. Tout Berlin war begeistert von dem erstaunlichen

Erfolg, den Heinz Zellermayer errungen hatte, und man nannte ihn scherzhaft den »Herrn der Polizeisperrstunde«.

Nach dem plötzlichen Ende der Blockade im Mai 1949 herrschte eine unbeschreibliche Glückseligkeit auf den Berliner Straßen. Es glich einem Wunder, dass man den Sowjets hatte die Stirn bieten können und immer noch eine freie Stadt war. Die Berliner fielen in einen Freudentaumel, schüttelten die Depressionen ab und waren voller Hoffnung und Vertrauen auf die Unterstützung der Alliierten, die mit der Luftbrücke die Stadt gerettet hatten. Ohne sie hätte West-Berlin nicht weiter existiert.

Nach der Blockade entwickelte sich ein lustiges und vergnügtes Gesellschaftsleben, auch viele unserer früheren Freunde kehrten nach Berlin zurück. Man wollte endlich wieder das Leben in vollen Zügen genießen und die schweren, strapaziösen und gefährlichen Jahre vergessen.

Allerdings blieb Berlin ein Brennpunkt der Weltpolitik. Alle internationalen Spannungen zeichneten sich in der Gefühlslage der Stadt wie auf einem Seismographen ab, und während der Schweinebuchtkrise, als Kennedy es zum ersten Mal auf eine Kraftprobe mit Chruschtschow ankommen ließ, hielt die ganze Stadt den Atem an.

Nach der Blockade demonstrierten die USA, dass sie Berlin auf keinen Fall im Stich lassen würden. Unter anderem organisierten sie mit großem Aufwand den »Kongress für kulturelle Freiheit« in West-Berlin. Die hervorragendsten Schriftsteller, Gelehrten und Politiker wurden dazu eingeladen. Mit einer Manifestkundgebung in West-Berlin unterstrichen sie ihre Verbundenheit mit der Stadt.

Für die Unterbringung der namhaften Gäste wurde das Hotel Steinplatz ausgewählt. Wer in unser Haus und in die Tagungsräume wollte, musste strenge Kontrollen passieren. Wer nicht vom Komitee akkreditiert worden war, hatte keine Chance, mit den Kongressteilnehmern zu sprechen oder sich ihnen auch nur zu nähern. Alle Kosten für Zimmer, Essen und Getränke wurden von den Amerikanern übernommen.

Nach der Blockade, die viele Gäste vertrieben hatte, war der Kongress im Mai und Juni 1950 auch für uns ein wichtiges Signal des Neubeginns. Wir konnten die berühmten Gäste komplett mit Leibwächtern und viel Geheimpolizei bei uns unterbringen. Unter ihnen waren: Arthur Koestler, Ignazio Silone, Melvin J. Lasky, Leiter des Kongresses, Carlo Schmid, Jules Romains, André Philip, Eugen Kogon, Margarete Buber-Neumann, Theodor Plievier, Verfasser von »Stalingrad«, Anna Seghers, Verfasserin von »Das siebte Kreuz«, und Hermann Kesten.

Im Hotel gab es keine Säle, um die Tagung durchführen zu können. Gegenüber am Steinplatz lag das sogenannte Studentenheim, in dessen großzügigen Räumlichkeiten Arbeitssitzungen stattfanden.

Die Themen lauteten: »Gegen den östlichen Totalitarismus«, »Wirtschaft«, »Grundlagen für freie Forschungsarbeiten«, »Gedankenfreiheit«, »Kunst- und Künstlerfreiheit«, »Freiheit des Geistes« und »Menschenrechte«.

Dazu kamen Kolloquien an Orten wie dem Amerika-Haus und der Hochschule für Bildende Künste am Steinplatz.

Im Hotel Steinplatz haben die Künstler, Schriftsteller, Politiker und die große Zahl der Geheimdienstleute gegessen und getrunken. Da der Kongress in erster Linie gegen den Weltkommunismus arbeitete und die Nähe zur russischen Seite groß war, konnte die Sicherheit und Abschirmung nur durch ein entsprechendes Aufgebot von Geheimdienstlern gewährleistet werden. Die Essenszeiten richteten sich nach den jeweiligen Sitzungen. Die Küche war praktisch Tag und Nacht besetzt, um alle Wünsche dieser multikulturellen Gäste zu erfüllen. Ein besonderer Anziehungspunkt war die große Bar, die wir speziell zu diesem Anlass aufgebaut hatten.

Sie war Tag und Nacht belagert. Man kann sich kaum vorstellen, welchen Appetit unsere Freunde auf Whisky und Wodka hatten. Es war wirklich erstaunlich, was die Herren vertragen konnten und wie sie dabei trotzdem dem Kongress mit ihren Geistesblitzen ein großes Format gaben. Es war eine aufregende und anstrengende Zeit.

Durch den Kongress wurde das Hotel Steinplatz weltweit bekannt, da alle großen Zeitungen laufend darüber berichteten. Der Ansturm der Journalisten war enorm, denn wo sonst hatten sie schon Gelegenheit, die berühmtesten Schriftsteller auf einmal treffen und interviewen zu können?

Ein Freund unseres Hauses, der bekannte Bildhauer Professor Alexander Gonda, schuf in dieser Zeit eine Büste des Kongressleiters Melvin J. Lasky, die seine Witwe später zu sich nach London holte, wo sie heute im Museum steht.

Als der Kongress vorüber war, hatte unser Hotel Steinplatz ein beachtliches internationales Renommee. Plötzlich stiegen die Umsätze, und das Haus war beinahe immer voll ausgelastet.

»Volle Pulle«

Mein Bruder Heinz hatte mit dem Wiederaufbau des Hotels einen unglaublichen Kraftakt geschafft und meiner Familie wieder eine Existenzgrundlage geschaffen. Meinem Bruder Achim, der mit meiner Mutter 1949 zurück in die Stadt kam, schwebte ein weiterer Coup vor: Er wollte im zweiten Hoteleingang, also »Steinplatz 4«, ein Künstlerlokal eröffnen und dort jungen, begabten Malern eine Ausstellungsfläche bieten.

Dieser Nebenaufgang des Hotels hatte früher den Lieferanten und dem Personal gedient. Er besaß ein eigenes Treppenhaus mit einem Fahrstuhl für großes Gepäck und andere Lasten und wurde »offiziell« nie von Gästen benutzt. Außerdem gab es dort zwei Seitennischen. In der einen gab es ein Lager für den Heizer, in der anderen konnten die übrigen Angestellten sich bei Bedarf ausruhen. Als der Krieg vorüber war und die russische Besatzungsmacht in den ersten Wochen allein die Macht in Berlin ausübte, bauten die Soldaten merkwürdigerweise aus dem schwer beschädigten Haus den Motor des Fahrstuhls aus. Offenbar hatten sie den absurden Gedanken, ihn als Trophäe mitzunehmen, sie konnten nicht wissen, dass er total unbrauchbar war.

Mit der Idee, ein Künstlerlokal zu eröffnen, erntete Achim bei unserer Familie begeisterte Zustimmung. Wir unterstützten ihn aus vollen Kräften. Unsere Haushandwerker rissen nach seinen Anweisungen Wände ein, um an anderer Stelle neue zu errichten, und strichen alles neu. Mit viel Phantasie und auch dank der Unterstützung durch seine Künstlerfreunde machte Achim Zellermayer aus dem ehemaligen Lieferanteneingang etwas ganz Besonderes.

Achim war nicht nur Initiator und Gastgeber der Vollen Pulle, er setzte seinen künstlerischen Sachverstand auch für das übrige Hotel ein. Er war für die Renovierungen zuständig und entwickelte ständig neue Ideen für die Farbgestaltung der Räume, denn jedes Hotelzimmer war in Größe und Ausstattung ein Unikat.

Das Haus stammte, wie gesagt, von dem bekannten Architekten August Endell, der in Ost-Berlin unter anderem die Hackeschen Höfe geschaffen hatte. Da die Fassade als einziges seiner West-Berliner Werke (neben der Haupttribüne der Trabrennbahn Mariendorf) unzerstört geblieben war, stand es nun unter Denkmalschutz. An der Fassade durfte nichts verändert werden, aber immerhin bekamen wir die Genehmigung, davor ein Bierfass aufzustellen. Hans Sixtus, der Generaldirektor der Schultheiß-Brauerei, hatte es Achim geschenkt. Dieses Fass wurde zum Wahrzeichen des Lokals. Und für die Biermarke war es natürlich auch keine schlechte Reklame.

Auch die Wahl des Namens war nicht einfach. Berlinerisch sollte er sein, lebenslustig und voller Esprit, aber auch einprägsam. Die ganze Familie zerbrach sich den Kopf darüber, schließlich wurden auch die Freunde konsultiert. Am Ende einer der vielen überaus lebhaften Debatten machte die schöne, geistreiche und uns allen sehr liebe Freundin Paquita Lorenz-Huber, Sängerin und funkelnder Stern der Berliner Gesellschaft, den entscheidenden Vorschlag:

»Achim, nenn es doch ›Volle Pulle‹. Das ist berlinerisch und hat auch das gewisse Etwas!«

Wir waren begeistert, dankten Paquita und feierten die Taufe gebührend mit Champagner.

Der Lastenfahrstuhl wurde mit Platten verkleidet, so dass niemand mehr etwas von seiner Existenz ahnen konnte. Vor der Eröffnung des Lokals mussten die strengen Brandschutzbestimmungen erfüllt werden. Die Räume waren nicht sehr groß, zum Teil auch recht eng, und selbstverständlich musste für Notausgänge und feuerfeste Materialien gesorgt sein. Feuerlöscher und Brandmelder wurden eingebaut. Glücklicherweise ist während der zweiundzwanzig Jahre ihres Bestehens nie ein solcher Notfall eingetreten.

Am Eröffnungstag, dem 12. Dezember 1950, waren sehr viele Prominente anwesend, darunter der Schauspieler Theo Lingen, der Dirigent Sergiu Celibidache, die Kammersängerin Rita Streich, die Kammersänger Hans Beirer und Michael Bohnen, der Filmmusik-Komponist Wolfango de Gelmini, der Bildhauer Alexander Gonda, der Generalintendant der Staatlichen Schauspielbühnen Boleslaw Barlog, der Theaterkritiker Friedrich Luft, die Journalisten Klaus Lindemann und Jochen Severin, Paquita Lorenz-Huber, die Geschäftsleute Walter Brunner und Edi Steiner.

Es war der Beginn einer neuen Epoche in der Geschichte des Hauses am Steinplatz. Die Volle Pulle wurde zum legendären Treffpunkt für Stars und Sternchen, Arrivierte und Abenteurer und ließ sich mit keiner anderen Weinstube vergleichen. Sie war in den fünfziger und sechziger Jahren das Lokal, das man ab sechs Uhr abends bis tief in die Nacht hinein zum Flirten oder zum Gedankenaustausch nach Theater- und Konzertbesuchen aufsuchte.

Ihr spezielles Flair kann man nur schwer beschreiben. Es war wie auf einer großen, schicken und etwas legeren Party, auf der fast jeder jeden kannte. Der Ruf der Vollen Pulle war weltweit verbreitet, von allen Kontinenten kamen Reservierungsanfragen. Prominente aus New York, Los Angeles, Mexiko-City und anderen Teilen der Erde verabredeten sich hier mit ihren Freunden und auch mit der Familie Zellermayer.

Im Gästebuch spiegelt sich die Geschichte des Lokals. Maler, Bildhauer, Schauspieler, Musiker, Schriftsteller, Journalisten, Professoren, Ärzte nahmen am Stammtisch ihre Plätze ein oder trafen sich an der Bar. Erich Maria Remarque, Thornton Wilder, Pablo Casals, Paul Hindemith, Zubin Mehta und Wieland Wagner zählten zu den regelmäßigen Gästen.

Die Einrichtung wirkte gemütlich. Aufgelockert durch Nischen, führten die verwinkelten, ineinander übergehenden Räume zu der einzigartigen Bar, die sich als Mittelpunkt inmitten des letzten Raumes befand.

Der Barkeeper Karl Rosenzweig, von allen nur Karlchen genannt, war eine Institution: Er kannte alle Stammgäste und ihre Lieblingsgetränke, er hatte immer eine geistreiche Bemerkung parat und wusste, was in Berlin gerade Tagesgespräch war. Außerdem kannte er natürlich die jeweils neuesten Modegetränke. Einem Imperator gleich, thronte er in der Mitte der Bar. Über ihm waren die wichtigsten Spirituosen – Cognac, Grand Marnier, Whisky, Cointreau, Sherry – aufgebaut, die er mit einem ebenso eleganten wie unauffälligen Handgriff herbeizauberte. Der Raum wurde von Kerzen in dämmeriges, flirrendes Licht getaucht. Leise Grammophonmusik erklang im Hintergrund und verstärkte die anheimelnde Atmosphäre. Rund um die Bar befanden sich sechs von der Decke herabhängende, zweisitzige, rot gepolsterte Schaukeln, auf denen die schönen, klugen, sehr verwöhnten und kapriziösen Damen Platz nahmen und es sichtlich genossen, von charmant flirtenden Herren umgeben zu sein. Die Bar war oft in Dreierreihen belagert, und zwar bis frühmorgens, dank Heinz, dem »Herrn der Polizeistunde«.

Zu den Stammgästen gehörte die Gruppe der berühmten »Brücke«-Maler, dann der Kreis um Günter Grass, der manchmal mit unserem Bruder Achim verwechselt wurde. Es bestand tatsächlich eine gewisse Ähnlichkeit zwischen ihnen, und zudem waren sie enge Freunde. Grass war nicht nur Stammgast in der Pulle, sondern auch in Achims Wohnung unter dem Dach des Hotels. Auch Gottfried Benn und Heinrich Böll waren oft an der Bar zu finden. Die Literaten diskutierten lautstark mit Karlchen, und je tiefer sie in die Gläser geschaut hatten, desto tiefsinniger wurden die Gespräche.

Zu Achims Lieblingsgästen gehörte der große Pantomime Marcel Marceau. Mindestens einmal im Jahr gastierte er in Berlin, wo ihm 1951 der internationale Durchbruch gelungen war. Aus dem geplanten viertägigen Gastauftritt waren damals zwei Monate sensationeller Erfolge geworden. Nach der Vorstellung ließ Marceau es sich niemals nehmen, die Volle Pulle zu besuchen. Und wenn er guter Stimmung war, ließ er sich sogar zu einer kleinen künstlerischen Einlage als Monsieur Bip hinreißen. Die Stimmung war dann so ausgelassen, dass er manchmal kaum wieder aufhören konnte. Und wohl niemand wäre auf die Idee gekommen, dass der Sohn eines jüdischen Metzgers einst ein französischer Partisan gewesen war, der seine Kunst der stummen Verstellung zuerst bei den Verhören durch die Gestapo erprobt hatte.

Der Schnellsprecher und fabelhafte Komödiant Georg Thomalla wohnte viele Monate lang im Hotel Steinplatz, wo er mit seiner eigenen Matratze einzog, weil er der Auffassung war, nur sie garantiere erholsame Nachtruhe. Er stand in Berlin oft als Komödiant auf der Bühne und synchronisierte die wichtigsten Hollywood-Filme – unter anderem lieh er Jack Lemmon und Peter Sellars seine Stimme. Einmal besuchte ich seine Vorstellung im »Theater am Kurfürstendamm«, war etwas verspätet und musste die schon Sitzenden leider darum bitten, mich vorbeizulassen, als mich Thomalla von der Bühne herab ansprach: »Ah, da geht ja die Dame, die noch immer meine Matratze hat.« Es war mir natürlich unangenehm, so coram publico angesprochen zu werden, aber ich entgegnete ihm trotzdem, dass seine Matratze für seinen nächsten Besuch aufbewahrt würde und niemand darauf seinen Platz einnehmen dürfe. Thomalla probte seine Texte kurz vor der Vorstellung immer noch einmal in dem Wahnsinnstempo, für das er berühmt war. Auch in der Vollen Pulle führte er diese Virtuosität vor, bis es uns vom Zuhören ganz schwindelig wurde.

Gwyneth Jones, die Hochdramatische, schrieb ins Gästebuch die Worte ihrer großen Arie aus Beethovens »Fidelio«: »O namenlose, namenlose Freude!« Denn so freute sie sich immer darauf, nach der Vorstellung und dem obligatorischen Abschminken in der Damengarderobe, umringt von einer Traube von Verehrern und Freunden in die Volle Pulle zu eilen. Nach den Vorstellungen im Theater des Westens, wo die ausgebombte Städtische Oper nach dem Krieg ihr Domizil hatte, galt das geflügelte Wort: »Gehen wir doch alle noch auf ein Glas Wein in die Volle Pulle!«

Achim legte größten Wert auf die Auswahl seiner Gäste, damit alles harmonisch zusammenpasste und das Niveau stimmte. Die Garderobenhüter waren junge Kunst- und Musikstudenten von den beiden nahen Hochschulen für Bildende Künste sowie für Musik und darstellende Kunst. Sie hatten bald ein Auge dafür, wer würdig war, die Volle Pulle zu besuchen.

Die Garderobe in der ehemaligen Heizernische war ein sehr enges Plätzchen, und es glich einem Kunststück, alle Mäntel dort unterzubringen. Die Räume waren wie im Hotel sehr hoch, und so konnten die Mäntel in zwei und drei Reihen übereinander gehängt werden. Mit einem langen Stab waltete der Garderobier seines Amtes, und es ist seinen akrobatischen Fähigkeiten und seinem Gedächtnis zu verdanken, dass es nie zu Verwechslungen, Verlusten oder Protesten kam.

Kammersängerin Rita Streich gehörte zu Achims Stammgästen. Schon 1946 war sie an der Deutschen Oper engagiert worden, und nach ihren Vorstellungen kam sie sehr gern in die Volle Pulle, wo sie mit viel Bewunderung aufgenommen wurde und immer interessante Histörchen von sich gab. Sie erzählte mit spitzbübischem Lächeln, dass sie ihren Ehemann Dieter Berger hauptsächlich wegen seines Namens geheiratet hätte. Ihre geliebte und hochverehrte Gesangsmeisterin war die unvergessliche Kammersängerin Erna Berger gewesen, und die Sopranistin konnte sich nichts Schöneres vorstellen, als Berger zu heißen. Natürlich behält eine junge Künstlerin auch nach einer Eheschließung immer ihren Mädchennamen für die Bühne. So war sie nun Frau Rita Berger, aber berühmt als Rita Streich.

Sehr oft schaute auch Artur »Atze« Brauner, der Filmmogul, mit seiner liebenswerten und wunderbaren Frau Maria vorbei, meist von angehenden Starlets umringt. Er drehte mit Winnie Markus den hervorragenden Film »Morituri«, der unbedingt einen Oscar verdient hätte. Ich habe Brauner immer sehr bewundert für seine unglaubliche Agilität, Tüchtigkeit und seinen sagenhaften Fleiß. Es schien, als sei er Tag und Nacht ohne eine Ruhepause unterwegs. In jüngster Vergangenheit ist er wegen seiner Immobiliengeschäfte in die Schlagzeilen geraten, zeitweise sollte er, dem der halbe Kurfürstendamm gehört, vor dem finanziellen Ruin stehen, aber ich bin sicher, dass er mit seinem Elan auch diese Klippe umschiffen wird.

Sehr oft kam auch Harald Juhnke vorbei und unterhielt die Volle Pulle mit charmanten Geschichten. Juhnke war ein hervorragender Schauspieler mit einer großen Palette von Ausdrucksmöglichkeiten, als Entertainer unübertrefflich, aber auch unvergessen in ernsten Rollen wie im Film »Der Trinker«, nach Hans Falladas gleichnamigem Roman. Eine unserer letzten Begegnungen war nach der Aufführung des »Hauptmanns von Köpenick« im Maxim-Gorki-Theater. Meine Tochter Ariana und ich gingen mit Juhnke essen. Wir saßen in einem Lokal in Mitte und bestellten, wie Juhnke, der jahrelang gegen seine Alkoholsucht gekämpft hatte, Apfelschorle in Weingläsern. Juhnke erzählte, sein größter Wunsch sei, einmal Shakespeares »Richard den

Dritten« zu spielen. Er bedauerte, dass man ihn vor allem als Komödianten und Entertainer sähe, während tragische, abgründige Rollen ihm viel mehr lägen. Leider sollte sein Traum sich nicht mehr erfüllen. 2005 starb der Junge aus dem Wedding, eines der letzten Berliner Originale.

Wenn Magda Schneider und ihre Tochter Romy Schneider während der Filmaufnahmen für einige Wochen im Hotel Steinplatz wohnten, gab es immer ein besonders großes Hallo. Fotoapparate wurden hervorgezaubert, obwohl das verboten war, denn alle Gäste sollten unbeschwert und ungezwungen fröhlich sein können. Einige Anekdoten über die Dreharbeiten wurden dankbar und entzückt aufgenommen. So erzählte Romy immer wieder, wie peinlich genau ihr Stiefvater Blatzheim am Set darauf achtete, dass sie ihren Filmpartnern keine allzu hingebungsvollen Küsse gab.

In den Räumen der Vollen Pulle stellten junge Maler wie Werner Klemke oder Rudolf Kügler ihre Werke aus, und manchmal gelang es dem stets hilfsbereiten Achim, die frühen Werke der angehenden Künstler an Käufer zu vermitteln. Und tatsächlich hatte mein Bruder einen fast untrüglichen Kunstverstand. Fast alle der damals ausgestellten Künstler sollten später eine vielbeachtete Karriere machen. Rudolf Kügler zum Beispiel, der als Meister der Collage gilt, wurde schon 1956 als Professor an die Hochschule der Künste direkt gegenüber dem Hotel am Steinplatz berufen. Werner Klemke dagegen entwickelte sich zu einem der gefragtesten Buchillustratoren, lebte nach der Teilung im Ostteil der Stadt und wurde zum Vorsitzenden der Sektion Bildende Künste an der Akademie der Künste in Ost-Berlin.

Achim kümmerte sich selbst um das Dekor. Er schmückte große Bodenvasen mit Zweigen und suchte täglich frische Blumen in einer nahe gelegenen Gärtnerei aus. Sie lockerten die Atmosphäre auf und verliehen den dunklen Räumen, in die kein Tageslicht drang, eine lebendige Frische.

Der kleine, intime Vorgarten war mit Strohmatten seitlich gegen Zugluft abgeschirmt. In lauen Sommernächten war es herrlich romantisch, im Mondschein unter freiem Sternenhimmel auf den gepolsterten Bänken zu sitzen. Laternen und Kerzen verbreiteten ein angenehm mildes Licht, das vor allem bei den Damen sehr beliebt war, weil es ihren Zauber und ihre Schönheit betonte.

Am Stammtisch begrüßte Achim einen Kreis von circa zwanzig Gästen, die an der Wand auf einer langen Bank und gegenüber auf Stühlen mit grünen Hussen saßen. Auf den Tischen brannten Kerzen, die in grünen, bauchigen Pfälzerweinflaschen steckten.

Anja Schmidt, die aus dem Kreis der jungen Kunststudenten stammte, war die Hostess und überwachte vor allem den Zugang zum begehrten Stammtisch. Wer dort einen Platz bekam, gehörte quasi zur Hautevolee der Vollen Pulle. Anja kannte fast jeden Gast mit all seinen Geschichtchen und informierte die Runde über immer neue Klatschgeschichten und Stadtgespräche. Sie galt auch als wandelndes Liebeslexikon und tröstete die Stammgäste bei Liebeskummer.

So manches Mal schlossen Intendanten an diesen Abenden Engagements ab, wenn sie glaubten, die passende Darstellerin für eine geplante Bühnenproduktion gefunden zu haben. Die jungen Damen zogen natürlich alle Blicke auf sich und hofften auf die Chance, einem Prominenten ins Auge zu fallen, denn diese hatten natürlich nicht nur Vertragsverhandlungen im Sinn, und sehr oft entwickelten sich nach den ausgelassenen Abenden Tragikomödien. Entweder konnte der Intendant sich am nächsten Tag nicht mehr an das in Sektlaune gegebene Versprechen erinnern – oder er unterschrieb tatsächlich den Vertrag.

Immer wurden die aktuellen Fragen des Kulturbetriebs erörtert: »War es richtig, dass der Nobelpreis an den Soundso verliehen wurde?« – »Wer ist der neue Literaturpapst?« –

»Welche Ausstellung ist absolut sehenswert?« – »Was sagt ihr nur zu dieser katastrophalen Politik?«

Solche Themen führten bei gestiegenem Alkoholpegel zu heftigen Auseinandersetzungen, denn die Gäste stammten aus allen politischen Lagern. Günter Grass, der für die SPD Wahlkampf machte, und Heinrich Böll, der sich mit der Studentenbewegung solidarisierte, waren dem wertkonservativen Publikum aus Industrie und Hochfinanz eher suspekt. Es herrschte jedenfalls immer eine elektrisierte Atmosphäre und meist eine tolle Stimmung.

In der Vollen Pulle wurden aber nicht nur Verträge geschlossen, sondern auch langjährige Freundschaften. Hier wurden die Literatur und die Gesellschaft revolutioniert. Zumindest rhetorisch. Oft kehrten die Hotelgäste erst am frühen Morgen ins Hotel zurück.

Direkt über der Vollen Pulle lag das Zimmer 22, in dem so prominente Gäste wie die Kessler-Zwillinge oder Jack Palance abstiegen, aber nie gab es Klagen wegen Lärmbelästigung durch das Lokal. Musik wurde dort nicht gespielt, und bei allem Feuer verstand Achim es, die Gesprächslautstärke auf einem gedämpften Pegel zu halten. Außerdem waren die jeweiligen Bewohner der 22 selbst oft bis in die Morgenstunden in der Pulle, wo man Plätze meist schon zwei bis drei Wochen im Voraus bestellen musste, da das kleine, gemütliche Lokal immer total überbucht war. Doch egal für welchen Abend man eine Reservierung ergattert hatte – man konnte sicher sein, Prominente aus allen Bereichen der Gesellschaft anzutreffen.

Die Volle Pulle stand zum Beispiel immer auf dem Programm von Alex Möller, dem Generaldirektor der Karlsruher Lebensversicherung und späteren Finanzminister. Er machte mir den Hof, lud mich immer wieder zum Essen ein und organisierte einmal sogar eine Bootstour auf dem Wannsee, nur für mich und ihn – und für eine ganze Musikkapelle, die er engagiert hatte, um den nächtlichen Zauber des Sees zu erhöhen. Doch so phantasievoll sein Werben war – es war vergeblich, und glücklicherweise sah er es bald schon ein.

In der Vollen Pulle schüttete mir eines Abends die reizende Lulu von Treuberg ihr Herz aus. Der Schriftsteller Johannes Mario Simmel hatte sie nach siebzehn Ehejahren wegen einer anderen Frau verlassen. Sie war todunglücklich darüber. Später kehrte Simmel nach einer gescheiterten zweiten Ehe reumütig zu Lulu zurück. Bis ans Ende seines Lebens bezeichnete er es als den größten Fehler, sie je verlassen zu haben. In dem bisher unveröffentlichten Roman, an dem er bis zuletzt schrieb, sollte diese Liebe das Hauptthema sein.

Ich bin oft abends schnell noch einmal in die Volle Pulle gegangen, um liebe Bekannte zu treffen, etwa den Professor für Bildhauerei Alexander Gonda und seine Frau Renate, den beliebten Schauspieler Wolfgang Lukschy und seine wunderschöne Frau Vicky. Unter ihrem Mädchennamen Victoria von Schaack war sie als Malerin und Innenarchitektin bekannt. Vicky und ich waren eng befreundet, und sie überredete mich dazu, als Gründungsmitglied in den internationalen »Zonta Club« einzutreten. Sie wurde zur ersten Präsidentin dieses Zusammenschlusses berufstätiger Frauen in Führungspositionen gewählt.

Zu den beliebtesten Gästen gehörte der Maler Heini Heuser, der oft den Ton angab und gern von seiner »Schlangengrube« sprach, wie er die jungen Damen scherzhaft nannte. Um ihn scharten sich Trauben von begeisterten Zuhörern und vor allem Zuhörerinnen, die an seinen Lippen hingen, wenn er seine erträumten oder erlebten Geschichten zum Besten gab, immer in einem leicht ironischen, witzigen, teils aber auch schwermütigen Tonfall. Es war wie in »Tausend und einer Nacht«, wenn man ihm lauschte, und sein Ideenreichtum schien unbegrenzt. Heuser war 1887 geboren worden und schon seit der Weimarer Republik in der Kunstszene eine feste Größe. Er war es gewohnt, im Mittelpunkt zu stehen, und genoss es offensichtlich, uns alle in seinen Bann zu ziehen. Er gehörte zu den Stammgästen, die fast täglich kamen.

An den Wänden der Vollen Pulle hingen außer den Bildern einige historische Bettpfannen und alte Trompeten, die viel Flair verbreiteten. Zu Achims Entsetzen wurden die interessanten Stücke jedoch eines Tages entwendet. Es schien uns unverständlich, wie Gegenstände von dieser Größe unbemerkt ihren Weg vorbei an dem Garderobier durch den schmalen Tonneneingang finden konnten. Später wurde eine Bettpfanne bei einem Stammgast wieder aufgespürt. Als derjenige, dessen Namen ich hier nicht nennen möchte, eine große Party in seiner Wohnung gab und die gestohlene Bettpfanne auftauchte, erklärte er lachend und vielleicht auch etwas schuldbewusst, es habe sich doch nur um einen Scherz gehandelt. Wir konnten über diesen Scherz allerdings nicht lachen; in der Vollen Pulle hatte er fürderhin Hausverbot.

Zehn kupferne Speisekarten mit Getränkelisten hatte der Maler Florian Breuer für die Volle Pulle entworfen. Auch sie verschwanden schon im Laufe des ersten Jahres langsam, aber sicher als Souvenirs, obwohl die Bedienung sich alle Mühe gab, sie sorgsam zu hüten. Es war zu kostspielig, sie wieder herzustellen, und darum wurden nun wesentlich schlichtere – trotzdem auch schöne – Ersatzkarten angeschafft, die die Trophäensammler dann verschonen. Leider hatte Achim von den schönen, kupfernen Karten nicht ein einziges Exemplar für sich behalten. So bleibt nur die Erinnerung daran.

Die Auswahl auf der Speisekarte war nicht sehr groß. Sie enthielt nur einige sehr gute Gerichte und kleine Imbisse. Es gab den Volle-Pulle-Pilaw, bestehend aus Filetspitzen, hart gekochten Eiern, Schalotten, Paprika, Kräutern, Sahne und natürlich Reis. Er hatte eigentlich mit dem echten, bekannten Pilaw wenig zu tun, war aber äußerst beliebt. Dann gab es Erbsensuppe mit dreierlei Würstchen, russische Eier und diverse Sandwichs nach Wunsch. Damit waren alle Gäste sehr zufrieden, manch einer bestellte im Laufe des Abends gar ein zweites Pilaw. Dazu gab es eine große Auswahl an Schnäpsen und Weinen, aber auch Säfte, Schorlen und Mineralwasser. Coca-Cola war dagegen verpönt.

Bezaubernde Faschingsfeste wurden in der Vollen Pulle zelebriert, darunter die berühmten Zinnoberbälle, die gemeinsam mit denen der Hochschule für bildende Künste am Steinplatz stattfanden. Viele Umbauten waren erforderlich, um eine Tanzfläche zu schaffen. Ein fabelhaftes junges Orchester spielte, und es herrschte eine Bombenstimmung unter den Gästen, die in den lustigsten und originellsten Kostümen erschienen.

Ich erinnere mich an das einmalige Kostüm des sehr bekannten Architekten Eckhart Muthesius, Sohn des Werkbund-Gründers Hermann Muthesius und Erbauer des Palastes für den Maharadscha von Indore. Im Berliner Fasching tat er sich dagegen als Tierbändiger hervor. Er hatte in der Krempe seines Strohhuts einen kleinen Spiegel angebracht, damit er immer sein Make-up überprüfen konnte. Er war sehr stolz auf sein Kostüm – ein enganliegendes Tigerfell – und bat uns, mit ihm zum Zinnoberball in die Hochschule hinüberzugehen, wo ihm sein Auftritt bewundernde Ovationen einbrachte.

Als der berühmte französische Chansonnier und Charmeur Maurice Chevalier zu Dreharbeiten in Berlin war und für mehrere Tage bei uns im Hotel Steinplatz wohnte, war die Volle Pulle noch besser besucht als sonst. In Windeseile sprach sich herum, dass Chevalier dort anzutreffen war, und es strömte eine ungeheure Anzahl von Fans zur Pulle. Der

Ansturm war so groß, dass wir sogar die Polizei zu Hilfe rufen mussten. Chevalier gab derweil lächelnd Autogramme und sagte zu mir: »Sie sehen, chère Madame, manchmal ist Berühmtheit auch anstrengend.«

Die Volle Pulle war auch bei den Berliner Philharmonikern ausgesprochen beliebt. Sie gaben in dieser Zeit, in der die Philharmonie noch nicht wieder erbaut war, ihre Konzerte in dem Konzertsaal der Hochschule für Musik am Steinplatz. Mit ihrem Dirigenten Herbert von Karajan wurden sie immer frenetisch umjubelt. Nach den Konzerten, also nach getaner Arbeit, kamen der Konzertmeister Michel Schwalbé und seine Kollegen gern zu uns herüber. Für Schwalbés kostbare Stradivari war immer ein Platz auf der Bank am Stammtisch reserviert. Das wertvolle Instrument musste vor Zugluft und anderen Gefahren geschützt werden. Natürlich wurde jeder Gastdirigent von den Orchestermitgliedern hinterher eingehend kritisiert oder gelobt. Darüber entbrannten hitzige Diskussionen unter den Gästen, von denen viele nach dem Konzert ebenfalls mit herübergekommen waren.

Im Laufe der Jahre veränderte sich die Klientel der Vollen Pulle. Viele herausragende Persönlichkeiten, die zu den Stammgästen gehörten, weilten nicht mehr unter den Lebenden. Andere Gäste, die die Atmosphäre im Lokal mitgeprägt und sich dort wie zu Hause gefühlt hatten, verließen West-Berlin wegen der zermürbenden ständigen Unsicherheit. Wir West-Berliner waren inzwischen wirklich zu Insulanern geworden.

So löste sich langsam der Kreis der Vollen Pulle auf. Nach zweiundzwanzig Jahren schloss sie ihre Pforten oder, richtiger ausgedrückt, ihr Bierfass.

Anja Schmidt wollte sich zurückziehen, und Achim Zellermayer widmete sich nun intensiv seiner Malerei. Seine Bilder waren sehr gut, ihr Stil war vom Impressionismus geprägt und doch ganz eigenständig, doch leider wollte er sie trotz meines Zuredens nie für eine Ausstellung zur Verfügung stellen. Immer sagte er: »Ich bin nicht gut genug.« Karlchen zog nach Kampen auf Sylt, zuerst ins »Gogärtchen« und später in sein eigenes Haus »Karlchen«, wo wir ihn oft besuchten.

Am 12. Dezember 1972 endete die große Ära dieses wunderbaren Künstlerlokals.

Mein Weg in die Opernwelt

An meinem 80. Geburtstag, den ich mit vielen Freunden und Prominenten wie dem eigens aus New York angereisten Weltstar Anna Moffo (die große Diva, der alles in ihrem Leben gelang: sie war bildschön, schlank, hochmusikalisch, konnte tanzen und singen, machte ganz früh schon eine große Karriere, und zum Schluss heiratete sie den reichsten Mann Amerikas: Robert Sarnoff, dem auch das RCA-Gebäude gehörte und die Studios) im International Club Berlin feierte, wurde mir das erste druckfrische Exemplar meines ersten Buches »Drei Tenöre und ein Sopran« überreicht. Fast sieben Jahre später erschien es als Taschenbuch in chinesischer Sprache und wird nun auch in China, Hongkong, Singapur und Taiwan verkauft. Die Berliner Wahrsagerin Gabriele Hoffmann hatte mir kurioserweise vor vielen Jahren bei einer Sitzung mitgeteilt, dass mein Buch »in exotischen Sprachen« ein großer Erfolg werden würde. Da wohl nicht alle meine Leser mein erstes Buch kennen und sich in den letzten Jahren noch viel Kurioses ereignet hat, möchte ich noch einmal näher auf jene Opernstars eingehen, die ich als Agentin über viele Jahre gemanagt habe.

Mit der Hilfe eines Schutzengels bekam ich nach dem Krieg meinen ersten Vertrag als Opernsängerin. Damals gab es kaum bespielbare Bühnen, umso mehr freute ich mich über die Einladung zum Vorsingen am Opernhaus Frankfurt/Oder. Ich machte mich mit meinem Pianisten Herrn Winckelmann, der mich schon öfter begleitet hatte, auf den Weg.

Vorher hatte ich dem Tenor Georges Athana davon erzählt. Im Leipziger Opernhaus sang er die großen Partien in Opern und Operetten. Er meinte scherzhaft: »Weißt du, Schätzchen, vielleicht tauche ich dort auf und singe mit dir gemeinsam das Tosca-Duett aus dem ersten Akt!« Ich lachte herzlich und antwortete: »Das wäre für mich bestimmt wunderbar und hilfreich. Wie schade, dass es nicht möglich ist.« Ich wusste ja, dass er in Leipzig gerade die Titelpartie in Lehárs »Paganini« sang.

Zu meiner großen Überraschung fuhr er tatsächlich mit dem Auto vor dem Frankfurter Opernhaus vor – gerade rechtzeitig, um bei meinem Vorsingen dabei zu sein. Das Intendanten-Ehepaar fühlte sich ungemein geehrt, dass ein Tenor, der in Leipzig große Erfolge feierte, auf ihrer Bühne erschien und ohne große Umstände erklärte, er wolle ihnen mit mir zusammen etwas vortragen. Tatsächlich sangen wir das Duett aus dem 1. Akt der »Tosca« und spielten die Szene ganz lebendig. Vor allem an den Kussszenen hatte er offensichtlich das größte Vergnügen. Der Erfolg war umwerfend, schon eine Stunde später erhielt ich im Büro des Intendanten meinen ersten Vertrag. Ich war für die nächste Premiere von »Eine Nacht in Venedig« vorgesehen. Die Proben sollten drei Wochen später beginnen.

Wir feierten nach der Vertragsunterzeichnung alle gemeinsam in der Kantine des Opernhauses. Mit den anderen Sängern des Hauses trank ich Brüderschaft. Sie schlossen mich herzlich in die Arme und freuten sich auf die Zusammenarbeit.

Anschließend begleitete ich Georges Athana nach Leipzig, um ihn am nächsten Tag als Paganini zu bewundern. Er sah blendend aus und war als Sänger und Schauspieler phantastisch, ein Paganini, wie man ihn sich besser nicht hätte vorstellen können. Er bekam nicht enden wollenden Applaus. Ich war ihm sehr dankbar für seine unglaubliche Hilfsbereitschaft, die mir mein erstes Engagement beschert hatte. Athana hatte zuvor mit dem Intendanten des Frankfurter Opernhauses gesprochen. Er wollte mit mir eine »Tosca«-

Premiere gratis singen, nur zu seiner und meiner Freude. Das Theater hätte ihn nicht bezahlen können, da seine normale Gage weit über dem Frankfurter Budget lag.

Ich kam stolz und glücklich mit meinem Vertrag nach Berlin zurück, aber die Familie war entsetzt: »Was willst du denn allein im Ostsektor? Wir können nicht dorthin, und du bist total abgeschnitten von uns. Hast du dir denn das nicht überlegt?« Schweren Herzens erfand ich einen plausiblen Grund, um den Vertrag einvernehmlich wieder zu lösen. Viele Jahre später traf ich das Intendantenpaar in Berlin, wohin sie inzwischen übergesiedelt waren, und sie sagten mir: »Ihre Absage damals hat uns wirklich weh getan, wir hatten uns auf eine schöne Zusammenarbeit gefreut, aber wir konnten Sie andererseits auch verstehen.«

Ich gebe es offen zu: Es war ein Fehler von mir, damals nicht in dieses Engagement mit den so besonders herzlichen Kollegen gegangen zu sein!

Mein Gesangsstudium hatte ich 1937 bei dem renommierten Professor Clemens Pabelick begonnen, an den mich eine Freundin vermittelt hatte. Weit vorausschauend, wie er war, erkannte er meine Schwächen und Stärken und lenkte mich in die richtigen Bahnen. Eine meiner Schwächen war meine Schüchternheit, die vielleicht durch meine Kurzsichtigkeit noch verstärkt wurde. Ich fühlte mich als junges Mädchen im Kontakt mit anderen Menschen manchmal unsicher, doch Pabelick sagte: »Wenn Sie jemandem zum ersten Mal begegnen, dann gehen Sie auf ihn zu, öffnen Sie sich, seien Sie nie defensiv. Auch nicht beim Singen!«

Zu seiner Vorbereitung auf den Gesangsunterricht gehörten auch besondere gymnastische Übungen zur Lockerung und Dehnung. Wir stellten uns zu Beginn der Stunde Rücken an Rücken, dann nahm er meine Hände und beugte sich nach vorn. Ich geriet ins Hohlkreuz, hob mit den Füßen ab und lag auf seinem Rundrücken, bis meine Wirbel knackten. Danach fühlte ich mich wunderbar gestreckt und locker.

Pabelick lehrte mich auch, die biologischen Voraussetzungen für das Singen richtig einzuschätzen. Die Stimme blüht zum Beispiel wie die Natur im Frühjahr auf und entwickelt sich fort. Diese Tendenzen müssen berücksichtigt werden, um der Stimme Fülle und Sinnlichkeit zu verleihen und dadurch das individuelle Timbre zu entwickeln. Er baute die Stimme systematisch auf, und schon bald konnte ich versuchen, mit ihr die wichtigsten Gefühle zum Ausdruck zu bringen. So vergingen etwa vier Jahre intensiven Studiums.

Ich lernte etwa ein Dutzend Partien auswendig. Außerdem schickte mich Pabelick zu der fabelhaften Professorin Charlotte Busch-Gadsky, die für dramatischen Unterricht zuständig war. Alle meine Gesangspartien wurden schauspielerisch bestens vorbereitet, natürlich mit Klavierbegleitung und möglichst mit angehenden Partnern, die ebenfalls ihre Partien erlernen mussten. Dazu gehörte als Erweiterung der Ausbildung das Schminken für die Bühne. Außerdem mussten wir die passenden Kostüme mit Schmuck, Handschuhen, Schuhwerk und Fächern tragen, um möglichst realistisch auf die späteren Auftritte vorbereitet zu sein. Eine schöne und sehr lehrreiche Zeit. Die alten Kostüme für »Tosca« und »Madame Butterfly« entstammten dem Kostümnachlass der Opernsängerin Johanna Gadsky, die diese großen Rollen an der Metropolitan Opera in New York mit Caruso gesungen hatte.

Pabelick organisierte immer öffentliche Vorsingen, zu denen natürlich auch die Agenten kamen. Ich erhielt ein Angebot des damals bekanntesten Opernagenten Ballhausen. Es handelte sich um ein Engagement als Tosca. Alle meine Freunde und auch Sänger wie der von mir hochverehrte Kammersänger Mathieu Ahlersmeyer rieten mir dringend ab. Sie meinten, eine so junge Stimme würde mit dieser dramatischen Partie das erste Jahr im Engagement nicht überstehen. Ich wurde allerdings schnell aller Zweifel enthoben.

Die Bombenangriffe wurden immer dramatischer und vereitelten jede Möglichkeit für eine Opernkarriere und sogar das weitere Studium bei Professor Pabelick. Die meisten Opernhäuser fielen in Schutt und Asche. Es gab weder Musiker noch Intendanten, alle waren eingezogen. Es war einfach trostlos.

Ich wollte mit meinem Gesang trotzdem vorankommen und nahm wochentags in München Unterricht. Ich mietete für diese Zeit ein Zimmer in einer Wohnung, die eine Generalswitwe an verschiedene Untermieter abgab. Zu ihnen gehörte auch Harry Piel, der uns immer mit vergnüglichen Erzählungen von Filmereignissen unterhielt. Mehrere Gesangspädagogen und Sänger unterrichteten mich, wie erwähnt auch der berühmte Bariton Michael Bohnen. Ein großer Fehler war es leider gewesen, alle Partien nur in der deutschen Sprache zu lernen. Aber damals wurde auch an der Staatsoper jede Vorstellung in deutsch gesungen, während heute sogar die kleineren Häuser die Opern in der Originalsprache aufführen und dazu ein Band mit dem deutschen Text laufen lassen.

1955 lernte ich meinen zweiten Ehemann, den Pianisten, Komponisten und Dirigenten Joachim Carl Ludwig kennen. Wiederum war es mein Bruder Achim gewesen, der ihn mir in der Vollen Pulle vorgestellt hatte. Joachim war, wie mein erster Mann Nasso, ein Pfarrerssohn und hatte sein Elternhaus in Dresden verlassen, um an der Berliner Hochschule für Musik bei Gerhard Puchelt (Klavier) und Boris Blacher (Komposition) sein Studium zu beenden. Er nahm auch an einem Dirigier-Meisterkurs von Herbert von Karajan teil, der ihm attestierte: »Ich halte Joachim Ludwig für einen besonders hochbegabten jungen Musiker mit großen künstlerischen Qualitäten.« Es ergab sich ein intensiver

Flirt, wir waren zwei Jahre eng befreundet, als ich bemerkte, dass ich ein Baby erwartete. Nach reiflichen Überlegungen beschlossen wir zu heiraten. Er war zehn Jahre jünger als ich, aber der Wunsch nach einem Kind war so stark, dass wir alle Schwierigkeiten überwanden und 1957 eine sehr schöne Hochzeit feierten – wohl wissend, dass es keine Bindung für immer sein konnte, denn durch Joachims anstrengenden Beruf mit den vielen Konzertverpflichtungen waren Trennungen vorauszusehen. Wenige Monate nach der Hochzeit, als die ersten Wehen kamen, ging ich ins West-Sanatorium in der Joachimsthaler Straße, wo alle meine Nichten und Neffen geboren sind.

Es war keine schwierige Geburt, aber als das Kind da war, sagte die Ärztin ganz verzagt: »Es ist ein kleines Mädchen.« Sie konnten nicht wissen, wie erleichtert und glücklich ich war. Ich hatte immer Angst, ein Junge könnte mich an das grausame Schicksal meines ersten Sohnes erinnern, aber dieses Mädchen mit seinem dichten schwarzen Haar und seinen strahlend blauen Augen war ein Neuanfang. Ich war so überglücklich, und wir gaben dem Kind den Namen Ariana Claudia Elisabeth.

Schon zwei Jahre nach der Geburt unseres gemeinsamen Kindes trennten wir uns wieder, blieben aber für viele Jahrzehnte freundschaftlich verbunden.

1956 hatte Joachim Ludwig das große Konzertexamen mit Franz Schuberts »Wanderer-Fantasie« mit Auszeichnung abgeschlossen und eine erfolgreiche Konzertlaufbahn begonnen, die ihn über die Goethe-Häuser nach Asien, Amerika und Australien führte. Auch seine Kompositionen waren beachtenswert. Seine beiden Klavierkonzerte führte er selbst als Solist auf. Das erste spielte er unter der Leitung von Rudolf Kempe, es wurde später vom Bayerischen Rundfunk aufgezeichnet. Seine Oper »Rashomon« wurde während der Olympischen Spiele in Augsburg uraufgeführt. Sein Ballett »Olympia« erklang erstmals an der herrlichen

Budapester Oper. Die Stadt machte damals unter sozialistischer Herrschaft einen deprimierenden Eindruck. Die einst herrschaftlichen Palais der k.u.k. Monarchie wirkten grau und verwahrlost, das Essen war ungenießbar, die Bevölkerung verarmt. Aber mein Bruder Achim, Ariana, meine Mutter und meine Schwägerin hatten uns begleitet, und so waren wir trotzdem eine vergnügte Gesellschaft, die sich die Sehenswürdigkeiten wie das »Hotel Gellert« und das prunkvolle Opernhaus ansah.

Joachim Ludwig spielte zahlreiche Schallplatten ein, darunter klassische Klavierkonzerte in Jazz-Arrangements. Später schrieb er Filmmusiken, die er selbst dirigierte. Dann ging er in die USA und drehte mit einem aufeinander eingeschworenen, größeren Filmteam mehrere Dokumentarfilme über die Südstaaten. Ludwig schrieb die Drehbücher, führte die Interviews und übernahm auch die Regie. Er gründete eine eigene Firma und plante nun einen großen afrikanischen Spielfilm, aber leider sollte es dazu nicht mehr kommen.

Ende 1993 wurde er wegen seines hartnäckigen Hustens in eine kleine Münchner Prominentenklinik eingeliefert. Das Haus war auf Kuraufenthalte und Wellness-Programme spezialisiert. Als ich ihn am Neujahrstag 1994 besuchte, kam plötzlich der behandelnde Arzt herein und sagte, Joachim müsse verlegt werden, und zwar sofort, die Probleme kämen von der Leber. Ich protestierte. »Sie können ihn doch nicht von einem Moment auf den nächsten abtransportieren, ohne ihn vorher zu konsultieren.«

»Die Sache duldet keinen Aufschub«, sagte der Arzt ernst, »wir sind für eine solche Erkrankung nicht die geeignete Einrichtung. Ihr Mann braucht eine Lebertransplantation, denn der Husten ist nur ein sekundäres Symptom.« Ich wusste, dass etwas Schlimmes passieren würde, aber ich wusste nicht, dass Joachim nur noch zwei Monate zu leben hatte. Zwei furchtbare Monate, die er nur dank stärkster Morphiumdosen überstehen konnte. Man hatte Leberkrebs festgestellt. Der Husten war nur eine Begleiterscheinung.

Seine zweite, inzwischen auch bereits wieder geschiedene Frau Kristin, geb. Haver, wollte nicht, dass die Ärzte mich über Joachims Zustand auf dem Laufenden hielten, aber ich besuchte ihn weiterhin regelmäßig.

So auch am 1. März. Ich hatte in der Münchner Innenstadt einige Besorgungen gemacht und spürte urplötzlich den ebenso unvermittelten wie starken Wunsch, ihn zu sehen. »Sie schickt der liebe Gott«, sagte die Schwester, als sie mir auf dem Korridor begegnete. Sie führte mich ins Krankenzimmer. Joachim machte einen mitleiderregenden, traurigen Eindruck. Er war ganz und gar bandagiert, die Infusionsschläuche, die ihn monatelang begleitet hatten, waren bereits entfernt. Er war nicht mehr bei Bewusstsein. Er hatte eine furchtbare Nacht verbracht, in der er trotz des Morphiums vor Schmerzen geschrien hatte. Ich saß an seinem Bett, bis er sein Leben ausgehaucht hatte, und betete dann ein Vater unser.

Unsere Tochter Ariana studierte nach dem Abitur, das sie am Französischen Gymnasium ablegte, an der Berliner Freien Universität Jura, belegte daneben Theaterwissenschaften und Kunstgeschichte und ging für ein Jahr zu »Sotheby's« nach London. Nach einer weiteren Ausbildung zur Atemtherapeutin behandelte sie so prominente Patienten wie den amerikanischen Schauspieler Gene Hackman und den bekannten Coiffeur Udo Walz. Zwischendurch war sie bei der Lufthansa tätig. Sie eröffnete in der Fasanenstraße eine elegante Boutique, und dort hatte ich eine Autogrammstunde mit Luciano Pavarotti angesetzt. Die Fans kamen in Scharen, Pavarotti kam nicht. Im Gegensatz zu Plácido Domingo, der an der Boutique und ihrer bildschönen Inhaberin ein auffälliges Interesse entwickelte. Ariana heiratete in zweiter Ehe – ihre erste war kinderlos geblieben und nach einigen Jahren geschieden worden – John de Ment, einen klassischen Tänzer, der vom New York City Ballett kam. Als das Ballett der Deutschen Oper Berlin einmal in den USA auf Tournee war, sahen die Leiter den jungen Solisten tanzen und waren so angetan, dass sie ihm sofort einen Vertrag anboten.

Mit John hat sie eine Tochter mit dem Namen Avélina Tiziana Delfina Soleil. Heute ist Ariana Verwalterin eines eigenen Mietshauses in Berlin-Mitte und sehr erfolgreich mit der Vermietung ihrer möblierten Wohnungen auf Zeit nach dem Prinzip des »Coming Home«. Ihre größte Leidenschaft, die sie im übrigen mit John teilt, ist der Tango Argentino. Ariana ist ein wundervoller Mensch, sehr elegant und ausgesprochen umworben. Ich liebe sie sehr.

1960 betrat Jean Guillou die Bühne meines Lebens. An einem Abend in der Deutschen Oper Berlin, es wurde »Aida« gegeben, lernte ich den jungen Pianisten und Organisten kennen. Ich hatte mein Gesangsstudium fortgesetzt, nahm Privatunterricht und studierte neue Partien ein, unter anderem die Salome. Ich suchte zu diesem Zeitpunkt einen Korrepetitor für meine musikalischen Studien, und wir verabredeten einen Termin.

Natürlich konnte ich nicht ahnen, dass Jean zu diesem Zeitpunkt bereits ein Organist von Weltruf war, über den sein Professor am Conservatoire de Paris, der legendäre Marcel Dupré, 1950 geschrieben hatte: »Der junge Jean Guillou ist ein wundervoller Musiker, ein Organist von höchsten Graden, ein hervorragender Virtuose und tiefempfindender, inspirierter Improvisateur.«

Dreimal in der Woche kam Jean in den Steinplatz, wir arbeiteten intensiv zusammen, hin und wieder blieb er auch zum Essen in meiner Wohnung, wo ich mit meinem zweijährigen Töchterchen Ariana und der Haushälterin lebte.

Es ging eine magische Wirkung von der Art aus, wie sich Jean Guillou geradezu in die Tasten versenkte und dem Klavier feinste Nuancen entlockte. Und als Mensch faszinierte er mich ebenso. Er war zart, schlank, fast zerbrechlich, und ich spürte den übermächtigen Wunsch, ihn zu beschützen. Etwas Unausgesprochenes, Geheimnisvolles war an diesem Künstler, eine tiefe Verletzung, ein stilles Leiden oder eine Entsagung, die ihn gezeichnet hatte. Wie wenig wusste ich damals von ihm, und noch weniger konnte ich ahnen, dass er die einzige große Liebe meines Lebens sein würde.

Es begann eine große Leidenschaft. Unsere Beziehung wurde immer intensiver, wie Magneten zogen wir einander an, und unsere immer stärker werdenden Gefühle siegten bald schon über unsere Vernunft. Aber meine Wohnsituation, das öffentliche Leben im Hotel erlegten uns strenge Umgangsformen auf. Also reisten wir für drei Tage nach Paris. Endlich waren wir ganz für uns allein. Wir stiegen in einem unscheinbaren, bescheidenen Hotel ab, das wir drei Tage lang praktisch nicht verließen.

Vier Jahre dauerte unsere Liebe, in denen ich erfuhr, was für ein erstaunlicher Mensch und Musiker Jean war. Als Kind hatte er das Orgelspiel als Autodidakt erlernt, mit zehn war er bereits Titulaire der Orgel St. Serge in Angers geworden und genoss den Ruf eines Wunderkindes. Der Pariser Musikkritiker Gavoty wurde auf ihn aufmerksam und empfahl ihn weiter an Marcel Dupré. So studierte Jean am Pariser Konservatorium unter so herausragenden Persönlichkeiten wie Olivier Messiaen, Dupré und Duruflé. Er schloss alle Fächer mit höchster Auszeichnung ab. Während seiner Lehrtätigkeit an der Lissabonner Hochschule erkrankte Jean schwer an Tuberkulose, zudem quälte ihn seit frühester Jugend Asthma. Während einer Konzertreise nach Berlin wurde er in eine Klinik eingewiesen und erst nach zwei Jahren als geheilt entlassen.

Leider standen unserer Liebe viele Hindernisse im Weg. Jean hatte einen Ruf für die Orgel in Saint Eustache in Paris bekommen.

Noch im Januar 1964 hatte mir Jean ein Foto geschenkt, mit einer Widmung, die mich tief bewegte: »A Ilse, quit a fait ma vie. Je te donne mon art et mon amour.« Silvester 1964 sahen wir uns das letzte Mal. Wieder im Hotel, diesmal jedoch in Zürich. Er kam aus Paris und musste weiter zu einer Tournee durch Italien. Ich machte einen Zwischenstopp auf dem Weg nach Athen.

Wir hatten ein prächtiges Silvestermenü eingenommen und gingen auf unser Zimmer. Das Mondlicht schimmerte in der Limmat, die Glocken läuteten das Neujahr ein, und wir verbrachten unsere letzte Nacht miteinander, wissend, dass es die letzte sein würde. Die Trennung musste sein. Jean hatte eine große internationale Karriere vor sich, und ich wollte nach Mailand ziehen, um selbst eine Karriere als Opernstar zu beginnen.

Es war für uns ein Abschied auf immer, wir würden uns nie mehr begegnen und voneinander getrennt unsere eigenen Karrieren aufbauen. So schien es damals... Auch wenn sich unser Verstand zur Trennung entschlossen hatte, unsere Herzen litten, und wir beide wussten, dass wir einander nie vergessen würden.

Als meine Tochter drei Jahre alt war, bahnte sich eine entscheidende Wendung in meinem Leben an. In der Vollen Pulle lernte ich Dr. Otto Müller aus Mailand kennen, der sich als Lehrer der von mir hoch verehrten Kammersängerin Martha Mödl vorstellte. Er hörte mich am nächsten Tag in meiner Wohnung an und meinte: »Sie haben eine sehr schöne Stimme und bringen alles für eine internationale Karriere mit, müssten aber noch einige Zeit an der Gesangs- und Atemtechnik für den Belcantostil arbeiten. Könnten Sie für einige Wochen nach Mailand kommen?«

Ich fand in Mailand eine Wohnung im gleichen Haus wie Otto Müller, selbst gescheiterter Sänger, der mit dem großen Agenten der New Yorker Metropolitan Opera Roberto

Bauer in einer gemeinsamen Wohnung lebte. Sie stellten sich als Cousins vor. Roberto Bauer hatte größten Einfluss auf alle Verträge für die »Met« und war in der Opernwelt von außerordentlicher Bedeutung. Er war hochgebildet und äußerst charmant.

Zwei Jahre blieb ich in Mailand, während derer ich mit dem Unterricht bei Müller langsam, aber sicher in eine Krise geriet. Ich fragte mich, ob er mir meine Stimme nicht vollständig ruiniert hatte. Ich wollte es nicht recht wahrhaben, war aber sehr verunsichert. War Otto Müller vielleicht nur ein Scharlatan? Erst später erfuhr ich, dass die Mödl nur einmal im Jahr zu ihm ging, um über Roberto Bauer die Verbindung zur Met zu halten. Keineswegs hatte er sie ausgebildet, darüber hat sie später nur laut gelacht. Aber ich war zu diesem Zeitpunkt so dumm, all seinen Worten zu glauben.

Erst durch die Bekanntschaft mit dem Bariton Nicolae Herlea bekam ich Gewissheit. Er kam wegen Vertragsverhandlungen für die Metropolitan Opera zu Roberto Bauer nach Mailand. Als Robertos Freunde waren wir eingeladen, die phänomenale Schallplatte von Herlea anzuhören, und wir waren begeistert. Er kam aus Rumänien mit seiner Begleiterin, der berühmten Elsa Chioreanu, die mit ihm die Partien für die Mailänder Scala einstudierte. Herlea stand kurz vor seinem Scala-Debüt als Marquis Rodrigo de Posa in Verdis »Don Carlos«.

Ich freundete mich mit ihnen an und bot ihnen vorübergehend meine Wohnung an, als ich zu Weihnachten nach Berlin zu meiner Familie flog. Ich wusste, dass Nicolae Herlea und Elsa fast keine Devisen erhielten und in einer kleinen Pension wohnten. Sie nahmen meine Einladung dankbar an. Professorin Elsa Chioreanu musste nach dem Debüt zurück nach Bukarest, wo sie Sänger an Oper und Konservatorium betreute. Nicolae bat mich, meine Gastfreundschaft weiter in Anspruch nehmen zu dürfen, was ich ihm sehr gern zusagte.

Nicolae wusste von meinen Gesangsstunden und wollte endlich meine Stimme hören. Ich bat ihn, an einer Unterrichtsstunde bei Otto Müller teilzunehmen und mir seine Meinung zu sagen. Ich erzählte, dass ich mit meinem Studium auf der Stelle träte, ohne es mir erklären zu können. Tatsächlich war meine Kehle immer wie zugeschnürt, wenn ich vom Unterricht kam. Nicolae sagte zu meiner Freude zu. Er war als Jurymitglied in vielen großen und wichtigen Gesangswettbewerben und konnte sich mit Leichtigkeit ein professionelles Urteil bilden.

Als ich Otto Müller bei meiner nächsten Stunde mitteilte, dass Nicolae Herlea einmal hinzukommen würde, um mich zu hören, wurde er – wie mir schien: vor Schreck – ganz blass. Er meinte nach tiefem Luftholen: »Wir sind noch nicht so weit, um bei einem Vorsingen perfekt zu erscheinen.« Ich antwortete darauf ziemlich bestimmt: »Wann ist denn Ihrer Meinung nach der richtige Augenblick gekommen? So lange arbeiten wir schon zusammen, und ich singe immer nur Vokalisen und keinen Text. Ich kann es kaum mehr ertragen, nicht voranzukommen.«

Otto Müller blieb nichts anderes übrig, er musste Herleas Besuch zustimmen. Am nächsten Nachmittag gingen Nicolae und ich vom dritten Stock in die fünfte Etage – wie gesagt, meine Wohnung lag im selben Haus – und läuteten an der Wohnungstür. Wir wurden äußerst freundlich empfangen, sowohl von Otto Müller als auch von Roberto Bauer.

Der Unterricht fand eine Treppe höher statt, und Roberto Bauer verwickelte Nicolae Herlea am Fuß der Treppe in ein Gespräch über die nächsten Verträge an der Met. Er meinte, wir sollten ruhig schon beginnen und könnten die Tür offen lassen. Als die Stunde um war, stellte ich entsetzt fest, dass Nicolae nicht hinaufgekommen war. Er stand noch immer ins Gespräch verwickelt an der Treppe. Ein abgekartetes Spiel! Otto Müller hatte Roberto Bauer gebeten,

Herlea nicht die Möglichkeit zu geben, beim Unterricht dabei zu sein.

Wir gingen hinunter in meine Wohnung, und er meinte nur: »Komm, singe mir hier etwas vor. Welche Arie möchtest du singen? Sehr gut kann ich nicht begleiten, aber es wird schon reichen.« Nach wenigen Tönen sagte er zu mir: »Jetzt verstehe ich, warum Bauer nicht wollte, dass ich mit zum Unterricht gehe. Es ist traurig, aber wahr: Deine Stimme scheint total ruiniert zu sein.« An diesem Tag beschloss ich nach schwerer, gründlicher Überlegung, meinen Traum aufzugeben. Ich habe nie mehr gesungen. Es war ein sehr schwerer Entschluss, aber er war der einzig richtige. »Die Kehle immer tief hinunterdrücken«, lautete eine von Otto Müllers dilettantischen Unterrichtsmaximen. Er hatte mich so weit gebracht, dass ich keine Phrasen mehr singen konnte.

Ich teilte Otto Müller am nächsten Tag mit, dass ich nicht mehr singen und Mailand so schnell wie möglich verlassen würde. Er bekam einen hysterischen Weinkrampf und konnte sich nicht beruhigen. »Gerade jetzt, wo wir nach der Krone der Gesangskunst greifen und so nahe daran sind, wollen Sie unterbrechen und das bereits Erarbeitete aufgeben?« Meine Antwort lautete: »Ja, meine finanziellen Möglichkeiten sind erschöpft, und ich muss die Konsequenzen ziehen. Nichts kann meine Entscheidung rückgängig machen.«

Etwas Gutes hatte mein langer Aufenthalt in Mailand allerdings doch: Ich sprach fließend italienisch und lernte durch Roberto Bauer viele berühmte junge Künstler kennen. Zu spät erkannte ich, dass Roberto Bauer die bedeutende Persönlichkeit war – und nicht Otto Müller. Viele gemeinsame Freunde hatten mich vor den falschen Illusionen vorsichtig warnen wollen, aber ich konnte oder wollte ihnen nicht glauben, und sie wollten sich natürlich auch nicht ihre langjährige Freundschaft mit Roberto und Otto verscherzen.

Der entscheidende Abschnitt meines Lebens begann erst jetzt: als Agentin, als Managerin, als Impresaria. Nach dem missglückten Vorsingen und dem fachmännischen Urteil von Nicolae Herlea tröstete mich der große Bariton und meinte, in jedem Falle sollte und müsste ich der Oper verbunden bleiben. Er bot mir an, mit mir gemeinsam den schwierigen, aber erfolgversprechenden Berufsweg einer Managerin für Künstler zu planen. Die Freundschaft zu Nicolae vertiefte sich, und er bat mich, seine Interessen zu vertreten und zunächst einmal für ihn tätig zu werden. Die erste Aufgabe würde sich beim Aushandeln seines Vertrages an der Wiener Staatsoper ergeben. Sein großes Problem war, dass er rumänischer Staatsangehöriger war und Schwierigkeiten hatte, die erforderlichen Visa für die nicht kommunistischen Länder zu bekommen. Zusätzlich musste er der Regierung in Rumänien einen großen Prozentsatz seiner Gage in Devisen zur Verfügung stellen. Für sich selbst behielt er nur einen Teil in seiner Landeswährung. Ich war bereit, für ihn die Verhandlungen zu übernehmen, und wollte versuchen, die bestmöglichen Bedingungen zu erzielen. Allerdings verstand ich zu diesem Zeitpunkt noch herzlich wenig davon, wie man erfolgreiche Verhandlungen mit den wichtigsten Intendanten führt.

Ein Jahr zuvor hatte ich durch einen erstaunlichen Zufall schon wichtige Bekanntschaften in der Opernwelt gemacht. Roberto Bauer hatte mich zu einem Abendessen in die neue Wohnung des berühmten Tenors Gianni Raimondi mitgenommen. Roberto wollte die neuen, jungen Sänger der Scala kennenlernen, die dort eingeladen waren. Wir kauften einen wunderschönen Rosenstrauß und überreichten ihn Gianna Raimondi, die schon eifrig in der neuen Küche hantierte, um das Menü zu bereiten. Es roch vorzüglich nach Kräutern und natürlich nach Knoblauch, denn als ersten Gang sollte es »Spaghetti aglio e olio« geben, und wir warteten mit wässrigem Mund auf das Essen. Ich habe mein Leben lang die

Gaumenfreuden geschätzt, ganz besonders die raffinierte französische Küche und erlesene Delikatessen. Aber das italienische Arme-Leute-Essen »Spaghetti aglio e olio« gehört noch heute zu meinen Favoriten.

Es wurde ein lustiger Abend. Gianna Raimondi, die Ehefrau, hatte das Apartment neu bezogen, während der Künstler noch einige Vorstellungen an der Met singen musste. Er kannte die Wohnung also noch gar nicht, und so wurde es eine Art Einweihungsfest.

Wir trafen dort die damals noch völlig unbekannten Sänger Luciano Pavarotti, Mirella Freni und ihren Ehemann, den Pianisten und Dirigenten Leone Magiera, Fiorenza Cossotto und den schon berühmten Giuseppe Di Stefano mit einer Freundin. Nach dem »Osso buco«, reichlich Nachtisch und dem einen oder anderen Glas Rotwein wurde gesungen, Magiera begleitete die ganze Compagnie. Di Stefano hatte zu dieser Zeit Depressionen. Er war ein begnadetes Naturtalent, hatte aber die technische Ausbildung vernachlässigt und immer sehr viel Kraft in seine Stimme gelegt. Nun zeigten sich an seinen Stimmbändern erste Verschleißerscheinungen, gerade jetzt, da er an der Scala »La Bohème« singen sollte. Karajan verlangte ein einwandfreies hohes C in der berühmten Arie, und Di Stefano war nicht sicher, dass er das hohe C unter dem psychischen Druck der Scala-Bühne würde sauber singen können. Jetzt sprachen alle anderen Sänger auf ihn ein, und jeder gab ihm einen anderen Ratschlag, was uns sehr seltsam und komisch vorkam. Am nächsten Tag hatten mich die Sänger zur Probe von »Faust« in die Scala eingeladen. Sie wussten, dass ich eine Deutsche war, und überfielen mich mit ihren dringenden Bitten, für sie Verträge in Deutschland auszuhandeln. Ich lachte sie aus, denn ich hatte keine Ahnung, wie ich ihnen helfen könnte, doch sie bestanden darauf, mir ihre Adressen und ihre Repertoirelisten mitzugeben.

In Berlin suchte ich den Generalintendanten Egon Seefehlner auf, den ich privat kannte, und überreichte ihm die

Namensliste der jungen Sänger, für die ich Engagements suchen sollte. Zu meinem maßlosen Erstaunen willigte er unverzüglich ein. Er wollte Luigi Alva als Mozartsänger für einige Vorstellungen engagieren. Ich war sehr überrascht, wie leicht das möglich war. Die Gage musste ich erfinden, da Alva mir carte blanche gewährt hatte. Da dies so gut vonstatten ging, plante ich einen Termin mit dem Hamburgischen Generalintendanten Rolf Liebermann, den ich in der Halle des Hotels Vier Jahreszeiten traf.

Erstaunt blickte er mich nach kurzem Überfliegen der Liste an und fragte: »Sie vertreten alle diese hervorragenden jungen Künstler?« Lächelnd antwortete ich ihm: »Ja, natürlich, sonst hätte ich doch nicht die Namen auf meiner Liste.« Zu meiner größten Verwunderung sagte er umgehend: »Also, Sie vertreten alle, und ich will sie alle ab der kommenden Spielzeit in meinem Hause in Hamburg engagieren. Geben Sie mir die Gagen und Termine baldmöglichst bekannt, damit ich sie einplanen kann.« Tatsächlich hielt er Wort, und alle bekamen die entsprechenden Verträge. Hochbeglückt überreichte ich diese meinen Künstlern, die mir so viel Vertrauen entgegengebracht hatten. Damals konnte ich nicht wissen, dass alle diese Künstler später zu Weltruhm kommen sollten.

Zuversichtlich trat ich nun meine neue Rolle als Herleas Managerin an. Es war zu Beginn ein schwieriges Unterfangen, sich als Neuling in dieser Branche mit den ehrfurchteinflößenden weltbekannten Intendanten auseinanderzusetzen und für die von mir vertretenen Künstler unbeirrbar die besten Konditionen durchzusetzen.

Ich glaube mit gutem Gewissen sagen zu können, dass Herlea die schönste Baritonstimme besaß, die ich je gehört habe. Sein Problem war seine Staatsangehörigkeit und damit die Beschränkung seiner Reisefreiheit. Er fungierte als Angestellter der rumänischen Staatlichen Künstleragentur, die entschied, wohin er fahren durfte. Wenn er im westlichen Ausland war, dann verbrachten wir meist mehrere Wochen zusammen.

In New York kaufte er sich ein wundervolles Auto, einen »Thunderbird«, und dazu ein Boot für seinen Vater, das er mit einem Trailer transportieren musste. Ich war nach Europa geflogen, und er musste mit Auto und Boot per Schiff nach Genua kommen. Als wir uns dort trafen, bat er mich, das gewaltige Gespann mit ihm nach Bukarest zu fahren, da er keinen internationalen Führerschein besaß.

Es war eine abenteuerliche Fahrt. Schon der Start vom Hafen aus kam einem Husarenritt gleich. Ich hatte noch nie einen Thunderbird gesteuert, noch dazu als Gespann mit einer großen Yacht im Schlepptau. Ich fuhr durch die verwinkelten Gassen Genuas, durch die normalerweise gerade mal ein Fiat 500 passte. Als wir endlich auf der Autobahn waren, ging es mir besser, und durch die ärmlichen, finsteren Dörfer Rumäniens konnte Herlea den Wagen dann selber steuern, denn dort war sein Führerschein natürlich gültig.

Doch als wir endlich seinen Heimatort erreicht hatten und erleichtert und übermütig aus dem amerikanischen Ungetüm stiegen, schlugen seine Eltern vor Schreck die Hände über dem Kopf zusammen.

»Gefällt euch das Auto nicht?«, fragte Nicolae.

»Doch, schon, aber was willst du denn mit so einem riesigen Boot?«, fragten sie.

»Das ist ein Geschenk für euch. Jetzt kann Papa endlich zum Angeln fahren«, sagte Herlea.

»Aber wir haben hier doch gar keine tiefen Gewässer«, antwortete der Vater.

Das schöne Boot musste also für immer im Garten bleiben und hatte die mühselige Reise ganz umsonst überstanden. Wir sind später gemeinsam viel durch Italien und die USA gereist, aber eine feste Bindung, die zu einer Ehe hätte führen können, kam zwischen uns nicht zustande. Er hing sehr an seiner Mutter und seiner Heimat, und ein Leben im Ostblock wäre für mich nicht in Frage gekommen. Wer hätte damals annehmen können, dass der Eiserne Vorhang einmal fallen würde und wir alle in der Europäischen Union leben würden? Wäre die politische Situation damals schon so günstig gewesen – wer weiß ...

Allmählich bekam ich eine gewisse Routine im Umgang mit Intendanten und Künstlern, und ich wurde eine international renommierte Managerin und Agentin. Ich war sehr stolz auf meine Künstler, die ich wie Rosinen aus dem Kuchen herausgepickt hatte und die mir die ganze Zeit über treu blieben. Es entwickelten sich echte Freundschaften zwischen uns. Viele Schauspieler und Sänger erzählen, dass die künstlerische Arbeit auf der Bühne so intensiv sei, dass sich zwischen den jeweiligen Partnern oft ein gewisser Zauber, eine fast erotische Spannung einstelle. Das Verhältnis zwischen Künstler und Impresario mag etwas prosaischer sein, aber es hat eine ähnliche Intensität, denn man braucht unbedingtes Vertrauen zueinander, man kennt die intimsten Details und muss sich völlig mit seinem Schützling identifizieren können. Die Künstler wiederum sind oft so verletzlich und in Versagensängsten gefangen, dass sie ihren Manager wie eine Mutter- oder Vaterfigur lieben.

Ich hatte als Agentin und Impresaria das große Glück, in Italien die ganz jungen Sänger zu treffen und sie bis zu ihren größten Erfolgen zu begleiten. Wir erreichten schließlich die großen internationalen Opernhäuser: »Scala«, »Met«, »Covent Garden« in London, »Wiener Staatsoper« und in Deutschland besonders die Bühnen in München, Hamburg und Berlin. Mehr als fünfundzwanzig Jahre lang habe ich beispielsweise Luciano Pavarotti und Mirella Freni vertreten. Insgesamt waren vierundfünfzig weltberühmte Künstler in meiner Agentur. Es gab zu dieser Zeit wohl kaum einen bedeutenden Sänger aus Italien, Spanien oder Bulgarien, den ich nicht vertrat. Und wann immer sie in Berlin auftraten, stiegen sie natürlich in unserem Hotel Steinplatz ab.

Zunächst führte ich ein Künstlersekretariat, denn auf die Konzession für eine Künstleragentur musste ich jahrelang warten. Nach Kriegsende unterstanden die privaten Künstleragenturen der offiziellen Agentur für Arbeit in Nürnberg. Es gab fünf alte Agenturen, die bereits vor dem Kriege tätig gewesen waren. Die Inhaber waren Herren, die diese Agenturen teilweise gekauft oder geerbt hatten und ihre Anrechte bis aufs Messer verteidigten.

Nach zahllosen Briefen und mehreren Reisen nach Nürnberg wurde mir als einziger Frau die Genehmigung zur Eröffnung einer Künstleragentur erteilt. Man bestätigte mir später, dass man mit meiner Ernennung sehr glücklich war, da ich nie – wie es bei den anderen üblich war – Prozesse gegen die Kollegen führte. Die anderen Agenturinhaber neideten mir natürlich meine Stars. Doch ich war meiner Sache gewiss, von diesen Künstlern ließ sich keiner abwerben, obwohl die Konkurrenz dies mit allen Mitteln versuchte.

Mein Star war natürlich Luciano Pavarotti. Von Beginn an arbeiteten wir besonders vertrauensvoll zusammen. Wir duzten uns, was ich mit den anderen Künstlern niemals tat. Er war für mich fast wie ein jüngerer Bruder, der mir auch seine Gedanken anvertraute. Unser letztes Treffen war dann seine Abschiedsvorstellung in »Tosca« an der Deutschen Oper Berlin. Er wollte noch einmal in dieser Stadt singen, wo er mit dem Guinness-Rekord von 153 Vorhängen einen unerreichten Triumph feierte. Nach der Vorstellung durften nur wir ihn in der Garderobe fotografieren. Er fühlte sich sehr elend, und mir war bewusst, dass dies auch unser Abschied war.

Wir telefonierten öfters, und kurz vor seinem Tode überraschte er mich mit der Frage: »Sagst du mir bitte, wie alt du bist?«

Ich fand es zwar seltsam, aber antwortete ihm wahrheitsgemäß: »87.«

Darauf erwiderte er: »Unglaublich, du bist noch immer so voller Energie und Tatendrang. Mir geht es schlecht, ich hätte meine zweite Ehe nicht eingehen sollen, aber jetzt kann ich es nicht mehr ändern.« Ich war sehr traurig, sein Tod war schließlich eine Erlösung von seinen Schmerzen, physisch wie psychisch.

Aber auf der Beerdigung in Modena wurde noch einmal all der Gram deutlich, der ihm die letzten Lebensjahre vergällt hatte. Weder Plácido Domingo noch José Carreras waren erschienen. Gewiss, sie waren Konkurrenten gewesen, aber gleichzeitig hatten sie als die »drei Tenöre« gemeinsam einen in der klassischen Musik beispiellosen kommerziellen Erfolg gehabt. Von so großen Künstlern hätte ich mir zumindest eine Geste des Anstands erwartet.

Von meinen Künstlern gehörte Gianni Raimondi, in dessen Wohnung gewissermaßen meine Karriere als Impresaria begann, zu denen, die mir am liebsten waren. Gianni Raimondi, in Deutschland wohl nicht ganz so berühmt wie Pavarotti, war ein wundervoller Tenor und ein außerordentlicher Mensch von großer Herzenswärme. Niemals hörte ich ihn über irgendwelche Künstler oder Personen ein böses Wort sagen. Er verehrte mich, wie er es auf einem Programmzettel schrieb: »la più favolosa grandissima agente tedesca, Signora Ilse«, und für solche Komplimente bin natürlich auch ich empfänglich, und ohnehin bewunderte ich seine schöne strahlende Stimme mit einem vollendeten hohen C. Gianni Raimondi sang an allen wichtigen großen, internationalen Opernhäusern in Europa und Übersee. Als er fünfzig Jahre wurde, beendete er seine Karriere, und das war ein beachtlicher Entschluss, denn er hätte noch außerordentliche Erfolge feiern können.

Sänger tragen, im Gegensatz zu Dirigenten oder Instrumentalisten, eine furchtbare Bürde mit sich herum. So wie Sportstars oder große Tänzer sterben sie sozusagen zwei Mal: Einmal wenn sie ihre Karriere beenden müssen, das zweite Mal wie alle anderen Sterblichen. Kein Sänger kann bis ins hohe Alter Fülle und Brillanz der Stimme erhalten, und es ist sehr schwierig, sich rechtzeitig von der Bühne, diesem süchtig machenden Eden der Künstler, zu verabschieden. Luciano Pavarotti hat diese Souveränität wohl nicht besessen. Raimondi dagegen wollte in einem Moment abtreten, in dem seine Stimme noch auf dem Höhepunkt war und dem Publikum also in voller Strahlkraft in Erinnerung bleiben würde. Ich bot ihm die Münchner Staatsoper mit mehreren Gastspielen an, aber er sagte nur: »Carissima Signora Ilse, ich möchte jetzt nicht mehr in einem so berühmten Opernhaus wie der Münchner Staatsoper debütieren. Ich will abtreten, denn jahrzehntelang habe ich immer erfolgreich, aber mit quälendem Lampenfieber gesungen, das müssen Sie bitte verstehen.« Ich war sehr traurig, aber er blieb hart, und das hatte ich zu respektieren.

Da fällt mir noch eine lustige Geschichte ein. Einmal sagte Gianni Raimondi zu mir: »Signora Ilse, seit Jahren möchte ich Ihnen sagen, wie sehr ich Sie verehre, aber ich fand nie den Mut, es auszusprechen. Gerade heute hatte ich mir geschworen, Ihnen meine tiefe Bewunderung und Verehrung zu zeigen und Ihnen zu sagen, wie sehr ich darauf hoffe, dass Sie meine Gefühle erwidern.« Ich war überrascht, denn meine Künstler waren für mich in diesem Punkt immer absolut tabu. Niemals hätte ich einen Flirt mit einem von ihnen begonnen. Das verstieß gegen meine Berufsauffassung! Aber Gianni Raimondi sprach weiter: »Heute hatte ich nun den Mut, und da kommen Sie in Begleitung dieses italienischen Herrn, ich glaube, Sie nennen ihn Imperio, aber der sieht so blendend aus, dass ich keine Chance haben werde!« Da hatte er wirklich recht. Der Römer Imperio war ein großer Flirt von mir, hatte aber mit

Musik nichts zu tun. Ich hatte den Diplomaten in Montegrotto, bei einer Kur für Thermalfangobäder, kennengelernt.

Auch Pavarottis Frau Adua war erstaunt und sagte: »Wie machst du es nur, dass du hier in Italien immer so fabelhafte Männer findest, verrat mir dein Geheimnis!«

Doch es gab kein Geheimnis, ich habe mich nie um einen Mann bemüht, sie kamen auf mich zu, ohne dass ich es wollte. Da ich kurzsichtig bin, habe ich nie irgendwo besonders hingeschaut oder angefangen, mit den Augen zu flirten, aber irgendwie hatte ich immer Glück.

Bis zum heutigen Tage erfreue ich mich an jungen Talenten. Besonders beglückt war ich im Konzert in der Berliner Philharmonie, wo der wunderbare Daniel Barenboim zusammen mit dem chinesischen Wunderpianisten Lang Lang an zwei Flügeln wie auch vierhändig das Publikum zu überwältigendem Beifall hinriss.

Eine große Freude erlebte ich, als ich den jungen Bariton Anooshah Golesorkhi kennenlernte, der eine echte dramatische Baritonstimme sein Eigen nennt, die er in einem verantwortungsvollen, fleißigen Studium erfolgreich aufbaute. Inzwischen singt er an den großen Bühnen und erinnert mich sowohl in der Stimme wie auch in seiner dramatischen Ausstrahlung an die großen Sänger von früher. Seine Rollengestaltungen als Nabucco, Rigoletto, Scarpia oder Tonio beweisen Theaterblut.

Erst kürzlich habe ich eine neue Aufgabe übernommen. Ich unterstütze den jungen, hochtalentierten Bühnen- und Kostümbildner Alexander J. Mudlagk. Er hat zahlreiche hervorragende Entwürfe und preisgekrönte Figurinen erarbeitet. Bis jetzt hat er schon Ausstattungen in Frankreich, Deutschland und Österreich übernommen. Für Opern wie »Tiefland«, »Fidelio«, »Le nozze di Figaro«, »Hänsel und Gretel« und »Othello«, aber auch für Operetten und Ballette hat er Bühnenbilder und Kostüme entworfen.

Als ich gemeinsam mit meiner Tochter und ihrer Familie unsere Villa in Groß Glienicke bezog, gestaltete er den Musiksalon als Palmengarten und die Bibliothek als Traviata-Zimmer mit roten Wänden und einem blauen Himmel mit kleinen, rosigen Wölkchen. Meine Freunde sind wie wir von Mudlagks gemütlichen, ausgefallenen Raumideen entzückt. Er hat mit Sicherheit einen großen Weg vor sich.

Diskret – indiskret III

Die größten Musiker beglückten unser Haus mit ihrer Anwesenheit und gaben dem Steinplatz seinen besonderen Charakter. Weltberühmte Pianisten wie Glenn Gould, Claudio Arrau, Edwin Fischer, Wilhelm Kempff und Elly Ney, die als wahre Genies zu betrachten sind, gingen bei uns ein und aus. Pablo Casals, natürlich Yehudi Menuhin, mit dem uns eine persönliche, über dreißig Jahre währende Freundschaft verband, oder Dirigenten wie Rudolf Kempe, Hermann Scherchen, Georges Sebastian, Wolfgang Sawallisch, Claudio Abbado und Daniel Barenboim waren alle des Lobes voll, wie sie in das Gästebuch schrieben. Wer kennt die Völker, nennt die Namen, die gastlich hier zusammenkamen? Die Komponisten Gian Carlo Menotti, Alexander Tscherepnin, Nicolai Nabokov, Olivier Messiaen schrieben sich sehr oft mit einigen Noten ihrer Klavierwerke ein.

Als junges Mädchen himmelte ich den berühmten Operntenor und Filmstar Jan Kiepura an. Ich versäumte weder die Filmpremieren, bei denen er persönlich anwesend war, noch einen seiner Gala-Opernabende oder eines seiner Konzerte. An einem wunderschönen Nachmittag sang er sogar im Zoo. Als ein Flugzeug gerade darüber hinwegflog, unterbrach er lächelnd seinen Gesangsvortrag und sagte, auf seine Stimmbänder zeigend: »Damit kann ich leider nicht konkurrieren.« Die riesige, unüberschaubare Publikumsmenge klatschte begeistert Beifall, und er wiederholte den angefangenen Vortrag.

Viel später, als ich erwachsen war, überprüfte ich im Empfang des Hotels die Reservierungen. Nun kann man sich vorstellen, wie entzückt ich war, als ich las, dass für Kammersänger Jan Kiepura für mehrere Wochen eine Suite bestellt war. Er sollte im Theater des Westens in der neuen Produktion von Lehárs »Lustiger Witwe« singen – gemeinsam mit seiner Frau, der schönen Marta Eggerth. Kiepura kam früher, um sich den deutschen Text wieder anzueignen, da sie beide diese Operette jahrelang höchst erfolgreich in Amerika auf englisch gesungen hatten. Marta Eggerth sollte erst zu den letzten Proben eintreffen. Unermüdlich arbeitete er mit einem Korrepetitor, den ich ihm empfohlen hatte, und er bat mich oft, hinzuzukommen, um gegebenenfalls seine deutsche Aussprache zu korrigieren.

Kiepuras kleiner ausländischer Akzent verlieh der berühmten Tenorpartie einen zusätzlichen Charme. Er machte mir etwas den Hof, was mir natürlich sehr gefiel, und ich berichtete ihm, wie ich früher alle seine Auftritte besucht und mich ins Kino eingeschlichen hatte, um seine erst ab sechzehn Jahren freigegebenen Filme zu sehen. Wir verbrachten viel Zeit miteinander, und er weihte mich in seine und Martas Lebensgeschichte ein. Beide kamen aus ärmlichen Verhältnissen. Er meinte lächelnd: »Wir waren beide Kellerkinder aus verschiedenen Ländern und haben es beide getrennt voneinander zu Ruhm und Ehre gebracht.«

Ich fand es besonders imponierend, dass er so frei darüber sprach, und bewunderte diese Kraft, mit der dieses Paar ganz nach oben gelangt war – nur mit ihren Talenten und dem starken Willen, alle Schwierigkeiten und Hindernisse zu überwinden, die sich künstlerischen Karrieren entgegenstellen können. Sie war Ungarin und er Pole. Jetzt hatten beide die amerikanische Staatsangehörigkeit.

Eines Abends kam ich von einer Gala zurück ins Hotel und traf Kiepura dort am Empfang. Er lud mich noch auf einen Drink in die »Chat Noir Bar« ein, flirtete mit mir ziemlich ungeniert, bewunderte meinen Schmuck und sagte: »So ein herrliches Collier habe ich meiner Marta nicht schenken können, wir hatten alles in unser Hotel in dem berühmten polnischen Wintersportort Zakopane investiert, aber das ist nach dem Krieg enteignet worden, und jetzt kaufen wir Immobilien in den USA.« Ich lachte, weil er meinen Modeschmuck für echt hielt, aber das behielt ich natürlich für mich.

Luciano Pavarotti sagte mir einmal: »Es ist mir egal, wie ich aussehe, aber geliebt will ich werden.« In meinem ersten Buch habe ich schon geschildert, wie ich mit Pavarotti auf der Durchreise von Berlin nach Milano schnell und erfolgreich in München eine Badewanne in Übergröße aussuchte. Da kaum Zeit zur Verfügung stand, ließ ich telefonisch von Berlin aus bereits große Zinkwannen auf dem Hof eines Spezialgeschäfts an der Ismaninger Straße aufstellen. So war es möglich, die Größe und Breite auszuprobieren. Luciano bestellte drei Exemplare, die nach Modena zu seinem neuen Haus expediert wurden. Er wollte bezahlen, aber der Inhaber lächelte und sagte: »Sehr verehrter Maestro, es ist für mich eine große Ehre, Ihnen gedient zu haben. Bezahlt wird aber erst bei zufriedener Abnahme!«

Luciano erklärte mir daraufhin: »Elsina, da siehst du den Unterschied zwischen Italien und Deutschland: Bei uns würde erst bezahlt werden, und vielleicht erschiene die Ware nie!«

Ein anderes Mal handelte es sich auch um ziemlich intime Wünsche, die ich ihm erfüllen musste. Während seiner Probe im Opernhaus München bat er mich händeringend, sofort einige Unterhosen für ihn zu besorgen. Es war tiefer Winter, und es schneite, aber tapfer ging ich zu einem exklusiven Herrengeschäft Am Platzl und verlangte den größten Slip, den sie im Angebot hatten. Man war erstaunt, aber da ich erklärte, dass Signora Pavarotti vergessen habe, diese Wäsche einzupacken, legte man mir drei verschiedene Exemplare zur Auswahl vor. Ich nahm alle drei, und Luciano war glücklich. Er bestellte sofort von jedem Muster ein Dutzend, die nach Modena geschickt wurden.

Pavarotti liebte es, sehr gut und beinahe übermäßig zu essen. Einmal bestellte er sich im Blockhaus in Hamburg nach einer Probe ein doppeltes Maxisteak! Meinen Einwand, das sei viel zu viel, wischte er listig lächelnd vom Tisch: »Sieh, ich habe doch nur eins bestellt.«

In Boleslaw Barlogs »Tosca«-Inszenierung an der Deutschen Oper Berlin nahmen wir im ersten Akt eine Änderung vor. Der Tenor musste in der Kirche eine Treppe zur Staffelei hinaufklettern, um dort seine Arie zu singen. Ich wollte nicht das Risiko eingehen, dass unter Lucianos Gewicht die Treppe wackelte oder einbrach, und bat den Generalintendanten Götz Friedrich, anstelle der Treppe nur ein Podest hinzustellen. Es war schwierig, ihn dazu zu überreden, aber letztlich setzte ich mich durch, und die Änderung war erfolgreich.

Luciano Pavarotti reiste am Anfang allein zu den Gastspielen. Ganz selten kam für kurze Zeit seine Ehefrau Adua mit. Also bat er mich, in seine Künstlergarderobe zu kommen, um ihm beim Ankleiden oder auch bei den Kostümwechseln zu helfen. Ich wandte mich diskret ab, bis er angezogen war. Dann wollte er meine Meinung hören. Hin und wieder musste der Garderobier eine Kleinigkeit ändern, vielleicht die Ärmel kürzen, bis schließlich alles perfekt saß. Er schminkte sich fast allein, nur manchmal verbesserte der Maskenbildner etwas. Luciano sang sich ein und schloss für einige Momente die Augen, um sich zu konzentrieren. Nun nahm er mich mit auf die Bühne, und wir mussten einen krummen Nagel der Bühnenarbeiter suchen. Ich sollte ihm helfen, so einen alten Nagel zu finden, denn Luciano war abergläubisch und erst zufrieden, wenn er seinen Glücksbringer fand. Nachdem ich diese Zeremonie einige Male mitgemacht und manchmal enervierend lang nach einem verrosteten Nagel gesucht hatte, beschloss ich, für alle Fälle einen Reservenagel, natürlich krumm und alt, mitzuführen. Ich warf ihn dann heimlich auf die Bühne und schrie höchst beglückt auf: »Schau nur, Luciano, hier ist ein schöner krummer Nagel!«

Nun konnte die Vorstellung beginnen.

Ich war meistens in seiner Nähe, um eventuelle Wünsche zu erfüllen. In der Pause ging ich natürlich sofort in seine Künstlergarderobe. Kaum war ich dort, als er mir etwas unwillig entgegenschrie: »Schnell, bringe mir einen Föhn!« Beim Garderobier konnte ich dann einen finden. Luciano war in den schweren Kostümen und durch die Wärme der Scheinwerfer bis aufs Hemd durchgeschwitzt. Während der ganzen Pause musste ich seinen Rücken föhnen, denn ein zweites Kostüm gab es nicht. Später hatte er dann Sekretärinnen, die für diese »Trocknung« zu sorgen hatten. Ich musste in der ersten Pause die Gage in Empfang nehmen, die Luciano erst in seinem Hotel vor dem Safe von mir entgegennehmen wollte.

Während meine Sänger auf der Opernbühne standen, hielt ich mich oft beim Inspizienten auf. In jeder Pause ging ich in die Künstlergarderoben. Nach dem ersten Akt werden die Gagen ausgezahlt. Meistens gaben mir die Künstler das ganze Geld, eventuell auch ihren echten Schmuck zur Aufbewahrung in meine Abendtasche. Manchmal trug ich bis zu 70 000 DM bei mir und fürchtete, dass mir jemand die Tasche entreißen könnte. Es gab aber nie einen entsprechenden Zwischenfall. Nach der Vorstellung gingen wir gemeinsam essen, und in den Hotels händigte ich den Sängern dann endlich die Gagen und Wertgegenstände aus.

Natürlich wohnten die von meiner Agentur vertretenen Opernsänger, darunter Mirella Freni, Anna Moffo, Katia Ricciarelli, Renata Scotto, Fiorenza Cossotto, Nicolae Herlea, Jan Kiepura, Beniamino Gigli und später auch der von mir sehr verehrte Helge Rosvaenge bei uns im Hotel. Rosvaenge hatte ich als junges Mädchen in allen seinen Partien bewundert, aber leider nie persönlich kennengelernt. Erst nach dem Krieg wohnte er mit seiner Familie bei uns.

Außerdem wohnten bei uns Teresa Stratas, die an der Seite von Plácido Domingo die Violetta in Franco Zeffirellis unübertrefflicher »La Traviata«-Verfilmung spielte, und die herrliche Kirsten Flagstad, die einmalige hochdramatische Sopranistin der Nachkriegszeit, die als Isolde und Brünhilde an die Tradition der großen Frida Leider anknüpfte. Es freut mich sehr, dass in Berlin jetzt ein Frida-Leider-Club eröffnet wurde, um dieser bedeutenden Künstlerin zu gedenken, die auch ein Ehrengrab auf dem Friedhof Heerstraße erhielt.

Im Gästebuch des Hotels Steinplatz steht neben den vielen Prominenten auch der Opernkomponist Werner Egk, der mit seiner Oper »Peer Gynt« und seinem herausragenden Ballett »Abraxas« wahre Beifallsorkane auslöste. Die Hauptpartie tanzte die bildschöne französische Primaballerina Janine Charrat. Die armen Postboten mussten säckeweise die Fanpost heranschleppen, alle baten um Autogramme und Fotos.

Auch der Dirigent Rudolf Kempe wohnte während seiner zahlreichen Berliner Gastspiele immer bei uns. Der sehr gut aussehende Maestro, der viel zu früh gestorben ist, war mehrmals verheiratet. Einmal kam er mit einer Dame zu uns, die wir nicht kannten, und sagte zu mir: »Bitte, ich möchte Ihnen meine zukünftige Frau vorstellen: die Opernsängerin Elisabeth Lindemann. Wir heiraten nächste Woche, möchten aber schon heute zusammen ein schönes Zimmer haben.«

Für uns war es etwas seltsam, denn nach damaliger Sitte konnten wir ein unverheiratetes Paar nicht in einem gemeinsamen Zimmer unterbringen. (Klüger wäre es gewesen, er hätte zwei Zimmer gebucht.) Nun, es war mir etwas peinlich, aber ich nickte und sagte ihm: »Wenn die Hochzeit nur verschoben war, dann erlaube ich mir, Sie schon als Ehepaar einzutragen. Ich betrachte die Formalitäten als bereits erledigt, und werde Ihnen eine schöne Suite anbieten.« Er heiratete sie auch tatsächlich bald darauf.

Ich erinnere mich gut daran, wie Rudolf Kempe im Schreibsalon des Hotels eine Partitur studierte und sich wichtige Notizen hineinschrieb. Wir hatten an diesem Tage einen Fototermin für den neuen Hotelprospekt in den Gesellschaftsräumen. Herr Generalmusikdirektor Kempe wurde nicht gestört und konnte in seiner Ecke sitzen bleiben, da die aufgeklappte Tür ihn verdeckte. Nur ich und er wussten, dass dahinter der berühmte Rudolf Kempe saß und schrieb.

Kempes »Fidelio« an der Berliner Staatsoper ist mir unvergesslich, sein Temperament und seine Auffassung des Werkes waren bei aller Sensibilität einfach großartig. Ich bekam von ihm seine Künstlerkarten, und ich muss gestehen, dass ich die dritte »Leonoren«-Ouvertüre nie so vollendet gehört hatte. Weder unter Karajan noch unter Böhm, ja nicht einmal unter Furtwängler.

Georges Sebastian, der Dirigent der Grand Opéra Paris, kam zu mehreren Gastspielen zu uns. Einmal brachte er Ljuba Welitsch mit, die bestimmt berühmteste Salome auf der ganzen Welt. Leider hatte ihre Stimme nur wenige Jahre ihren vollen Glanz, und dann wechselte sie ins Operettenfach, versuchte sich später sogar als Filmkomikerin, aber in ihrer Blütezeit setzte sie Maßstäbe, die kaum wieder erreicht wurden.

Der liebenswerte Sir John Barbirolli, ein großer Dirigent, obwohl klein von Statur, wohnte, wenn er Konzerte mit den Berliner Philharmonikern gab, ebenfalls immer im Hotel Steinplatz. Er kam mit seiner englischen Ehefrau Evelyn Rothwell, die zu den berühmtesten Oboistinnen gehörte.

Sie haben gemeinsam Schallplatten aufgenommen, die zu den Meilensteinen der Musikgeschichte zählen.

Sir John trug bei den Proben und auch bei den Konzerten immer kleine Fläschchen mit Whisky in seinen Taschen. Er sagte zum Orchester: »Ich darf nicht vergessen, meine Medizin pünktlich einzunehmen.« Dann trank er mit großem Vergnügen seinen Whisky aus seinen sogenannten Medizinflaschen. Die Musiker ließen sich nicht anmerken, dass sie darüber Bescheid wussten, aber man konnte seinem immer stärker schwankenden Gang ansehen, wie viele Fläschchen er schon geleert hatte. Er war so ein amüsanter, herrlicher Maestro. Die gesamte Musikwelt war vernarrt in ihn!

Nach den Konzerten bat er die Familie Zellermayer oft, mit ihm noch etwas zusammenzusitzen, denn er konnte – wie die großen Sänger – vor den Vorstellungen nie etwas essen. Erst nach den geglückten Auftritten freute man sich, entspannt im Kreise von guten Freunden ein lukullisches Mahl zu sich zu nehmen. Sir John erzählte uns stolz, wie Queen Elizabeth II. ihn zum Ritter geschlagen hatte. Dies war nur möglich, weil er seiner englischen Frau zuliebe die britische Staatsangehörigkeit angenommen und seinen italienischen Vornamen Giovanni in John umgewandelt hatte. Denn nur Engländer können diese Ehrung empfangen und dürfen sich dann Sir beziehungsweise Lady titulieren lassen. Er schilderte sehr amüsant, wie er sich seines fortgeschrittenen Alters wegen nach dem Ritterschlag kaum aus der unbequemen Lage allein erheben konnte und die Queen ihm in gelöster Stimmung behilflich war. Das war immer ein großer Lacherfolg, wenn er uns die Szene vorspielte. In unser Gästebuch schrieb er: »To the Steinplatz, the hotel I always return to, with great pleasure for its most charming and restful atmosphere
Sir John Barbirolli, 18.1.1964«

Auch der Engländer Peter Pears, der hervorragende lyrische Tenor und Lebensgefährte des Komponisten Benjamin Britten, in dessen Uraufführungen er fast nie fehlte, verewigte sich im Steinplatz-Gästebuch.

Ebenso Gian Carlo Menotti, der italienische Komponist und Gründer des »Festival dei Due Mondi« in den USA und in Italien.

Der hochbetagte, vielgeliebte Komponist Robert Stolz wohnte, wenn er in Berlin war, ebenfalls immer bei uns. Er stieg mit seiner geliebten Frau ab, die er zärtlich Einzi nannte. Sie war ein wunderbarer Mensch und hatte während der Nazizeit vielen Verfolgten von Paris aus geholfen, in die USA einzureisen. Sie kümmerte sich aufopferungsvoll um ihren betagten Gatten und versuchte ihm jede Arbeit abzunehmen. Robert Stolz empfing im Steinplatz alle seine Freunde, Mitarbeiter der Schallplattenfirma, Journalisten und natürlich Künstler wie den fabelhaften Peter Alexander, die in seinen unsterblichen Werken auftraten. Er gab Empfänge und große Diners und nutzte die Annehmlichkeiten des Hotels, um dort seine Projekte zu verwirklichen. Einmal sagte er während eines Essens zu mir: »Es ist unglaublich, wie viele musikalische Ideen sich immer noch in meinem Kopf befinden und das Licht der Welt durch mich erblicken wollen. Also muss ich einfach weiter komponieren.« Dazu lächelte er so vergnügt, dass man ihm sein hohes Alter – er hatte die Neunzig überschritten – überhaupt nicht ansah. »Ach«, seufzte er, »welches Glück ist mir beschieden worden, als Einzi einwilligte, mich zu heiraten!«

Nach der Hochzeit wohnten Robert Stolz und seine Einzi in New York im gleichen Hotel wie Emmerich Kálmán und dessen pikante und schöne Frau Vera, die man Veruschka nannte. Mit ihr war ich später eng befreundet. Wir teilen viele lustige Erinnerungen, wie zum Beispiel eine abenteuerliche Reise nach Verona, wo ich den Sovraintendente davon überzeugen konnte, in der Arena die »Csárdásfürstin« aufzuführen. Leider vereitelte ein Schlaganfall des Sovraintendente dann dieses Vorhaben.

Die Familien Kálmán und Stolz mochten einander nicht. Kálmán komponierte kaum nach seinem Weggang in die USA, seine Hollywoodpläne scheiterten. Nun verdiente er sein Geld mit erfolgreichen Bankgeschäften an der Wall Street. Robert Stolz dagegen komponierte weiter und störte mit seiner Musik die Kálmáns im benachbarten Hotelzimmer, so dass die veranlassten, dass er über mehrere Etagen umziehen musste. Neid und Missgunst gibt es auch unter berühmten Leuten.

Vera Kálmán kam sehr oft zu uns nach Berlin und liebte den Steinplatz, aber noch mehr liebte sie meinen Bruder Heinz, dem sie überallhin nachreiste. Sie sagte zu mir: »Heinz ist der schönste Mann, den ich in meinem ganzen Leben kennengelernt habe.« Sie sprach immer sehr theatralisch mit leicht russischem Akzent. Sie war total verrückt nach Heinz, doch das beruhte leider nicht auf Gegenseitigkeit. Er schien manchmal beinahe Angst vor ihr zu haben.

Generalintendant Professor Carl Ebert war 1934 emigriert und schuf gemeinsam mit Fritz Busch die berühmten Festspiele von Glyndebourne. 1954 kehrte er als Generalintendant an die Deutsche Oper Berlin zurück und wohnte mit seiner Frau für mehrere Monate im Hotel Steinplatz, bis seine Villa im Grunewald einzugsbereit war. Er hatte im Hotel eine wunderschöne Suite und fühlte sich dort sehr wohl.

An einem besonders heißen Tag kam er mittags von seinen Regieproben für Verdis »Othello« zurück und sagte zu unserem Chefportier: »Ich bin sehr erschöpft und möchte bis zu Ihrem Weckruf um 16 Uhr bitte keinerlei Störungen!«

Er bekam zur Antwort: »Selbstverständlich, Herr Generalintendant Ebert, wir werden Ihren Wunsch strikt erfüllen, Sie werden absolut ungestört bleiben.«

Der Chefportier veranlasste sofort, dass das Zimmertelefon bis 16 Uhr gesperrt wurde. Etwa eine Stunde später kam ein aufgeregter jüngerer Herr zur Rezeption und verlangte, umgehend den Generalintendanten in einer dringenden Angelegenheit zu sprechen. Als er nicht vorgelassen wurde, ging er empört und beinahe wutschnaubend fort und meinte: »Das wird Konsequenzen für Sie haben!«

Als Professor Ebert nach seinem Weckruf von dem Vorfall erfuhr, wurde er vor Zorn kreidebleich. »Was?«, schrie er den unglücklichen Portier an. »Wissen Sie, dass wir vielleicht keine Abendvorstellung haben werden, da sofort ein Ersatzsänger hätte geholt werden müssen? Dazu benötigte man meine Entscheidung.«

Die Vorstellung fiel glücklicherweise nicht aus, aber Herr Ebert und seine Gemahlin verließen vor Ärger unser Haus sofort und zogen in die noch nicht ganz bezugsfähige Villa im Grunewald ein. Ich nahm unseren Portier in Schutz, denn es gehörte zu seinen wichtigsten Qualitäten, Anweisungen strikt zu befolgen. Er hatte nicht wissen können, dass er sich in dieser Situation über das Verbot hätte hinwegsetzen müssen. In keinem Hotel von Klasse hätte der Portier sich eine solche Eigenmächtigkeit erlauben dürfen.

Mehrere Monate wohnte auch der berühmte Walter Felsenstein mit seiner ersten Frau und zwei kleinen Söhnen bei uns. Er war aus Zürich als Intendant und Regisseur nach Berlin zurückgekehrt. Felsenstein wurde eine richtige Legende. Seine Regiearbeiten an der »Komischen Oper«, waren sensationell und sind bis zum heutigen Tage unvergessen. Einmalig waren seine Inszenierungen von »Ritter Blaubart«, »Hoffmanns Erzählungen«, »Othello« und natürlich seine Mozart-Produktionen.

Johannes Felsenstein, sein Sohn aus zweiter Ehe, ist Generalintendant in Dessau und hat das große Talent seines Vaters geerbt. Er leitet das Opernhaus hervorragend und ist ein vorzüglicher Regisseur. Von Berlin ist Dessau nur einen Katzensprung entfernt, und ich versuche mir immer seine Premieren anzusehen. Mit »Salome« und anderen Stücken gastierte er in Japan und auf anderen Kontinenten.

In der hoch über den Dächern Berlins gelegenen, schönen Wohnung meines Bruders Achim stand ein Steinway-Flügel, der Musikgeschichte schrieb.

Ich erinnere mich an den hinreißenden kanadischen Wunderpianisten Glenn Gould, der, wenn er in Berlin zu Konzerten mit den Philharmonikern weilte, immer im Steinplatz wohnte. Er übte unentwegt in unserem Dachgeschoss am Steinway-Flügel meines Bruders Achim. Seine Körperhaltung mutete seltsam an, er saß bei seinen Proben wie gekrümmt am Flügel, allerdings nicht bei den Konzerten. Glenn Gould litt an starken Kreislaufstörungen. Bei größter Sommerhitze saß er voll bekleidet mit Wintermantel, Wollschal, Kappe und Handschuhen zusammengesunken auf der Bank vor dem Flügel. Bevor er anfing, zog er seine Handschuhe manchmal aus, aber oft spielte er zu Beginn auch mit Handschuhen. Er litt an Kältegefühlen und wärmte sich mit lauwarmem Wasser die Hände, wenn er sich von den Handschuhen trennte. Er erklärte mir, warum er diese Schutzmaßnahmen traf. Für seine körperliche Verfassung war es notwendig, die Sehnen und Muskeln warm zu halten. Dadurch waren seine Finger besonders geschmeidig. Er war ein Virtuose und höchst gefeiert, aber er selbst war mit seinen Leistungen nie zufrieden, wie er mir erzählte.

»My warmest thanks to all at the Steinplatz
who have made my first visit here so pleasant.
May 26th 1957«, vermerkte Glenn Gould im Gästebuch kurz nach seiner ersten legendären Einspielung der Goldberg-Variationen und wenige Jahre bevor er sich aus dem Konzertleben zurückzog. Den Rest seines Lebens verbrachte Glenn Gould übrigens ebenfalls im Hotel. Er hatte seine

Suite in ein Tonstudio umgewandelt, allerdings nicht in Berlin, sondern in Toronto.

Es geschah nicht selten, dass zur gleichen Zeit zwei berühmte Künstler um Termine baten, um sich an Achims Flügel einzuspielen. Dann musste man diplomatisch vorgehen, damit sich keiner zurückgesetzt fühlte. Nicht nur die Pianisten bemühten sich um den Flügel, auch Menuhin oder berühmte Cellisten wie Casals waren mit ihren Begleitern darauf angewiesen. Es war für die Musiker natürlich wunderbar, im selben Haus wohnen und proben zu können und nicht mit dem Taxi irgendwohin fahren zu müssen, um sich womöglich bei Wind und Regen zu erkälten.

Pablo Casals hatte seine um zwei Generationen jüngere Schülerin geheiratet, die ihn rührend umsorgte und mit ihm an Achims Flügel die erforderlichen letzten Konzertvorbereitungen traf. Ausnahmsweise – der Maestro war in dieser Hinsicht eigentlich äußerst streng – durften wir diesen Proben einmal beiwohnen, was wir mit ehrfürchtiger Begeisterung taten. Casals dirigierte sein Oratorium »El Pessebre« (»Die Krippe«) am 5. September 1963 in Berlin. Er sagte mir: »So ein Glück, im Hotel Steinplatz die Möglichkeit zu finden, sich ungestört auf die Konzerte vorbereiten zu können! Wir sind glücklich bei Ihnen und würden in Berlin nie mehr woanders wohnen wollen.«

Weitere phänomenale Künstler wohnten bei uns, etwa der für seine Brahms-Interpretationen gefeierte argentinische Pianist Bruno Leonardo Gelber, der sich geradezu hysterisch jedwede Ruhestörung verbat und hochempfindlich reagierte, wenn es sich einmal doch nicht ganz vermeiden ließ. Er bezog mit seiner Managerin immer eine ruhige Suite zum Hof. Sie bewachte ihn wie ein Hirtenhund, er durfte um keinen Preis gestört werden. Mittags stand er auf und ließ etwas zum Essen heraufkommen. Dann begab er sich schweigend an Achims Steinway, um stundenlang zu üben. Nicht einmal seine Managerin durfte ihn ansprechen. Wenn es eine wichtige Nachricht gab, schrieb sie alles auf, um mit ihrer Stimme seine Gedankengänge nicht zu stören.

Der berühmte chilenische Pianist Claudio Arrau, der während seiner Berlin-Aufenthalte immer nur bei uns im Steinplatz wohnte, sagte einmal zu mir: »Glauben Sie mir bitte, wir Pianisten sind die einsamsten Menschen auf der Welt. Wir üben vor dem Konzert und gehen abends dann zur Vorstellung. Anschließend sind wir müde, kennen kaum jemanden in der fremden Stadt, kehren ins Hotel zurück, um am nächsten Morgen bereits wieder im Flugzeug zu sitzen wegen eines Konzerts in irgendeiner anderen Stadt oder vielleicht auch auf einem anderen Kontinent.«

Der italienische Dirigent Giuseppe Patanè erzählte immer gern die Geschichte seiner Geburt. Sein Großvater war Intendant der berühmten Oper »San Carlo« in Neapel gewesen. Sein Vater war dort als Dirigent engagiert und verliebte sich in die Tochter des Intendanten. Nach einigen Anfangsschwierigkeiten gab ihr Vater seinen Segen zu dieser Heirat.
Am 31. Dezember, zu Silvester, wurde in der San Carlo Verdis »Macht des Schicksals« gegeben. In der Prosceniums-Loge saß die junge Frau, während ihr Ehemann dirigierte. Dort stellten sich die Wehen ein, und – so ist seine Geschichte – noch in der Loge kam der kleine Giuseppe zu den Klängen der Oper auf die Welt. Es scheint zu stimmen, sein Geburtstag war der 1. Januar. Die Oper ist besonders lang und dauerte bis nach Mitternacht. Pino, wie ich ihn nannte, wuchs praktisch im Opernhaus auf und war bei allen Orchesterproben zugegen. Er sog die Musik förmlich mit der Muttermilch ein. Er war sehr stolz darauf, dass er unter Maestro Mascagni in seiner Oper »Cavalleria Rusti-

cana« im Orchester die Glocken schlagen durfte, als er erst sechs Jahre alt war!

Selbstverständlich stand von Anfang an fest, dass Pino den Beruf seines Vaters erwählen würde. Er widmete sich ernsthaft und voller Begeisterung dem Musikstudium und erlernte das Partiturlesen. Giuseppe Patanè war einfach genial veranlagt, und das Erstaunlichste war, dass er etwa 250 (!) Partituren auswendig konnte. Er war ein glänzender Pianist und spielte beinahe alle großen Klavierkonzerte als Solist.

Manchmal zog ich ihn hinzu, wenn ein Sänger mir vorsingen wollte. Er setzte sich bei diesen Gelegenheiten an den Flügel und fragte kurz: »Was möchten Sie singen, welche Arie?« Und sofort spielte er das gewünschte Stück perfekt aus dem Gedächtnis, mit allen Orchesterstimmen. Er hatte eine schöne Frau, die eine sehr gute Sopranistin war, ihren Beruf jedoch seinetwegen aufgab. Sie brachte die beiden Töchter Francesca und Paola zur Welt. Da sie zu der Zeit in Berlin lebten, spielten sie oft zusammen mit meiner Tochter Ariana.

Maestro Patanè war damals erster Kapellmeister an der Deutschen Oper Berlin. Ich wurde für viele Jahre seine Managerin. Wir waren sehr erfolgreich, bald brachte ich ihn in die USA, wo er seinen internationalen Durchbruch feierte. Es dauerte nicht lange, und er dirigierte an allen großen Opernhäusern der Welt: Scala, Met, Wiener Staatsoper, San Carlo (Neapel), La Fenice (Venedig). Er kehrte gastweise auch wieder nach Berlin an die Deutsche Oper zurück, wo er viele Neuproduktionen dirigierte. Er war ein Ausnahmekünstler, auch wenn manchmal sein neapolitanisches Temperament mit ihm durchging und er selbst bei Generalproben unterbrach, wenn ihm irgendein Detail missfiel.

Als ich mit meiner Agentur nach München übersiedelte, wurde auch diese Stadt für ihn ein wichtiges Betätigungsfeld. Patanè dirigierte oft an der Bayerischen Staatsoper und im Bayerischen Rundfunk, wo er zum Chefdirigenten ernannt wurde. Zusätzlich sollte er als Generalmusikdirektor das »Teatro dell'Opera« in Rom übernehmen. Er hatte nur eine große Schwäche, und das waren die Frauen. Darin ähnelte er seinem Vater, der seine Frau ebenfalls verlassen hatte. Pino trennte sich von Rita und wurde in seiner grenzenlosen Gutmütigkeit zur Beute gewissenloser Sängerinnen, die oft genug seine Gage einsteckten, wenn das Honorar ausgezahlt wurde.

Schließlich verliebte er sich in eine kleine Näherin von der Staatsoper, die gleich mit ihrer Schwester zu ihm zog und ihn überredete, eine Eigentumswohnung zu kaufen. Die Schwester begann nun, ihn zu managen. So verlor ich Pino, doch wir blieben Freunde. Er stand ganz im Banne dieser zwei raffinierten Frauen. Seine Freundin zog alsbald schon auf seine Kosten nach Hollywood, wo sie sich zur Schauspielerin ausbilden lassen wollte.

An einem heißen Julitag im Jahr 1989 traf ich Patanè vormittags beim Bühnenpförtner. Er ließ sich den Schlüssel zu seinem Dirigierzimmer geben, um sich den ganzen Tag in die Partitur des Klavierkonzerts von Tschaikowsky zu versenken. Am nächsten Tag wollte der Bayerische Rundfunk ein großes Porträt mit ihm aufzeichnen, dort wollte er dieses Stück spielen, das er seit über zwanzig Jahren nicht mehr interpretiert hatte. Ich musste wegen verschiedener Verträge zu einem Termin mit dem Intendanten August Everding, und wir konnten nur einige Worte wechseln. »Wie schön, dass ich dich treffe, Carissima«, sagte er zu mir, »ich muss dich unbedingt übermorgen nach der Rundfunkaufzeichnung sprechen, wir werden zusammen essen. Ich habe dir viel zu erzählen, und du musst mir helfen, die beiden Frauen wieder loszuwerden. Ich habe ihnen schon die Wohnung überschrieben, nur um mich freizukaufen. Heute abend dirigiere ich ›Il Barbiere di Siviglia‹, vielleicht hast du Lust zu kommen?«

Leider war ich schon mit Freunden verabredet und konnte nicht. Wie sehr sollte ich dies später bedauern! »Schade, also dann bis übermorgen, und bitte übernimm wieder alle meine Verträge und Verhandlungen, denn ich brauche dich sehr.« Dieses Übermorgen gab es nicht mehr. Es war das letzte Mal, dass ich ihn sah.

Patanè wirkte sehr erschöpft, die brütende Julihitze war unerträglich, und in seinem Zimmer gab es keine Klimaanlage. Er hatte bis zur Vorstellung konzentriert das Klavierkonzert geprobt und dann seinen Frack angezogen, den er sich kurz zuvor von Moshammer, einem bekannten Münchner Herrenschneider, hatte anfertigen lassen.

Im ersten Akt des »Il Barbiere di Siviglia« sackte Giuseppe Patanè zusammen. Man trug ihn schnellstens in seine Garderobe, und der Theaterarzt eilte sofort zu ihm. Aber es gab keine Rettung mehr, sein Herz hatte versagt, und er starb, erst 57jährig, noch während des Transportes zum Krankenhaus. So schloss sich der Kreis seines Lebens: Er war in der Oper zur Welt gekommen und in der Oper gestorben!

Rita, Francesca, Paola und sein Bruder, ein sehr guter Theaterregisseur, kamen sofort aus Italien und baten mich, mit ihnen gemeinsam in der ersten Reihe hinter dem Sarg zu gehen. In der Kirche wurde Mozarts »Requiem« für ihn gegeben, und es war ergreifend; nicht zuletzt für die Sänger, von denen die meisten am Abend seines Todes im »Barbiere di Siviglia« gesungen hatten und die nun die Totenfeier zelebrierten.

Giuseppe Patanè wurde in Luino, wo er eine schöne Villa sein Eigen nannte, im Frack des Modedesigners Rudolph Moshammer beigesetzt. Ein großer Musiker und warmherziger, wundervoller Mensch war gänzlich unerwartet von uns gegangen.

West-Berlin und die Welt

Musikleben, Hotelgewerbe und Gastronomie – in ganz unterschiedlichen Bereichen haben die Zellermayers gewirkt und dafür wichtige Auszeichnungen wie das »Große Bundesverdienstkreuz«, die »Brillat Savarin Medaille« und den »Commendatore al Merito della Repubblica Italiana« erhalten. Während ich mit meiner Opernagentur international erfolgreich arbeitete, wurde mein Bruder Heinz zu einem der führenden Privatgastronomen Deutschlands.

1957 plante Berlin eine große Bauausstellung im Tiergarten. West-Berlin hatte zu dieser Zeit noch keine gute Hotellerie. Die wenigen Häuser konnten eine größere Besucherzahl nicht aufnehmen. Mein Bruder hatte auf einer USA-Reise sein Wissen über modernes Hotelmanagement auf den neuesten Stand gebracht. Er hatte gesehen, wie man den Platz im Gebäude optimal nutzt, das Personal möglichst effizient einsetzt und die Gesamtkosten hart kalkuliert. Er entschloss sich, in Berlin ein neues Hotel zu bauen. An der Meinekestraße, an dem kleinen Park gegenüber der Volksbühne, fand er ein schönes Eckgrundstück, das dem Schauspieler Willy Fritsch gehörte. Es gelang ihm, das Grundstück zu erwerben. Am 31. Januar wurde der Grundstein gelegt. Die Bauarbeiten fanden in drei Schichten statt. Für die Bäder und ihre Verkachelung kamen vier Spezialisten aus Italien, die pro Tag ein Bad fertigstellten. Das Haus war im Juli 1957 – praktisch zur Eröffnung der Bauausstellung – komplett eingerichtet und konnte dem Fremdenverkehrsamt zur Verfügung gestellt werden. Das war auch für damalige Zeiten ein Rekord.

Von Anfang an war das »Parkhotel Zellermayer« ein Erfolg. Mein Bruder Heinz hatte eine sehr gute Mannschaft, eine erstklassige Hoteldirektorin, die vorher schon das Flughafenhotel geleitet hatte, sehr tüchtige Portiers und eine ausgezeichnete Hausdame. Mit dieser Kerntruppe bewältigte er alle Anstürme und war glücklich über seinen Entschluss. Später erweiterte er die Kapazität mit einem Anbau, so dass das Hotel 150 Zimmer bester Qualität bot. Viele Jahre später hat Heinz das Haus mit sehr gutem Gewinn verkaufen können.

Heinz Zellermayer übte im Lauf seines Lebens eine Vielzahl von Funktionen aus. Fünfundvierzig Jahre lang war er Präsident des Hotel- und Gaststättengewerbes, den Deutschen Gaststättenverband hatte er mitbegründet. Er war Vizepräsident der Industrie- und Handelskammer, langjähriger Präsident der Innungskrankenkasse, Leiter der Lehrlingsausbildung des Berliner Gaststättengewerbes, Kurator des Internationalen Ausbildungszentrums – und auch Prinz Karneval, der auf einem Schimmel durch Berlin ritt.

Viele junge Köche und Kellner sind bei Heinz Zellermayer in die Lehre gegangen. Er hatte die Hotelfachschule in Berlin gegründet und nahm den Lehrlingen die Abschlussprüfungen ab. Er unterstützte ihre Karriere und blieb für sie immer ein Mentor mit offenem Ohr.

Der junge Hinkfuss ist eines von vielen Beispielen. Er hat sich ein wunderbares Anwesen auf Sylt aufgebaut, ein Luxusrestaurant der absoluten Sonderklasse in Verbindung mit einem Hotel, welches er mit Unterstützung seiner tüchtigen Ehefrau führt. Wenn wir auf der Insel Sylt sind, versäumen wir niemals, einen Abend bei Hinkfuss zu verbringen. Die »foie gras« ist seine Spezialität, und ich habe sie nirgendwo sonst in dieser Perfektion genossen. Voller Stolz sagt er jedes Mal: »Diese Kunst des Kochens habe ich im Restaurant des Hotels Steinplatz erlernt!«

Zwanzig Jahre lang war Heinz Zellermayer Abgeordneter des Landes Berlin. Der damalige Minister Ernst Lemmer kam auf die Idee, Vorsitzende der Wirtschaftsverbände zu einem Abgeordnetenmandat zu überreden. Wenn der Chef einer großen Vereinigung der CDU angehörte, dachte er sich zu Recht, folgte ihm bestimmt ein Teil seiner Mitglieder. Im »roten Spandau« eroberte er für meinen Bruder den geographisch größten Wahlkreis mit drei Ortsverbänden. Es ging um Gatow, Kladow, Glienicke und Wilhelmstadt. Ganz einfach war das nicht, denn alle Ortsverbände beanspruchten seine Gegenwart. In den fünf Wahlperioden verteidigte Heinz Zellermayer in Spandau diesen einzigen direkten CDU-Wahlkreis. Als er sein Mandat niederlegte, fiel der Bezirk wieder der SPD zu.

Seine politischen Erfolge waren zunächst die Abschaffung der 20-prozentigen Getränkesteuer auf alle Getränke, auch auf Kaffee, die der Berliner Bevölkerung und selbstverständlich auch den Wirten ein Dorn im Auge war. Er widmete sich während seiner Abgeordneten-Tätigkeit immer mehr den wirtschaftlichen Problemen unserer Stadt als den ideellen politischen. Auch der Weihnachtsmarkt an der Gedächtniskirche entstand durch seinen stetigen Einsatz für dieses Projekt, das er gegen alle Widerstände durchsetzte. Dafür erklärten sich die Schausteller bereit, den Kurfürstendamm mit Weihnachtsbäumen zu bestücken.

Mit dem französischen Präsidenten General de Gaulle stritt Heinz sich erfolgreich um die Herausgabe der Bronzetableaus für die »Goldelse«, den Friedensengel auf der Siegessäule. Er gründete die Mittelstandsvereinigung der CDU, die bis heute aktiv ist. Es gelang ihm, das Verbot aufzuheben, in der Karwoche von Mittwochabend bis Samstagabend leichte Musik und Tanzmusik zu spielen. In der Folge war nur noch der Freitag von morgens um sechs Uhr bis Samstagmorgen um sechs Uhr geschützt, was dem Berliner Tourismus gut bekam.

Den Besuch des Schahs von Persien mit seiner zweiten Frau Farah Diba in Berlin erlebte Heinz Zellermayer 1967 aus nächster Nähe. In erster Ehe war der Schah mit einer Berlinerin verheiratet gewesen, deren Mutter eine intime Freundin der Mutter von Heinz Zellermayers erster Frau Winnie Markus war. Auf diese Weise lernte er die Ex-Kaiserin Soraya kennen und schätzen.

Der Schah-Besuch war ein großes, sehr umstrittenes Ereignis für Berlin. Vormittags stand im Schöneberger Rathaus ein Meeting mit allen politischen Größen auf der Tagesordnung. Später wurde mit dem alten preußischen Silber als Tafelaufsatz ein großes Essen serviert.

Mittlerweile hatten sich auf dem Vorplatz des Rathauses zwei persische Gruppen gebildet, die sich feindlich gegenüber standen, Schah-Gegner und -Befürworter, die sogenannten »Jubel-Perser«. Nach dem Essen wurde der Schah zu seiner Sicherheit in einen Omnibus gesetzt, der ihn durch die Menge hindurch in sein Quartier bringen sollte. Heinz stand mit dem Polizeipräsidenten Johannes Stumm auf dem Vordach des Rathauses und sah, was sich unten abspielte, wie eine Filmszene.

Die berittene Polizei versuchte vergebens, eine Straße für den Omnibus frei zu machen. Der Bus blieb in der tobenden Menge stecken. Es dauerte längere Zeit, bis die Polizei durch massives Eingreifen den Staatsgast aus dieser Lage befreien konnten.

Am Nachmittag gab es eine Zusammenkunft im Schloss Charlottenburg, wo Heinz sich um die zweite Frau des Schahs, Farah Diba, kümmerte. Sie hatte in Paris studiert und sprach fließend französisch. Da Heinz diese Sprache ebenfalls sehr gut beherrschte und anscheinend niemand da war, der sich besonders für sie interessierte, unterhielt er sich mit ihr angeregt über eine Stunde lang.

Das dritte Kapitel an diesem Tag war die Aufführung der »Zauberflöte« in der Deutschen Oper Berlin. Heinz Zellermayer war schon verhältnismäßig früh mit seinem Chauffeur vorgefahren und konnte, ähnlich wie am Vormittag, von einem Fenster im ersten Stock aus die Ankunft des Schahs mit seinem Gefolge erleben. Leider fuhren sie, strategisch ziemlich ungeschickt, in einem weiten Bogen vor der Oper vor und mussten durch ein Spalier von wütenden Studenten, die mit Eiern und Tomaten auf die Fahrzeuge warfen. Immerhin gelangten sie unbeschadet im Opernhaus an. Während der Festvorstellung kämpften die verschiedenen feindlichen Lager miteinander, und die Protestdemonstrationen gegen das Schah-Regime durch deutsche Studenten machte die Lage noch verwickelter.

Ein Polizist gab einen Schuss aus seiner Dienstpistole ab und tötete den Studenten Benno Ohnesorg. Es entstand ein unbeschreibliches Chaos. An jenem 2. Juni 1967 bekam die Studentenbewegung einen neuen Schub. Die Polizei hatte einen unbescholtenen Demonstranten getötet, und da vor Gericht nie geklärt werden konnte, ob der Polizist leichtfertig oder gar gezielt geschossen hatte, bezeichneten radikale Kreise die Bundesrepublik Deutschland als gewaltbereiten »Polizeistaat«. Die Lage war außerordentlich angespannt.

In jene Zeit fiel auch der Besuch der englischen Königin in Berlin. Im Charlottenburger Schloss fand ein großes Begrüßungszeremoniell statt, bei dem Heinz Zellermayer das Vergnügen hatte, ihrer Majestät vorgestellt zu werden.

1937, bei der Krönung ihres Vaters George VI., war er in der Deutschen Botschaft tätig gewesen. Er hatte damals die großen internationalen Diners zu Ehren der Royal Family und der Diplomaten mitgestaltet. Zur Krönung von Elizabeth II. hatte unsere Mutter meine beiden Brüder und mich 1953 nach London gesandt. Wir erlebten den Krönungszug ganz aus der Nähe und nahmen am Abend unsere Plätze beim großen Ball im »Savoy Hotel« ein. Es war für uns ein erhebendes Gefühl und ein unvergessliches Erlebnis, in Londons High Society in festlichen Roben zu tanzen und an der ausgelassenen Freude teilzuhaben.

Bei der persönlichen Begegnung mit der Königin und ihrem Gemahl nach all den Jahren stellte Heinz erstaunt fest, dass Prinz Philip ihm nur bis zur Schulter reichte und die Königin noch ein Stück kleiner war. Dazu muss man allerdings sagen, dass Heinz beinahe zwei Meter groß ist.

Heinz Zellermayer weitete seine gastronomischen Tätigkeiten immer weiter aus, im Lauf seines Lebens leitete er eine fast unüberschaubare Zahl an Betrieben.

Das Restaurant »Jules Verne« im Pariser Eiffelturm war ein Glanzpunkt im Wirken meines Bruders. Heinz richtete hier das höchstgelegene Restaurant der Stadt ein. Der Bau war jedoch nicht einfach. Heinz musste einen Fahrstuhl in einen der vier Pfeiler des Turms einbauen lassen, damit die Gäste bequem nach oben gelangten. Es gab eine Menge technischer Probleme, aber am Ende funktionierte es. Die Plätze im Restaurant mussten meistens schon einen Monat vorher reserviert werden, so stark war die Nachfrage. Das abendliche Bild mit den vielen Lichtern und den Vergnügungsbooten auf der Seine war einmalig. Auch mittags war das Restaurant immer ausgebucht. Die Gäste konnten bis zum Montmartre und auf der anderen Seite flussabwärts bis zu den Neubauten von La Défense sehen. Schöner kann Paris nicht präsentiert werden. Natürlich lag es auch an dem berühmten Sternekoch Rex aus dem Elsass, dass das »Jules Verne« eines der führenden Restaurants von Paris wurde. Oft dachte Heinz dort an das Jahr 1937 zurück, als er während der Weltausstellung sechs Monate lang Tag und Nacht auf dem Dach des Deutschen Pavillons gearbeitet hatte, keine hundert Meter vom Eiffelturm entfernt, zu dessen Besichtigung er nicht die Zeit fand.

Nachdem sich das Eiffelturm-Restaurant in Paris so erfolgreich etabliert hatte, lag es für Heinz nahe, in Berlin etwas Ähnliches zu versuchen. Nach der Wende sollte die Gastronomie des Fernsehturms am Alexanderplatz neu vergeben werden. Heinz Zellermayer arbeitete mehr als zwei Jahre lang an der Verwirklichung eines Pachtvertrags für seine französische Gesellschaft. Nachdem alles praktisch in trockenen Tüchern war, stand nur noch die endgültige Genehmigung aus. Sie wurde von Monat zu Monat verschoben. Als Heinz einmal eine Einladung bekam, nach Mauritius zu fliegen, erkundigte er sich vorher, wie es mit der Unterschrift stehe und bekam die Auskunft, dass sich vorläufig wohl nichts ändern würde.

Kaum war er auf Mauritius, bekam er einen Telefonanruf. Er solle sofort nach Berlin kommen, um den endgültigen Abschluss zu tätigen. Aber wie das Leben manchmal spielt, war das gerade in diesem Moment nicht möglich, da die finanzielle Lage von Heinz' Gesellschaft durch den Bau einiger neuer Hotels angespannt war. Unter diesen Umständen kam eine andere Gruppe zum Zuge.

Die Telekom bestand aber darauf, dass Heinz als einziger Fachmann unbedingt mit in diese Gruppe aufgenommen werden sollte. Er glaubte an ein Wunder, weil es ihm nun doch noch gelungen war, Mitunternehmer dieser Gruppe zu werden. Seine Gruppe in Paris hieß »Elliance« und betrieb die Gastronomie der beiden Pariser Flughäfen Roissy und Orly. Außerdem bekam sie noch die Flughäfen Lyon und Marseille zur Bewirtschaftung. »Elliance« führte einige große, berühmte Restaurants und zwölf Autobahnrestaurants in Paris. Sie war nach »Akkord« die zweitgrößte gastronomische Gesellschaft Frankreichs.

Da Heinz gleichzeitig in Berlin und Westdeutschland mehrere große Betriebe hatte, Vorsitzender des Berliner Hotel- und Gaststättengewerbes und Abgeordneter der CDU im Parlament war, kann man sich vorstellen, dass er einen ausgefüllten Tag hatte. Das »Jules Verne« auf dem Pariser Eiffelturm gab er 2006 auf, das Restaurant auf dem

Fernsehturm am Berliner Alexanderplatz führte er noch mit 92 Jahren.

1963 war mit großem Aufwand das fünfzigjährige Jubiläum des Hotels am Steinplatz gefeiert worden. Die Zeitungen berichteten ausführlich darüber, denn es war wirklich ein seltenes Ereignis in der Geschichte eines Unternehmens, das von verschiedenen Generationen einer Familie geführt wurde.

Erna Zellermayer, die die Hauptzügel bis zu ihrem Ende 1980 in ihren erfahrenen Händen hielt, wurde von unserem Personal wirklich verehrt. Dies konnte man bei den alljährlichen Weihnachtsfesten für die Belegschaft gut beobachten. Zimmermädchen, Pagen, Lehrlinge, Portiers und Küchenbrigade freuten sich immer besonders auf diesen Tag, der kurz vor Heiligabend angesetzt wurde.

Mein Bruder Achim studierte mit einem kleinen Chor aus Lehrlingen und Pagen einige Weihnachtslieder ein. Wer sich bereit fühlte, etwas vorzutragen, wurde in das Programm integriert. Jeder hatte einige Tage vorher einen Namen aus einem dafür vorbereiteten Sack gezogen und dem Betreffenden ein Geschenk zu einem festgelegten, kleinen Betrag besorgt. Die Geschenke wurden schön verpackt von einem Weihnachtsmann überreicht. Natürlich hatte die Hoteldirektion für jeden Angestellten auch ein besonderes Geschenk und einen Brief mit Geld hinzugefügt.

Die Sitzordnung für die langen Tafeln war sorgfältig durchdacht. Oben stand ein Quertisch, an dem sich die Hotelbesitzerfamilie niederließ. Die Tische waren wunderbar dekoriert mit Tannenzweigen, Bändern, Äpfeln, Nüssen und Kerzen und strahlten eine behagliche und zugleich feierliche Wärme aus.

Achim las die Weihnachtsgeschichte vor, der kleine Chor kam an die Reihe, und nun trat zur Freude aller der Weihnachtsmann auf, der aus seinem Sack die Paketchen hervorzauberte. Da dies nun wieder einige Zeit in Anspruch nahm, wurde die Tafel für das Essen umgedeckt, wobei die Lehrlinge mithalfen. Nach dem Essen wurden die Tische zur Seite gestellt, und es begann ein lustiger Tanzabend. Gern denke ich an die vielen stimmungsvollen Feste zurück, die in unserem Haus gefeiert wurden.

Doch das große Fest des fünfzigjährigen Jubiläums markierte zugleich auch den Anfang vom Ende. Nach der Währungsreform hatte in Deutschland ein beispielloser wirtschaftlicher Aufschwung eingesetzt. Als 1961 die Mauer gebaut wurde, war dies nicht nur für unser Familienunternehmen, sondern für ganz Berlin eine Tragödie. Mit einem Federstrich wurde eine Trennlinie quer durch die lebhafte Stadt gezogen. Vorher waren bereits Gerüchte kursiert, doch niemand mochte so recht daran glauben. Wie sollte eine Stadt, deren Verkehrs- und Stromnetze, Kanalisation und Straßen eine Einheit bildeten, einfach geteilt werden? Doch das Ulbricht-Regime leistete ganze Arbeit.

Von heute auf morgen wurden Straßen abgeriegelt, sogar ganze Mietshäuser geteilt, Familien auseinandergerissen. Die Berliner Mauer bedeutete auch die allmähliche Auflösung unserer Familienexistenz. Es zeichnete sich bald ab, dass wir das Hotel auf Dauer nicht mehr weiterführen können würden. Die Gäste blieben aus. Geschäftsleute kamen jetzt ohne ihre Familien in die Stadt. Sie nahmen frühmorgens einen Flug nach Berlin, nur mit einer schweren Aktentasche als Gepäck. Sie verließen Berlin nach ihren Meetings oder Verhandlungen dann abends mit der Spätmaschine. Eine Hotelübernachtung erübrigte sich. Die Ehefrauen, die sie früher begleiteten und die gern Einkäufe am noblen Kurfürstendamm machten, kamen erst gar nicht mehr mit.

Unsere Stammgäste fühlten sich in der einschränkenden Insellage nicht mehr wohl, sie zogen andere Städte wie München, Hamburg oder Düsseldorf vor, dorthin verlagerten sich auch die guten Berliner Boutiquen. Die Modebranche, die jährlich zweimal in Berlin die Hotels füllte, verließ geschlossen die Stadt und ging mit ihren Modeschauen und Mannequins nach Düsseldorf und München. Auch diese Einnahmen entfielen also. Uns Hoteliers blieben die unverändert hohen Fixkosten für Personal, Steuern, Heizung und Strom. Wie sollten wir dies bezahlen?

Zudem waren inzwischen einige neue Hotels entstanden. Sie waren nicht in unserem individuellen, großzügigen Stil erbaut worden. Die kleinen Zimmer glichen einander in Farbe und Ausstattung wie eineiige Zwillinge.

Das Einheitsformat verbreitete sich in der Hotellerie, man wirtschaftete ökonomischer und verzichtete bald ganz auf den individuellen Service, der unseren Geist ausgemacht hatte.

Viel später erst kamen sehr gute andere Hotels der Luxuskategorie hinzu, die internationalen Hotelketten angehörten und denen dadurch ganz andere finanzielle Mittel zur Verfügung standen als Häusern in Familienbesitz.

Am Steinplatz wäre, um weiter unter den allerbesten Häusern zu rangieren, eine Grundrenovierung nötig gewesen. Wir hätten die Zimmereinteilung verändern und die Sanitäranlagen erneuern müssen. Meine Mutter war schon über siebzig und fühlte sich einer solchen Aufgabe nicht mehr gewachsen. Ich war inzwischen nach München gezogen und wurde von meiner Opernagentur voll in Anspruch genommen, mein Bruder hatte, wie gesagt, zahllose eigene Unternehmungen. Und reichten unsere finanziellen Mittel für eine derartige Investition? Wohl kaum.

Wir überlegten lange, mussten dem Personal aber weitgehend kündigen. Es blieben nur zwei Möglichkeiten: das Haus zu schließen oder zu verpachten. Wir entschlossen uns 1976, einen Zehnjahresvertrag mit einem angesehenen Seniorenheim abzuschließen. Es war für die Familie Zellermayer ein sehr schwerer Schritt.

Wir bemühten uns, unser gutes Stammpersonal anderweitig unterzubringen. Ihr künftiges Wohlergehen lag uns wirklich sehr am Herzen. Tatsächlich konnten wir alle bestens weitervermitteln, die Hotellerie in Berlin war glücklich, so perfekt eingearbeitete Zimmermädchen, Pagen, Hoteldiener und Portiers übernehmen zu können.

Unser Empfangsdirektor Dieter Kunow wurde Empfangschef im »Hotel Berlin«, wo er bis zu seiner Pensionierung blieb.

In dem Pachtvertrag mit dem Seniorenheim war eine Klausel enthalten, die wir später zutiefst bedauern sollten: ein Vorkaufsrecht innerhalb von zehn Jahren. Als wir 1983 den Entschluss fassten, das Haus doch zu behalten, war dies nicht mehr möglich, weil der Pächter auf sein Recht pochte und das Anwesen kaufte.

Das Hotel Steinplatz war für viele Jahre unsere Heimat gewesen. Unser ganzes Leben lang hat uns das Haus schicksalhaft begleitet und geformt. Ich danke meinen geliebten Eltern, dass sie uns im Hotel Steinplatz aufwachsen ließen und uns mit folgendem Motto in die weite Welt entsandten:

> Wenn du am Morgen aufstehst,
> dann sage Dank für das Morgenlicht,
> für dein Leben und die Kraft,
> die du besitzt,
> sage Dank für deine Nahrung
> und die Freude, am Leben zu sein.
> Wenn du keinen Grund siehst,
> Dank zu sagen,
> liegt der Fehler bei dir.
>
> (Tecumseh vom Volk der Shawnee)

Schicksals-Symphonie

Wie eingangs erwähnt, glaube ich, dass uns ein geheimes Schicksal leitet. Ich glaube auch, dass wir Menschen, je nachdem wie sensibel wir sind, die Möglichkeit haben, einen verstohlenen Blick auf diesen Plan und damit auf unser künftiges Schicksal zu werfen.

Mein Leben lang haben mich übersinnliche Wahrnehmungen interessiert. Es gab Situationen, in denen mich ein sechster Sinn in eine bestimmte Richtung getrieben hat, wie zum Beispiel in der Todesstunde meines zweiten Mannes, als ich diesen übermächtigen Drang spürte, zu ihm zu eilen. Ähnliches geschah auch mit Michael Bohnen. Ich lief eines Tages über den Kurfürstendamm und sah ihn auf mich zukommen: die gewohnt elegante, stattliche Erscheinung. Ich wollte gerade überrascht ausrufen: »Michael, was machst du denn hier?«, als er plötzlich wie vom Erdboden verschwunden war.

Kurz darauf erfuhr ich, dass ich ihn verwechselt hatte, es war eine Art Vision, denn Michael Bohnen war just zu jener Stunde in seiner Wohnung gestorben.

Es gibt Menschen, bei denen die übersinnlichen Fähigkeiten besonders stark ausgeprägt sind, wie zum Beispiel die Wahrsagerin Gabriele Hoffmann. Im April 2000 suchte ich sie auf. Frau Hoffmann will vor einer Sitzung möglichst wenig von ihrem Klienten erfahren. Sie versetzt sich in Trance und blickt in den »Schicksalsstrom« ihres Gegenübers. Dann sieht sie einen »Film«, Bilder, meist ungeordnet wie in einem Traum, die vergangene oder künftige Begebenheiten im Leben des Klienten zeigen. Der Klient muss sich dann Notizen machen, weil meist erst in der Nachbesprechung, womöglich auch Jahre später, eine Deutung möglich ist.

Sie machte mir eine Vorhersage, die mir damals geradezu lächerlich vorkam: Ein Mann, jünger als ich, werde sich um eine Verbindung bemühen. Wie sollte sich für mich, die schon längst nicht mehr zu den Jüngsten zählte, ein jüngerer Mann interessieren?, dachte ich damals, leicht amüsiert, und lachte, denn ich hatte keine Lust mehr auf irgendwelche Flirts, davon hatte ich bereits genügend in meinem Leben gehabt.

Da wurde mir am Vorabend meines 88. Geburtstags ein Päckchen zugestellt. Die Handschrift erkannte ich sofort, auch nach fünfundvierzig Jahren. Ich bekam eine Gänsehaut, mir wurde heiß und kalt. Der Absender war: Jean Guillou. Fünfundvierzig Jahre lang hatten wir nichts voneinander gehört, fünfundvierzig Jahre lang keine Postkarte, kein Weihnachtsgruß, nicht einmal eine zufällige Begegnung in der Musikwelt. Ich war mit meinen Sängern oft in Paris gewesen, wissend, dass Jean in Saint Eustache die Orgel spielte. Aber ich brachte es nie fertig, ihn aufzusuchen. Unsere Liebe war zu stark gewesen, und ich hatte Angst vor einer Enttäuschung bei einem Wiedersehen. Jean war die einzige große Liebe in meinem ganzen Leben gewesen und immer in meinem Herzen geblieben. Aber unsere damalige Trennung schien endgültig gewesen zu sein.

Inzwischen hat er eine Karriere gemacht, und was für eine! Er ist wohl der berühmteste und anerkannteste Organist der Welt geworden. Nicht nur als Organist, sondern auch als Komponist und Pianist hat er es zu Ruhm und Ehre gebracht. Seine Tourneen haben ihn auf alle Kontinente geführt. Tausende von Konzerten gab er, von Publikum und Presse gefeiert. Man nannte ihn in Prag den »König der Organisten«, in Budapest »die Reinkarnation von Liszt« oder den »Magicien (Zauberer) von Saint Eustache«, das »Wunder Guillou« oder den »Horowitz der Orgel«. Mehr als 150 000 CDs mit seinen Werken sind verkauft worden.

Als Komponist hat Jean Guillou eine besondere Mischung aus virtuosem Spiel und Registrierung entwickelt. Er entlockt der Orgel eine ungeheure Klangfarbenpracht, die in der Tradition der größten Orchestrierer der Musikgeschichte steht. Man meint, Hector Berlioz, Gustav Mahler und Franz Liszt hätten sich zusammengetan, um die Orgel in ihrer klanglichen Vielfalt, in ihrem Nuancen- und Stimmungsreichtum noch über die größten Orchester der Welt zu heben. Die Kompositionen werden bei Schott in Mainz verlegt und von bekannten Organisten gespielt. Sie sind für modernere Orgeln konzipiert, die eine Unmenge an Registrierungen erlauben. Er berät auch große Orgelbauer bezüglich der Registrierungen und Zungen neuer Orgeln. Der Traum von Jean Guillou ist die Realisierung einer variablen Orgel mit mehreren Registern. Dafür gibt es bereits ausgereifte Pläne. Es fehlt nur der Mäzen.

Jüngst hat Jean seinem kompositorischen Lebenswerk mit »La Révolte des Orgues« die Krone aufgesetzt: ein monumentales Stück für neun Orgeln und Schlagzeug. Jean spielt die reich registrierte Hauptorgel, zu der sich acht weitere Organisten mit ihren eigenen Instrumenten, ein Schlagzeuger und ein Dirigent gesellen. Nach der sensationellen Uraufführung in Paris war der Fachwelt klar, dass Jean Guillou damit so etwas wie das letzte Wort zur Orgelmusik gesprochen hat, auch wenn er selbst sagt, in seinem Kopf stecke noch eine Überfülle an ungeschriebenen Werken.

Ich bin überzeugt, dass Jean viele Vorleben hatte, in einem einzigen Leben kann sich eine solche Musikalität gar nicht entwickeln. Ich denke, in ihm manifestiert sich Franz Liszt, der über eines seiner Werke sagte, es sei so schwierig, dass niemand außer ihm selbst es spielen könne. Guillou spielt es brillant.

Fünfundvierzig Jahre nach unserer endgültigen Trennung nahm Jean Guillou also zum ersten Mal wieder Kontakt zu mir auf. Freunde hatten ihm mein erstes Buch überreicht:

»Drei Tenöre und ein Sopran«. Jean war überrascht und erstaunt, sich selbst darin mit Fotos und einem kleineren Text zu finden. Er hatte sich in den Jahren zuvor ganz und gar in einen Kokon aus Klängen und musikalischen Ideen eingesponnen und lebte, von seiner Frau getrennt, in einer winzigen Wohnung in Paris, völlig auf sein Schaffen konzentriert. Aber plötzlich war dieser Kokon aufgebrochen. Jean bemühte sich um meine Adresse und schrieb einen wunderbaren Brief, halb französisch und halb deutsch, mehr das Sie als das Du benutzend. Er schickte mir sein Grundlagenwerk über den Orgelbau und dazu folgende Worte:

Liebe, liebe Ilse,
Auf Nacht, Dunst, Schlacht, Frost, Wind, See folgt Tag, Glanz, Blitz, Hitze. So sang einmal der Dichter, und so sehe ich die Folge der Tage, und es entspricht ganz genau dem, was mir, durch Sie, Ilse, vorgekommen ist, Sie, Herrin des edlen Traumes, strebend nach einem Ziel, das mir bis heute unbekannt war und das durch Ihr Buch, das mir überraschend gereicht, enthüllt wurde.

So, auf einmal, sehe ich mich in diesem Buch, wie durch ein Fenster, von Ferne vorgestellt, einfach und liebenswürdig beschrieben.

Obwohl ich immer an Sie dachte und immer, wie am Anfang, von Ihrer vibrierenden Anwesenheit neben mir höchst gerührt bin, so sind Sie mir heute, durch Ihr Buch, mehr als immer anwesend und aus Flammen geschaffen.

J'ai senti dans ce livre la naïve chaleur de ton âme confondue, faite de ce rayonnement d'une femme, et ce livre est beau, toujours intéressant. Ainsi j'ai appris votre enfance dont j'ignorais tout jusqu'à cette période où je suis entré chez vous et où vous m'avez ouvert les portes de la vie, de l'amour.

Voici ce livre qui n'est qu'une histoire de l'orgue et qui ne dit rien sur moi, sinon mes idées de créateur d'orgue. Je l'ai écrit il y a 30 ans!

Et puis voici aussi quelques musiques qui sauront peut-être traduire la sagacité et la constance de mon affection la plus profonde.

Jean

Mich beeindruckte sehr, wie poetisch er schrieb, wie tief empfunden seine Gefühle waren. Seine Stimme und sein Wesen schienen sich in den fünfundvierzig Jahren um keinen Deut verändert zu haben.

Der Brief riss nun auch mich in die Vergangenheit zurück. Ich antwortete höflich. Einige Tage später rief er an und bat mich um ein Wiedersehen.

»Jean«, sagte ich, »wie stellst du dir dieses Treffen vor – vielleicht wäre es eine große Enttäuschung für uns, denn sicherlich haben wir uns innerlich wie äußerlich sehr verändert in den vielen Jahren.« Da Jean Guillou aber meine ganze Lebensgeschichte erfahren und viele aktuelle Bilder von mir in meinem Buch gesehen hatte – im Gegensatz zu mir, die ich von ihm nichts wusste –, kamen wir überein, dass es eine fabelhafte Gelegenheit wäre, wenn er zu meinem Geburtstag nach Berlin kommen würde. Eine Gesellschaft von vierzig Freunden hatte zugesagt. Vergnügt und lustig, wie es Tradition bei uns ist, wollten wir dieses von meiner Tochter Ariana und ihrem Ehemann John liebevoll ausgerichtete Fest in Garten und Haus begehen. Jean Guillou sagte hocherfreut zu, obwohl er wusste, dass er zwischen Paris und Rom höchstens zwanzig Stunden in Groß Glienicke sein konnte.

Da sein Flug mehr als eine Stunde Verspätung hatte, kam Jean erst gegen sechs Uhr an, als ich schon im Kreis meiner Freunde bei einem Begrüßungsglas Champagner auf der Terrasse stand. Er trat auf mich zu, und da war nach fünfundvierzig Jahren wieder dieser erste erregende Blickkontakt. Für uns beide war es ein außerordentlich bewegender Moment. Wir wirkten beide etwas schüchtern, vielleicht befremdet. Wir hatten keine Gelegenheit, privat ein paar Worte zu wechseln, da wir nach der Begrüßung bald zur Tafel gerufen wurden. Die Tischordnung war nun etwas verändert. Selbstverständlich setzte ich als meinen Tischherrn Jean Guillou an meine linke Seite, und zu meiner Rechten hatte Herr Dong Junxin, Gesandter Botschaftsrat für Kultur der Chinesischen Botschaft in Berlin, seinen vorgesehenen Platz.

Es lag eine eigenartige Spannung in der Luft, da alle meine Freunde von unserer früheren großen Liebe wussten und nun die leichte Unsicherheit zwischen Jean und mir beobachten konnten. Jean erhob sich und hielt zum Anfang eine kleine Rede, um sich bei meinen Freunden vorzustellen. Er erwähnte meine schöne Stimme und sprach davon, wie wir uns damals über die Musik kennenlernten, da er mich zu meinen Arien und Liedern am Flügel begleitete. Einmal nur streichelte er zaghaft meine linke Hand. Gesprochen haben wir kaum, denn jedermann interessierte sich brennend für diesen unerwarteten Gast. Nach dem Essen erhoben wir uns, und ein Gitarrist musizierte für die Gäste. Dann bat ich Jean, auf dem Steinway etwas für uns zu spielen. Er spielte einfach wundervoll, es war – wie er sagte – eine wirkliche Liebeserklärung für mich.

Eine bezaubernde Atmosphäre ergriff uns alle, und Beifall brandete auf. Diese Musik brachte mein Herz wieder leise zum Klingen. Ich hatte ein Zimmer in einem kleinen Hotel in der Nähe gebucht, wo wir am nächsten Morgen um zehn Uhr zusammen frühstückten. Endlich hatten wir die Möglichkeit, uns allein zu sehen! Die Zeit drängte, denn eine Stunde später sollte ein Wagen Jean zum Flughafen bringen. Er wollte mir noch sein Geschenk geben, und wir gingen zu seinem Gepäck, wo er es mir mit den Worten überreichte: »Zuerst wusste ich nicht, was ich dir schenken sollte, und wanderte in Paris umher, bis ich zum ›Le Louvre des Antiquaires‹ kam. Dort fand ich dieses Unikat, und ich entschloss mich, es zu kaufen.«

Als ich die in rosa Seidenpapier verhüllte Gabe auspackte, war ich ebenso entzückt wie sprachlos: es war eine kostspielige antike chinesische Elfenbein-Miniatur, die ein Paar beim Liebesakt darstellte. Wie konnte er es wagen, mir ein derart intimes Geschenk zu machen? Doch Jean sagte nur: »Es ist die Erinnerung an unsere glücklichste Zeit damals in Paris, als wir in jenem kleinen Hotel drei Tage verbrachten, erinnerst du dich nicht?«

Noch bevor meine Unsicherheit die sich anbahnende Nähe überwiegen konnte, erschien schon der Chauffeur, um Jean Guillou zum Flughafen zu bringen. Ich entschloss mich, ihn zum Abflug zu begleiten. Vorher hatten wir mit viel Mühe einen Zeitpunkt für ein Wiedersehen ausfindig gemacht. Jean Guillous Terminkalender ist immer so gefüllt, dass er kaum Freizeit hat. Aber vierzehn Tage später gab es eine kleine Lücke, Zeit für einen Besuch in Berlin. Leider nur vier Tage.

Die nächsten Tage verbrachte ich damit, meine Wohnung für die Ankunft meines Gastes umzuräumen, der dieses Mal bei mir wohnen würde. An einem wunderschönen sonnigen Nachmittag kam er an. Wir konnten auf der Terrasse sitzen und ausführlich über unsere vergangenen Jahre sprechen. Es wurde schon dunkel, als wir in den Salon gingen, wo das Diner vorbereitet war und der Kerzenschein der silbernen Leuchter eine gemütliche Atmosphäre verbreitete. Doch dann geschah etwas Furchtbares: Jean, wie immer äußerst aufmerksam und höflich, wollte mir die Käseplatte reichen und kam mit seinem rechten Arm an eine Kerze. Im selben Augenblick brannte sein Hemd lichterloh. Er schrie auf vor Schmerzen, konnte sich aber selber nicht helfen, da die Manschetten zugeknöpft waren. Geistesgegenwärtig riss ich ihm das dunkelblaue Hemd vom Leib und rannte mit dem feuersprühenden Stoff in die Küche zur Wasserleitung – es brannte immer noch. Unterdessen kühlte Jean die schmerzende Wunde in der Gästedusche. Eilends bestellte ich ein Auto, um Jean Guillou zur Notaufnahme ins Potsdamer Krankenhaus fahren zu lassen. Um Mitternacht kam er zurück mit der Nachricht, es handle sich um eine Verbrennung zweiten Grades, die wochenlang behandelt werden müsse.

Das war ein großer Schock für uns, aber Jean war tapfer. Trotz seiner schmerzvollen Brandwunde führten wir wichtige, intensive Gespräche und kamen uns immer näher. Wir wussten, dass uns diesmal eine Trennung von fast fünf Monaten bevorstand, da Jean in Texas mehrere Konzerte mit Meisterkursen geben musste, eine Konzertreise kreuz und quer durch Europa schloss sich daran an. Guillou leitet seit mehr als vierzig Jahren Meisterkurse für Organisten in Zürich, Paris und den USA. Mehr als dreihundert Künstler aus allen Erdteilen hat er im Lauf der Jahre unterrichtet. Viele junge Künstler aus Asien waren darunter. Jeans Bücher über den Orgelbau sind in der Fachwelt höchst geschätzt und nicht nur auf Französisch, sondern auch auf Deutsch und Italienisch erschienen.

Dies alles erfuhr ich in unseren Gesprächen. Auch erfuhr ich, warum er fünfundvierzig Jahre vorher in unsere Trennung eingewilligt hatte: Er hatte damals noch Angst, mir kein adäquates Leben bieten zu können. Die lange Krankheit hatte seine musikalische Laufbahn unterbrochen, er konnte sich gerade so über Wasser halten, und die Stelle in Saint Eustache war nur ehrenamtlich, ohne Absicherung für die Zukunft, ohne Rentenanspruch – nichts.

All unsere Gemeinsamkeiten, die musikalischen Fähigkeiten und Interessen, schmieden ein Band um unsere Seelen, die sich nach so langer Zeit wieder verbinden konnten. Unsere einzigen Kontakte, die uns immer wieder über die langen Trennungszeiten helfen, sind liebevolle Briefe, die unsere frühere gemeinsame Zeit wiederbeleben, und viele Telefonate, quer durch Europa und die Vereinigten Staaten.

Verstehen kann man es wohl nicht, wie wunderbar sich alles fügt, man muss es einfach geschehen lassen. Wie gesagt, es ist das Schicksal, das unabhängig von unserem Streben wirkt und dem man sich täglich neu anvertrauen muss. Ich habe in den fast neun Jahrzehnten meines Lebens so viele kluge und erfolgreiche Menschen kennengelernt, von denen jeder nach einem anderen Prinzip lebte. Manche wollten Karriere und Leben bis ins Kleinste planen, nichts dem Zufall überlassen. Doch ich glaube bis heute, dass man nach allen Seiten offen bleiben muss, damit man das Glück sieht, das jeder neue Tag bringen kann. Wenn man mich fragt, welches Motto das wichtigste ist, welche Haltung dem Leben Erfüllung bringt, dann antworte ich mit Horaz:

»CARPE DIEM«

»Genieße den Tag, und« – wie mein Bruder Heinz mit einem Augenzwinkern sagen würde –:

»NOCTEMQUE –

auch die Nacht!«

Literatur

Abbing, Jörg (Hrsg.): Jean Guillou Colloques. Biografie und Texte. St. Augustin: Butz Musikverlag 2006.

Adlon, Hedda: Hotel Adlon. München: Kindler 1955.

Bernhagen, Wolfgang; Schlottke, Heinz: Vom Gasthof zum Luxushotel. Berlin: Interhotel DDR 1988.

Endell, August: Vom Sehen. (Hrsg. v. Helge David). Basel, Boston, Berlin: Birkhäuser Verlag 1995.

Glatzer, Dieter u. Ruth: Berliner Leben 1914–1918. Berlin: Rütten & Loening 1983.

Haffner, Sebastian: Die deutsche Revolution 1918/1919. Berlin: Kindler 2002.

Heckh, Karl: Eine Fußbank für die Dame. Stuttgart: Schuler Verlagsgesellschaft 1969.

Hoffmann, Gabriele: Wahrsagen. Kreuzlingen, München: Hugendubel Verlag 2007.

Kellerhoff, Sven Felix: Hitlers Berlin. Geschichte einer Hassliebe. Berlin: be-bra Verlag 2005

Krenn, Günter: Romy Schneider. Berlin: Aufbau Verlag 2008.

Lange, Annemarie: Berlin in der Weimarer Republik. Berlin: Dietz Verlag 1987.

Meyer, Werner: Mythos Deutsche Mark. Berlin: Aufbau Taschenbuch Verlag 2001.

Mierau, Fritz (Hrsg.): Russen in Berlin. Leipzig: Reclam 1991.

Mohr, Heinz, Tübke, Fritz M. (Hrsg.): Hundert Jahre Soll und Haben. Berlin: Ullstein Verlag 1979.

Raabe, Katharina, Brodersen, Ingke (Hrsg.): Das große Berlinbuch. Berlin: Rowohlt 1998.

Ranke, Winfried u.a.: Kultur, Pajoks und Care-Pakete. Berlin: Verlag Dirk Nishen 1990.

Zellermayer, Heinz M.: Alles zu meiner Zeit. Hochheim: Arne Verlag 1990.

Zellermayer, Ilse Eliza: Drei Tenöre und ein Sopran. Mein Leben für die Oper. Berlin: Henschel 2001.

Personenregister

Abbado, Claudio 186
Abraham, Paul 44
Adlon, Hedda 40
Adlon, Lorenz 14, 29
Ahlersmeyer, Mathieu 165
Albach, Rosa 114
Albach-Retty, Wolf 113
Albers, Hans 28
Alexander, Peter 194
Alpár, Gitta 44
Alva, Luigi 178
Alverdes, Paul 90
Argyris, Aline 70
Argyris, Vasso 70 f.
Arrau, Claudio 186, 199
Athana, Georges 162 f.
Auguste Viktoria, Kaiserin 76
Aurel, Marc 110

Bachmaier, Karl 92 f.
Baker, Josephine 41
Barbirolli, John 192 f.
Bardot, Brigitte 124
Barenboim, Daniel 184, 186
Barlog, Boleslaw 74, 108, 124, 149, 189
Bassermann, Albert 45, 74 f., 108

Bauer, Roberto 173–176
Beethoven, Ludwig van 43 f., 152
Beirer, Hans 107, 149
Beitz, Berthold 123
Benn, Gottfried 150
Bennet, Jack 131
Berber, Anita 41
Berger, Dieter 153
Berger, Erna 153
Bergmann, Ingrid 42
Bergner, Elisabeth 45
Berlioz, Hector 216
Blacher, Boris 166
Blatzheim, Hans Herbert 113, 154
Blech, Leo 42
Böhm, Karl 91, 192
Bohnen, Michael 134 f., 139 f., 149, 166, 214
Böll, Heinrich 150, 156
Boschann, Baron von 30
Braun, Hanns 90
Brauner, Artur 126, 153
Brauner, Maria 127, 153
Breuer, Florian 158
Britten, Benjamin 194
Brunner, Walter 106 f., 149

Buber-Neumann, Margarete 145
Buchholz, Horst 116
Busch, Fritz 195
Busch-Gadsky, Charlotte 165

Caraminas, Athanaso 85 ff., 93, 95, 133, 166
Caraminas, Peris 87 f.
Carreras, José 182
Caruso, Enrico 165
Casals, Pablo 149, 186, 198
Cebotari, Maria 71
Celibidache, Sergiu 149
Chaplin, Charlie 30
Charrat, Janine 191
Chevalier, Maurice 159 f.
Chioreanu, Elsa 173
Chruschtschow, Nikita 144
Clay, Lucius D. 101
Cossotto, Fiorenza 177, 190
Cramm, Gottfried von 31

Daumier, Honoré 135
Delon, Alain 115
Deutsch, Ernst 45, 108
Dieterle, William (Wilhelm) 115
Dietrich, Marlene 28, 42
Domingo, Plácido 169, 182, 191
Dong, Junxin 219
Dönitz, Karl 78, 95
Dorian, Ernest (s. Ernst Deutsch)

Dörnberg, Alexander von 99
Dorsch, Käthe 45, 97
Dupré, Marcel 170 f.
Duruflé, Maurice 171

Ebert, Carl 195 f.
Ebert, Friedrich 24
Eggerth, Marta 187
Egk, Werner 191
Einstein, Albert 41
Elizabeth II. 65, 193, 207 f.
Endell, August 16, 36
Enescu, George 43
Erhard, Ludwig 132
Everding, August 201

Fallada, Hans 153
Félix, María 115
Felsenstein, Johannes 196 f.
Felsenstein, Walter 196
Finck, Werner 68 f.
Fischer, Edwin 186
Fischer, Werner 100 f.
Flagstad, Kirsten 191
Forst, Willi 75
Freni, Mirella 177, 180, 190
Friedrich, Götz 189
Fritsch, Willy 203
Fröbe, Gert 110
Furtwängler, Wilhelm 42, 59 f., 132, 192

Gadsky, Johanna 165
Garbo, Greta 29, 42
Gaulle, Charles de 205

Gavoty, Bernard 171
Gelber, Bruno Leonardo 198 f.
Geldern, Siegfried von 56 f.
Gelmini, Wolfango de 149
George VI. 65, 207
George, Heinrich 28
Gert, Valeska 41
Gigli, Beniamino 190
Goebbels, Joseph 14, 99 f., 115
Gold, Käthe 59
Golesorkhi, Anooshah 184
Golling, Alexander 90 f.
Gonda, Alexander 146, 149, 157
Gonda, Renate 157
Göring, Hermann 59, 65, 82
Gould, Glenn 186, 197
Grass, Günter 150, 156
Gründgens, Gustaf 59, 108
Guardini, Romano 118
Guillou, Jean 171 f., 215 bis 221

Hackman, Gene 169
Harbou, Thea von 123
Hartmann, Paul 59
Heckh, Karl 48
Henckels, Paul 117
Henckels, Thea 117
Herlea, Nicolae 173–176, 178 f., 190
Hermine, Kaiserin 76
Heuser, Heini 157 f.

Hiebel, Henny (Henriette), gen. La Jana 135
Hildenbrandt, Fred 28
Hindemith, Paul 149
Hitler, Adolf 14, 31, 58, 72, 94 f., 115, 117, 129
Hoffmann, Gabriele 162, 214 f.
Horaz 222
Horcher, Otto 44, 49, 55, 64 ff., 79, 100, 102
Howley, Frank 142 f.

Ivrakis, Apollonia 91
Ivrakis, Costas 91

Jones, Gwyneth 152
Juhnke, Harald 153 f.
Juliana, Königin der Niederlande 29
Jürgens, Curd 113

Kálmán, Emmerich 44, 194 f.
Kálmán, Vera 194 f.
Kapp, Wolfgang 25
Karajan, Herbert von 100, 160, 166, 177, 192
Keitel, Wilhelm 70
Kempe, Rudolf 167, 186, 191 f.
Kempff, Wilhelm 186
Kennedy, John F. 144
Kerensky, Alexander 27
Kerr, Alfred 28
Kessler, Alice 156

Kessler, Ellen 156
Kesten, Hermann 145
Kiepura, Jan 186 f., 190
Kleiber, Erich 42
Klemke, Werner 154
Klemperer, Otto 42
Koch, Robert 41
Koestler, Arthur 145
Kogon, Eugen 145
Koppenhöfer, Maria 45, 59
Korostovetz, Ara von 87
Krauß, Werner 59
Kubrick, Stanley 26
Kügler, Rudolf 154
Kuh, Anton 29
Kunow, Dieter 68 f., 72 f., 213

Lang, Fritz 28, 41, 123
Lang, Lang 184
Lange, Herta de 45
Lange, Raoul de 45
Lasky, Melvin J. 145 f.
Léhar, Franz 38, 44 163, 187
Leider, Frida 191
Lemmer, Ernst 205
Lemmon, Jack 151
Liberace, Wladziu 46
Liebermann, Rolf 178
Liebknecht, Karl 24
Lindemann, Elisabeth 191
Lindemann, Klaus 149
Lingen, Theo 40, 149
Lippe Biesterfeld, Armin zu 29

Lippe- Biesterfeld, Bernhard zu 29
Liszt, Franz 216
Lorenz-Huber, Paquita 91, 148 f.
Louis Ferdinand, Prinz 139
Lubitsch, Ernst 41
Ludendorff, Erich 24
Lüders, Günther 119
Ludwig, Joachim Carl 166 bis 169, 214
Ludwig, Kristin 169
Luft, Friedrich 108, 149
Lührs, Susanne 90
Lukschy, Victoria 104, 109, 113, 157
Lukschy, Wolfgang 104, 113, 157
Lüttwitz, Walther von 25
Luxemburg, Rosa 24

Magiera, Leone 177
Mahler, Gustav 216
Marceau, Marcel 124, 151
Markus, Winnie 97 f., 104, 111, 113, 116, 124, 133, 136, 153, 206
Mascagni, Pietro 199
Massary, Fritzi 38, 44
Mehta, Zubin 149 f.
Menotti, Gian Carlo 186, 194
Ment, Ariana de 124, 153, 167–170, 185, 200, 218
Ment, Avélina de 170

Ment, John de 169 f., 218
Menuhin, Yehudi 10, 42 f., 132, 186, 198
Messiaen, Olivier 171, 186
Meyerinck, Hubert von 119
Mödl, Martha 172 f.
Moffo, Anna 162, 190
Möller, Alex 156
Moser, Hans 40
Moshammer, Rudolph 202
Mozart, Wolfgang Amadeus 202
Mudlagk, Alexander J. 184 f.
Müller, Otto 172–175
Müller, Willi 40
Murnau, Friedrich Wilhelm 123
Muthesius, Eckhart 159
Muthesius, Hermann 159
Muthesius, Marion 109
Nabokov, Nicolai 26 f., 186
Nabokov, Vladimir 26 f.

Negri, Pola 42
Ney, Elly 186
Nielsen, Asta 42
Noske, Gustav 24
Ohnesorg, Benno 207
Pabelick, Clemens 164 ff.
Pacelli, Eugenio (s. Pius XII.)
Pahlavi, Farah Diba 206
Pahlavi, Mohammad Reza 206 f.
Pahlavi, Soraya 206
Palance, Jack 156

Pallenberg, Max 38
Patanè, Francesca 200, 202
Patanè, Giuseppe 199–202
Patanè, Paola 200, 202
Patanè, Rita 200 ff.
Pavarotti, Adua 184, 188 f.
Pavarotti, Luciano 169, 177, 180–184, 188 ff.
Pears, Peter 194
Petersen, Peter 75
Phelps, Jim 136–141
Philip, André 145
Philip, Prinz 208
Pick, Margit (spätere Gräfin Berchthold) 71–74
Piel, Harry 111 f., 166
Piscator, Erwin 45
Pius XII. 29
Planck, Max 41
Plievier, Theodor 145
Poremsky, Alexa von 104, 113
Puchelt, Gerhard 166
Pulver, Liselotte 112 f.

Raeder, Erich 78
Raether, Dorchen 96
Raimondi, Gianna 176 f.
Raimondi, Gianni 176, 182 f.
Rangabé, Aristides 69
Reinhardt, John 111
Reinhardt, Max 28, 45, 59
Remarque, Erich Maria 149
Ribbentrop, Anna 65
Ribbentrop, Joachim von 99

Ricciarelli, Katia 190
Romains, Jules 145
Rosenzweig, Karl 123 f., 150 f., 161
Rosvaenge, Helge 191
Roth, Joseph 29
Roth, Leo 89 f.
Roth, Raissa 89
Rothwell, Evelyn 192
Rühmann, Heinz 111

Sachs, Gunter 123 f.
Sarnoff, Robert 162
Sauerbruch, Ferdinand 41, 61
Sawallisch, Wolfgang 186
Schaack, Victoria von (siehe Lukschy, Victoria)
Schaljapin, Fjodor 71
Scherchen, Hermann 186
Schiff, Else 74 f.
Schiller, Friedrich 91
Schmeling, Max 39
Schmid, Carlo 145
Schmidt, Anja 155, 160
Schmidt, Joseph 58 f.
Schneider, Magda 113 ff., 154
Schneider, Romy 113 ff., 154
Schubert, Franz 74, 167
Schumann, Robert 43 f., 74
Schuster, Friedel 75
Schwalbé, Michel 160
Schwarz, Vera 44, 122 f.
Scotto, Renata 190
Sebastian, Georges 186

Seefehlner, Egon 177
Seghers, Anna 145
Sekely, Steve 115 ff.
Sellars, Peter 151
Sendig, Rudolf 18
Severin, Jochen 149
Shakespeare, William 153
Shaw, George Bernard 75
Siemens, Julia von 118
Siemens, Peter von 118
Silone, Ignazio 145
Simmel, Johannes Mario 157
Sixtus, Hans 148
Smith, Nicole 98
Sonnemann, Emmy 59
Sostmann, Jochen 91
Stefano, Giuseppe Di 177
Steiner, Edi 149
Sternberg, Joseph von 41
Stolz, Einzi 194
Stolz, Robert 194 f.
Stratas, Teresa 191
Straus, Oscar 44
Strauß, Johann 44
Streich, Rita (Rita Berger) 149, 152 f.
Stumm, Johannes 143
Suppé, Franz 44

Tauber, Richard 38, 44, 58,
Thomalla, Georg 108, 151
Toscanini, Arturo 60
Trampe, Else Reichsgräfin von 30
Treuberg, Lulu von 157

Truman, Harry S. 110
Tschaikowsky, Peter 201
Tschechow, Anton 97
Tschechowa, Olga 75
Tscherepnin, Alexander 186
Tumler, Franz 90

Ucicky, Gustav 97
Ulbricht, Walter 211

Vaudable, Louis 64
Verdi, Giuseppe 71, 195
Virchow, Rudolf 41
Vogel, Adi 98

Wagner, Wieland 117, 150
Wagner, Winifried 94
Walter, Bruno 42
Walz, Udo 169
Wedelstaedt, Wilfried 70
Weizsäcker, Carl Friedrich von 56
Weizsäcker, Richard von 56
Welitsch, Ljuba 192
Werfel, Franz 108
Wessely, Paula 75
Wilder, Billy 41
Wilder, Thornton 118, 149
Wilhelm I. 13
Wilhelm II. 14, 24, 76
Wilhelm, Kronprinz 89
Wladimir, Großfürst 89
Wohlbrück, Adolf/Walbrook, Anton 75

Wolff, Theodor 28
Wolf-Ferrari, Ermanno 56 f.
Wolfgramm, Alma 99
Wyrubow, Sascha 71

Zeffirelli, Franco 191
Zellermayer, Achim 9, 38, 49, 51 f., 54, 56, 61, 63 f., 70, 77, 82–86, 88 f., 91, 93, 95, 121, 124, 133, 147 f., 150 ff., 154 ff., 158, 160 f., 166, 168, 197 ff., 207, 210
Zellermayer, Alexander 97 f.
Zellermayer, Andrea Irina 85, 134
Zellermayer, Anne 98
Zellermayer, Erna 9, 13, 17, 22, 37 f., 44, 51 ff., 57 f., 61 f., 71, 74, 77 f., 84, 88 f., 95, 121 f., 133, 168, 207, 210, 212
Zellermayer, Franziska 98
Zellermayer, Heinz 9 f, 49, 51 f., 56, 58, 61, 63–67, 70, 76–82, 86, 95–102, 104 f., 113, 120 ff., 132 f., 136, 141 bis 144, 147, 150, 195, 203 bis 209, 222
Zellermayer, Karin 85
Zellermayer, Max 10–13, 15 bis 18, 20 f., 23, 29, 34 f., 38 f., 44, 49–53, 60 ff., 121 f.

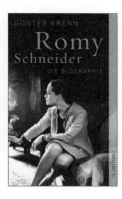

GÜNTER KRENN
Romy Schneider
Die Biographie
416 Seiten
Mit 68 Abbildungen
ISBN 978-3-7466-7067-6

»*Ich muss immer bis zum Äußersten gehen, selbst wenn es nicht gut ist.*« ROMY SCHNEIDER

Das faszinierende Leben der letzten Diva des 20. Jahrhunderts, deren Schönheit und tragisches Schicksal die Phantasien von Millionen beschäftigen. Brillant geschrieben und gestützt auf umfangreiches, teilweise bislang unerschlossenes Quellenmaterial sowie Gespräche mit Karlheinz Böhm, Volker Schlöndorff, Bertrand Tavernier, Jean Rochefort u. a. Die Biographie enthält zahlreiche Abbildungen und eine ausführliche Filmographie.

»*Die Biographie gewährt höchst interessante Einblicke in ihr Leben, ihre Seele und ihr Herz. ... Ein eindringliches Portrait einer selbstbestimmten und gleichzeitig zutiefst verletzlichen Frau.*« CELEBRITY

Mehr Informationen erhalten Sie unter www.aufbau-verlag.de
oder in Ihrer Buchhandlung

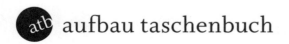

WOLFGANG MARTYNKEWICZ
Salon Deutschland
Geist und Macht 1900–1945
619 Seiten. Gebunden
Mit 29 Abbildungen
ISBN 978-3-351-02706-3

Ein Salon schreibt Geschichte

Über vierzig Jahre, von 1898 bis 1941, war das Haus des Münchner Verlegerehepaars Hugo und Elsa Bruckmann ein Treffpunkt der großen Geister, der Künstler, Literaten, Musiker und Gelehrten. Mit dem Auftritt Adolf Hitlers wurde der Salon zum Schauplatz, an dem das Unvereinbare zusammenkam: eine hochgeistige und kunstsinnige Elite und die radikale Rechte.
Gestützt auf zahllose Dokumente erzählt Wolfgang Martynkewicz ein provokantes Kapitel deutscher Geschichte, das geradewegs in die Abgründe und Katastrophen des 20. Jahrhunderts führt und zu dem Experimentierfeld zurückkehrt, das die Moderne zuallererst war.

»*Die schiere Fülle der Belege, die Martynkewicz ausbreitet, lässt einen erschrecken.*« TAZ

»*Eine umfangreiche Monografie des Salons, zugleich ein Panorama deutscher Kultur- und Zeitgeschichte.*« ORF

Mehr Informationen erhalten Sie unter www.aufbau-verlag.de
oder in Ihrer Buchhandlung

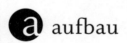

THOMAS LACKMANN
Das Glück der Mendelssohns
Geschichte einer
deutschen Familie
576 Seiten
Mit 43 Abbildungen
ISBN 978-3-7466-2390-0

Die Chronik einer außergewöhnlichen Familie

Die Nachfahren des Philosophen Moses Mendelssohn haben vom 18. Jahrhundert bis ins Jahr 1938 als Bankiers, Künstler und Gelehrte die deutsche Kultur geprägt. Mitreißend und kenntnisreich erzählt Thomas Lackmann das Schicksal dieser großen Familie über fünf Generationen – zwischen Tradition und Aufbruch, Idealismus und Macht, Glück und Enttäuschung.

»*Eine faszinierende Familiengeschichte ... spannend und abwechslungsreich.*« NZZ

»*Bewundernswerte Quellenkenntnis und große Anschaulichkeit.*« DIE ZEIT

»*Ein Panorama der Großfamilie und 250 Jahre preußische und deutsche Geschichte.*« MÄRKISCHE ALLGEMEINE

Mehr Informationen erhalten Sie unter www.aufbau-verlag.de
oder in Ihrer Buchhandlung

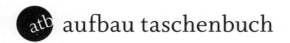

**WOLFGANG JACOBSEN,
ROLF AURICH**
Theo Lingen
Das Spiel mit der Maske
Biographie
560 Seiten
Mit 50 Abbildungen
ISBN 978-3-7466-7079-9

»*Fulminant.*« Literarische Welt

Theo Lingen galt als »Knallcharge« und brillierte in unzähligen komischen Rollen. Diese grundlegende Biographie zeigt erstmals auch unbekannte Seiten des Schauspielers, der sich während der Nazizeit für Verfolgte einsetzte. Anhand von bislang unerschlossenem Archivmaterial sowie Gesprächen u. a. mit Ursula Lingen, Joachim Kaiser und Ilja Richter. Mit Rollenverzeichnis und unveröffentlichten Fotos.

»*Liest sich wie ein Krimi*« Der Tagesspiegel

»*Mit großer Sachkenntnis und Leidenschaft. Eine Biographie, die kaum Wünsche offen lässt.*« Sächsische Zeitung

**Mehr Informationen erhalten Sie unter www.aufbau-verlag.de
oder in Ihrer Buchhandlung**

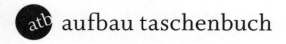

JOCHEN VOIT
Er rührte an den Schlaf der Welt
Ernst Busch
Biographie
515 Seiten. Gebunden
Mit 45 Abbildungen
ISBN 978-3-351-02716-2

Eine Ikone zwischen Pop und Propaganda

Ernst Busch war Werftarbeiter in Kiel, Theaterschauspieler bei Piscator in Berlin, Kabarett-, Kino- und Schallplattenidol der späten Weimarer Republik, Rhapsode des antifaschistischen Widerstands im Exil, Gefangener des Naziregimes, international gefeierter Brecht-Schauspieler, Kapitalist, Stalinist und Querulant im SED-Staat, populärster deutscher Künstler in der Sowjetunion, Kultfigur der westdeutschen 68er.
Jochen Voit erschließt in seiner grandios erzählten Biographie eine Jahrhundertgestalt und ihre Epoche.

»Jochen Voit ist die erste gültige, weil kritische Biographie einer Legende gelungen – und zudem ist sie nicht weniger spannend geschrieben als Buschs Leben – jenseits aller Mythen – wohl tatsächlich gewesen ist.«
DEUTSCHLANDFUNK

Mehr Informationen erhalten Sie unter www.aufbau-verlag.de
oder in Ihrer Buchhandlung